田中角栄の青春

栗原直樹

まえがき

空白の時代に

上野駅から約三時間半。新潟県の柏崎市と新潟市とを結ぶ越後線が通る礼拝《らいはい》駅は、駅員のいない無人駅である。

この小さな駅から二十分ほど歩いたところに、一人の人物の名を冠した記念館がある。駅前に小ぢんまりとした商店があり、そこで記念館の場所を尋ねると、店番の中年女性は快く教えてくれた。

「歩くと大変だから自転車使う?」

さすがに断ったが、こう言ってくれたその女性の笑顔には、越後人の優しさが滲《にじ》み出ているような気がして嬉しかった。

店から出て、田んぼや山を横目に歩き続ける。人通りはほとんどなく、交通量も少ない。目印の中学校を越え、さらに坂道を登って行くと、丘の上にある公園の先に茶色の屋根をした平屋の建物が見えてきた。その建物こそ目当ての記念館、「田中角栄記念館」である。

記念館には男女一人ずつの職員がいた。記帳の際に来訪者の住所を見ると、東京や九州など、文字通り全国に渡っており、未だ衰えぬ「角栄人気」が窺《うかが》える。写真撮影を禁じるなどなかなか厳しいが、東京・目白台にある田中邸の応接間が再現されているあたり興味深い。展示室には田中角栄の名刺や書が陳列されており、映像室では国民的歌手であった美空ひばりとの対談が流れていた。

帰り際、女性の職員に、近くにあるという角栄の実家の場所を訊くと、

「田中先生の家は」

と丁寧に示してくれた。没後何年経っても「先生」と呼ばれているのは角栄の人徳だろうか。それとも彼女が田中角栄記念館の職員だからであろうか。

隣接するレストラン「角さんの台所」で、角栄が好んだという新潟の郷土料理「のっぺ」とカツ丼を食べ、腹ごしらえした後、教わった道順に従い角栄の実家に到着した。普段は無人のようだが、娘夫妻の「田中直紀・真紀子」という表札が掲げられてある。

家の前に、角栄のファミリー企業である越後交通のバス停があるのが印象的だが、目白御殿のような「豪邸」という感じではない。むしろ周辺の家と変わらない、やや大きめな一軒家という趣《おもむき》だった。角栄は逮捕され、起訴されても、選挙では磐石の強さを誇ったが、周囲に溶け込んだ実家の有り様に、その一端を見る思いがした。

田中角栄。日本国第六十四代、六十五代内閣総理大臣。大正七年新潟県生まれ。高等小学校卒業後、裸一貫上京し、様々な職業を経て土建屋の社長となる。戦後代議士となり、郵政相、蔵相《ぞうしょう》、通産相、自民党幹事長等の要職を歴任。高級官僚を手足の如く使いこなし、その頭脳と実行力から「コンピューター付きブルドーザー」の異名をとる。

そして昭和四十七年、ついには首相にまで上りつめ、「日中国交正常化」を成し遂げる。明るいキャラクターで「今太閤」「角さん」と親しまれ、首相就任時の内閣支持率は六二％。平成五年に没した後も、各種人気調査の上位に名を連ね、毎年、多くの角栄論が書店の一角を賑わせている。

一方では「金権腐敗」の元凶。「日本列島改造論」を唱え狂乱物価を引き起こした張本人。ロッキード事件に連座し、刑事被告人のまま大派閥を率いた「闇将軍」。病に倒れるまで日本の政治を牛耳り、時の首相をコントロールする「二重権力」の中心人物であり続けた。

日本の政治家の中で、田中角栄ほど毀誉褒貶《きよほうへん》半ばする人物は他にいない。また田中角栄ほど、戦後の日本を体現する人物もいないだろう。

角栄が提出者として成立させた道路、住宅など三十三件の議員立法は、その後の高度成長の礎《いしずえ》となった。郵政大臣時代に許可した四十三のテレビ局予備免許は、のちのテレビ時代の幕を開いた。「数の力」で傀儡《かいらい》内閣をつくり出す手法は竹下登、金丸信、小沢一郎らに受け継がれ、日本の政治を歪める要因の一つにもなっている。功の面でも罪の面でも、角栄の与えた影響力は絶大であるといってよい。

しかし、政界に君臨した田中角栄は、決して順調に人生を歩んできたわけではなかった。むしろ人一倍辛酸を嘗《な》めた半生を送っている。

角栄と並んで「三角大福中《さんかくだいふくちゅう》」と呼ばれた政治家のうち、福田赳夫、大平正芳、中曽根康弘は官僚出身で、三木武夫は華麗な閨閥を持っていた。大学だって皆出ている。ところが角栄は官僚ではなく大学も出ておらず、有力な血縁があったわけでもない。それどころか幼い頃は吃音《きつおん》に苦しみ、中学へも進学しなかった。上京後の道のりも平坦ではなく、挫折や失敗を繰り返し、職業も転々としている。福田らが学生生活を謳歌していた十代の頃、角栄は日々の生活のため工事現場で資材を担ぎ、アパートの一室で設計図を書いていた。政治の世界を志してからは落選も逮捕も経験している。

そんな男がなぜ「今太閤」になれ、「闇将軍」となれたのだろうか。

そもそも徒手空拳の角栄が、どうして政治家になれたのか。

角栄は若き日をどう過ごし、どうやって政界に辿り着いたのか。

また政治家になってからの角栄は、どのように歩み出し、いかにして出世の糸口を掴んでいったのか。

そこで、角栄に関するあらゆる文献を渉猟《しょうりょう》してみたが、「無名時代」をテーマにした作品は無い——。

大臣となって表舞台に出るまでの知られざる足跡を主題としたものは見当たらない。

私が国会議員秘書として経験、見聞したうちでも角栄ほど魅力的な政治家はいなかった。優秀、有能な議員はちらほらいたが、角栄の「後継者」たりうるような全身からオーラを発する存在はいなかった。狡さと賢さを取り違え、コップの中の嵐に終始する「選良」が多かった。

総理になるほどの政治家もまた然りだ。近年、いや平成になってから、角栄のような周囲を圧するカリスマの持ち主は小泉純一郎くらいしか見当たらない。他の首相は地位への執着のみを感じさせ、物書きとして食指が動かない。秘書として仕えてみたい気も起こらない。

その点角栄は違う。私も含め多くの論者を吸引し、死してなお「今、角栄有りせば——」という思いを起こさせるのである。

角栄が人を惹きつけてやまない所以は、生来の魅力も当然あろうが、「無」から「有」を創り出してきたその生き様にあるだろう。

かつて人々は、名門でも高学歴でもなかった男が出世の階段を駆け上る姿に、焼け跡から復興していく日本の姿を重ねた。自分自身の姿をも重ねた。閉塞した時代に生きる今の人々は、時代を切り開いた英雄として角栄を見ている。

英雄が出にくくなった時代といわれて久しい。政治家がサラリーマン化してしまったと嘆く声もある。けれども田中角栄は、ほんの少し前、確かに存在した「英雄」として、人々の目の前に今もいるのだ。

そして、角栄を「英雄」にしたのは、出自や履歴だけでなく時代背景もある。郵政相としてテレビ時代を開拓し、蔵相として高度成長への旗を振り、焼跡から日本を牽引してきたからこそ、人々が仰ぐ政界の王となれたのだ。すなわち角栄の「青春時代」を追うことは、日本と日本人が最も元気だった「日本の青春時代」を追うことにもなるはずだ。

田中角栄が刻んだ「知られざる足跡」を追った——。

目次

第三章 黒南風《くろはえ》 ——戦争特需——

第四章 炎風《えんぷう》 ——「運」と「ツキ」——

第五章 たち雲《ぐも》 ——総理への助走——

第六章　彩《さい》雲《うん》 ——王として——

第七章　花《はな》の雲《くも》 ——追われざる者——

装幀・本文デザイン　塚田男女雄（ツカダデザイン）

第一章

忘《わす》れ雪《ゆき》

――田中家の暮らし――

ルーツ

明治二十四年八月十五日、新潟県刈羽郡内郷村池浦《かりわぐんないごうむらいけうら》の大谷家に女児が生まれた。兄三人、姉一人に続いて誕生した五番目の子である。両親は「ヒメ」と名づけたが、役場の手違いで「フメ」となってしまった。ご当人は後年「フメでよかった。ヒメなら大変なヒメだ」と笑っていたという。

家が貧しかったフメは、学歴は小学校三年までだが、読み書きが得意で、計算にも明るかった。針仕事も上手で、人形の服やお手玉などを縫っては友達にあげたりしていた。

十九歳のとき、フメは隣の二田村《ふただむら》に住む田中角次のもとへ嫁いだ。角次は二十五歳、六歳年上である。二男六女をもうけたが、長男は夭折《ようせつ》し、次男が長男のように育てられた。

大正七年に生まれたこの二番目の男の子が、田中角栄である。

田中家は同姓の本家で、「角右衛門《かくえん》(かくえもん)」という屋号を持っていた。四、五百年前に開村した新潟県刈羽郡二田村坂田《ふただむらさかた》の十八戸のうちの一軒である。元来は「覚」という字を使っていたが、明治維新前後に「角」の字を使うようになった。

「田中角栄は貧農の生まれだ」とされている——。

「貧乏のドン底から叩き上げた」

「家が貧しくて小学校しか行けなかった」

等々半ば常識となっている。

星の数ほどある伝記でも、

「貧農」

「極貧」

といった字句が躍る。

しかし、それは必ずしも事実ではない。

角栄本人が、「週刊読売」のインタビューで話している。

「子供の時は、いろいろ言われてるほどは苦労してないんですよ。貧乏人の子だ、貧乏人の子だと言ってるんだが、それほどの大貧乏でもない。田んぼへはいっぺんも入ったことないし、九歳から馬にも乗ってるしね。(照れ笑いしながら)だけど貧乏だといったほうが、選挙にはいいと思った」(昭和五十六年十月二十五日号)

複数の著者との合作であるせいか、顧《かえり》みられない自伝『続わが青春放浪記』でも書いている。

「私の生家は中農だった」

同じく埋もれた自叙伝『我ら大正っ子』に至っては、何と次のように豪語している。

「私の生家は近在の豪家」

――本人からして「貧乏」説を何度も否定しているのである。

角栄が出生した頃から徐々に家計が傾いてはいたが、「角右衛門」は十五代続く古い自作農だ。小作農ではない。祖父は地元の寺で檀家総代を務め、祖母は庄屋の家系である。

檀家総代とは通常地元の有力者がなるものだ。つぶさに実情を見れば色々あろうが、赤貧洗うが如し家から選ばれることはないはずである。庄屋も同様だ。

貧乏庄屋も中にはいたかもしれないが、江戸時代の村長にあたる家の近親が「貧乏」などとは釈然としない。

田中家には八、九反の田んぼがあった。村の多くは一戸あたり五、六反ないし七、八反である。五十歩百歩だが田中家の方がやや広い。

新潟県地域農政推進課に問い合わせたところ、大正七年当時の新潟県の農家数は十九万六千六百十九戸。七年の農地面積は不明だが、翌八年の数字は記録されており、二十四万八千三百七十三ヘクタール。一ヘクタールは約十反だから、一戸あたりの平均反別はおよそ十二反である。田中家は平均より少ないが、大きく違うわけではない。一部の大地主が平均値を上げているとも考えられるから、実態は世間並みの農地を持っていたと見てよいだろう。

全国規模で見ると、大正期は五反未満の農家が約三五％を占めている。日本国内の少なくとも三分の一以上の農民は、「角右衛門」より狭い田んぼを耕していたということだ。

田中家はまた山林も持っていた。後々売り払って牛を買い、そこで悲劇を生むのだが、それはまた別の話だ。たとえ寒村であろうと山林の所有者が「貧乏」とは腑《ふ》に落ちない。

加えて「角右衛門」は農業以外にも収入があった。祖父も父も他に仕事を持っていた。それも生活の足しというのではなく、むしろそちらが本業だった。父の事業は順調ではなかったが、祖父は建設業でそれなりに成功を収めている。

しかも角栄は上京後に仕送りを受けている。昭和初期、地方から都会に出てきた若人の中で、仕送りに恵まれた果報者がどれほどいただろうか。仕送りどころか「身売り」まであった時代ではないか。家庭の援助を受けられた御身分で「貧乏」などといったら売られた娘たちは怒るだろう。

「角右衛門」がのちに下降線を辿るのは事実だ。幼き角栄も借金に引っ張り出される羽目にあい、中学進学も断念している。

だがその原因は、祖父の相場の失敗や、父の「放漫経営」によるところが大で、元々貧しかったわけではない。幼児の頃の角栄は偏食で、嫌いなものは口にせず、祖母が好物を作り直すことさえあった。そんな「坊ちゃん育ち」ができる環境にあったのである。下降線だってしばらくすると右肩上がりに回復し、だからこそ仕送りも可能となったのだ。

この時代本当に「貧農」といえるのは小作農である。小作農の家に生まれ育った小佐野賢治《おさのけんじ》は一家八人八畳間で重なり合って寝ていたのだ。御本尊の申告通り「豪家」であったか別として、自作農であり、他にも収入のあった田中家は、中流程度の家庭だったといえるだろう。

二田村は日本海も間近の雪国である。病になっても、病院へ行くまで何時間もかかることすらある豪雪地帯だ。角栄が四つか五つの頃、屋根から落ちてきた雪の下敷きになったこともある。

雪は政治家田中角栄を規定した。道路をつくり、トンネルを掘った。初出馬の際には「新潟と群馬の境にある三国峠《みくにとうげ》を切り崩してしまえば、越後に雪は降らなくなる」とブチ上げた。いや既に小学校四年生のとき、「雪は貧乏人の家にも金持ちの家にも平等に降る」と作文に書いていた。白くて冷たい結晶は、今太閤をも翻弄したのである。

昭和三十四年の皇太子ご成婚に合わせ、二田村は朝日町《あさひまち》と合併し西山町《にしやままち》となる。大正時代は農村地帯だったが、西山油田のある石油の採掘地でもあった。

明治二十一年に日本石油会社が創立されてから、二田村近辺は日本三大油田の一つとして栄えた。日本書紀にある「越国より天智天皇に燃える水を献上」との記述は、西山油田を指すという説もある。村のほとんどの家は、この西山油田に石油を掘りに出かけ、日銭を稼いでいた。純粋な農村とは異なる環境にある地域だった。

田中家も農家が本業ではなかった。角栄の祖父捨吉《すてきち》は宮大工であり、土木建築の請負業もやっていて、学校や村役場の工事に飛び回っていた。庄屋の娘で村の三美人の一人といわれた祖母のコメは、喘息の気があり主として台所を切り盛りしていた。父の角次は田んぼで働くことはせず、油田掘りにも行かず、牛馬商や養鯉業《ようりぎょう》を営んでいた。

そのため田んぼで働くのは専ら母フメの仕事だった。角栄は自伝などで「母はいつ寝るのだろうと思っていた」とフメの働き者ぶりを語っているが、事実よく働いたようだ。日々の農作業はもとより農閑期には材木や米俵の運搬、雪解け期には土木作業の手伝いもしていた。米一俵は六十キロ以上もある。女性どころか男性でも大変な重さだろう。あまり堅実でなく、のちに家計を揺るがせる夫に代わり、フメは一家の大黒柱を担っていたのである。

フメが運搬作業に勤《いそ》しんでいたある日、女衆仲間とたまり場で一休みしていたら、一人の山《やま》伏《ぶし》が通りかかった。女衆相手に人相占いを始めた山伏は、フメの顔を見つめると、次のように言った。

「おまえさんは、今は苦労の連続だが、将来はきっと枯れ木に花が咲く素晴らしい運命が待ちかまえている。子供を大切に育てなさい」

フメはこの言葉を大事に胸にしまいこんでいたという。

数十年経って、大切に育てた子供は自民党総裁に選ばれた。枯れ木に花は咲いたのである。それも満開の桜だった。テレビ中継を見ていたフメは、ブラウン管に映る汗だくの息子の顔を見るや、ハンカチで画面をぬぐい始めた。花に水をあげる心境だったのかもしれない。

角栄の自叙伝を読むと、進学や上京、転職など人生の節目で、しばしばフメの名前が出てくる。角次の名はあまり出ない。角栄は自らおばあさん子だったと書いているが、本当に影響を受けたのは母のフメではなかったか。晩年になっても青春時代を語る際には必ずフメの名前が登場し、「おふくろが一番優しくておっかなかった」と述懐している。若き日の角栄の脳裡には、愚痴もいわず黙々と働くフメの姿が絶えず浮かんでいたのではないだろうか。

田中角栄が生まれた大正時代は、元号による区分では、明治以降最も短い時代である。明治と昭和という「激動の時代」に挟まれ埋没しがちだが、バス、タクシーの開業、映画や歌謡曲の流行、洋食やカフェの普及など、現代日本の原型がつくられた時代だ。「大正デモクラシー」の言葉もあるように、明治以来の藩閥政治が衰え、政党政治が勃興《ぼっこう》した時代でもある。後年角栄は、自由民主党を拠点に日本の政治を支配したが、政党政治が進展したのは大正期である。

明治四十五年七月、明治天皇が崩御されると、間もなく「大正」という元号が発表された。新聞各社は新元号の取材に回ったが、スクープしたのは朝日新聞の入社二年目、緒方竹虎《おがたたけとら》記者である。緒方はのちに政界へと転じ、吉田茂内閣の副総理や自民党総裁代行委員を歴任する大物政治家となる。

大正初めの内閣は前年から続く第二次西園寺公望《さいおんじきんもち》内閣であった。当時は「元老」と呼ばれる一部の長老が政府にはびこっていたが、西園寺は政党との関係も深く、立憲政友会の総裁を務めていた。内務大臣は六年後に首相、政友会総裁として「本格的政党内閣」を組織する原敬《はらたかし》である。政党が興隆した新時代の幕開けに、西園寺と原が閣僚だったことは象徴的である。

第二次西園寺内閣は改元四カ月後の十二月、二個師団増設を拒否された陸相が辞任したことで瓦解《がかい》した。軍部大臣現役武官制によって、陸相と海相は現役の大将・中将に限られていたが、陸軍は後任の大臣を推薦せず、総辞職という終局を迎えたのである。

余談だが、台風の目となった陸軍のボス・山県有朋《やまがたありとも》の屋敷「椿山荘」は、角栄が住んだ目白の田中邸のほど近くにある。日本の近現代史において、目白は政局の中心地の一つといえるかもしれない。

後釜に選ばれた第三次桂太郎《かつらたろう》内閣は、「組閣を命じる」との天皇のお墨付きの勅語を得て成立した。これに尾崎行雄《おざきゆきお》ら政党政治家が猛反発、群集が議事堂を取り囲む騒ぎとなった。世にいう「第一次護憲運動」である。角栄はこの頃生まれていないが、のちに尾崎に刺激を受けることになる。院の内外から追い立てられた桂内閣は、つまるところ約二カ月で崩壊してしまった。

この「大正政変」によって政党の影響力は強まった。大正二年二月に桂の跡目となった海軍の山本権兵衛《やまもとごんべえ》は、政友会を与党とし、政変の呼び水となった軍部大臣現役武官制も廃止。大臣の任用資格を現役以外にまで広げたのである。

しかし山本内閣は金銭スキャンダルでぐらついた。戦艦発注がらみでドイツのシーメンス社から海軍高官へ賄賂《わいろ》が渡されていた事件が発覚したのである。舶来の汚職事件という点で、角栄が逮捕されたロッキード事件と似ていなくもない。屋台骨が揺らいだ山本内閣は予算不成立をもって総辞職、大正三年四月に大隈重信《おおくましげのぶ》が十六年ぶりに首相へ返り咲いた。

大隈の再登板から三カ月が過ぎた大正三年七月、第一次世界大戦が勃発。日本も参戦したこの大戦は大正七年十一月まで続いた。終戦八カ月前の三月に難波で松下幸之助《まつしたこうのすけ》が「松下電器具製作所」を創業し、前年二月には甲斐で小佐野賢治が誕生している。

巷ではコロッケ、カレーライス、カツレツが「三大洋食」と呼ばれ、「コロッケの唄」という歌謡曲までつくられた。

ドモ角

第一次世界大戦も終わりに近づこうとしていた大正七年五月四日、田中角栄は生誕した。姉二人に続いて生まれた男の子である。

田中家は昔から男子が育ちにくい家系だった。

角栄の祖父が捨吉と名づけられたのも、無事に育ってほしいという意味が込められていたからだ。出生時、わざと門のところに捨てられ、分家の祖母に拾われた。そうすれば丈夫に育つとの言い伝えがあったのだという。捨吉が生まれたのは文久元年、江戸時代の頃だから、このような儀式が粛々と行われたのだろう。

父角次の兄も早世していた。そのため次男の角次が家を継いだ。角栄の兄角一もまた嬰児《えいじ》のうちに早すぎる死を迎えていた。

待望の男子誕生に一家は沸いた。母のフメは、祖父の捨吉が「俺がお湯を沸かそうか」と喜んだのを覚えている。家長の存在が現在より格段に大きかった当時のことだ。未来の当主誕生に、家族は歓喜したに違いない。日々の仕事だけでなく、母親としての「務め」をも果たせたことで、フメの喜びも格別のものがあっただろう。

角次はこの子を「角太郎」と命名しようとした。しかしフメが「私の生家の隣に角太郎という犬がいた」と反対する。「義高」も候補に挙がったが、結局「角栄」と名付けられた。フメが内心考えていた名前で、一説には「田の中の角《すみ》まで栄えるように」との願いを込めて付けたという。角栄本人も「角栄の方がよかった」と述べている。

政治家にとって名前は大事である。例えばヒトラーが大衆を熱狂させることができたのも、「ヒトラー」という名前のおかげだとする意見がある。ヒトラーの父アロイスは婚外子として生まれたが、元々は「シックルグルーバー」なる苗字だった。ところが長じて認知され、「ヒトラー」へと改姓する。この改名がなければ「アドルフ・ヒトラー」は「アドルフ・シックルグルーバー」だった。発音しやすい「ハイル・ヒトラー」が、もし発音しにくい「ハイル・シックルグルーバー」であったならば、ドイツ国民はあれほど熱狂しただろうか、というのである。

「孝行（タカユキ）」を「コウコウ」と読ませる政治家がいれば、「恒蔵」を「恒三」に変える政治家もいる。角栄の懐刀といわれた後藤田正晴が、画数が多く難しい名前のため選挙で苦労したエピソードもある。アクの強い中年男が「静香」という名前なら、そのギャップに好感度はアップするだろう。政治家には案外、名前が重要なのである。

角栄が「角栄」でなく、やや格調の高い「角太郎」だったらどうだろうか。週刊誌や夕刊紙では「田中」でなく「角栄」の文字が躍ったが、「角太郎」ならばそうはならなかったのではないか。等しく首相経験者である福田赳夫、三木武夫、大平正芳、中曽根康弘らが下の名前をどれほど知られているだろうか。苗字でなく下の名前で呼ばれることは、ある種の親しみを感じさせるが、角栄もその名前のせいで、大いに恩恵を受けた気がしてならないのだ。

角栄が誕生して約三カ月後の大正七年夏、「米騒動」が発生。越後にも一揆の波は押し寄せて、田中家近隣の柏崎にも及んだ。

フメが騒動に参加した形跡はない。だが、田中家の男どもには累が及んだはずである。捨吉も角次も、米相場に手を出していた。フメが語るところによると、捨吉の相場で身代は半分くらい傾いたというから尋常ではない。血は争えないのか角次も相場を張っていて、原敬首相暗殺のときには大損したそうだ。米騒動時の戦績は詳らかでないが、当時の米価は乱高下している。得したにしろ損したにしろ、二人の「相場師」は気が気でなかったであろう。

米騒動以後、米の代用品としてパン食が広まり、同じ頃カルピスも発売開始、国民生活は多様化していく。そして政治の世界にも、新たな潮流が生まれようとしていた。

富山県に端を発した米騒動は東京のど真ん中にも波紋を投じた。二年前に大隈の後釜となっていた寺内正毅《てらうちまさたけ》内閣が退陣し、大正七年九月、立憲政友会総裁の原敬に権力が渡った。

原は爵位を持たないが、衆議院に議席を持っていた。初の衆議院議員の首相であり、政治手腕にも長けていた。「我田引鉄《がでんいんてつ》」といわれた利益誘導政治や党内の掌握力、選挙の強さなど、のちの田中角栄を髣髴《ほうふつ》させる部分の多い辣腕家《らつわんか》である。

原は陸海相、外相を除く全ての閣僚を政友会から起用する一方、事の節目で政党嫌いの山県有朋と連絡していた。藩閥に基盤を持たない政友会総裁は、「全方位外交」を展開したのである。

角栄が他派閥や野党にも金を配っていた逸話に通ずるものがある。

憲政史上初の本格政党内閣は、原が「平民」であることも幸いして、世論の歓迎を受けた。あたかも今太閤ブームのようだ。

しかも平民宰相は政策推進を政友会の支持拡張につなげた。例えば鉄道政策は、地方開発を推し進め、ひいては政友会の地盤強化につながった。

これもまた、地元を走る長岡鉄道の電化を実現し、周辺地域の票を大きく伸ばした角栄を思わせる話だ。明治の星亨《ほしとおる》、大正の原敬、昭和の田中角栄が利益誘導の三傑だろうか。やり手の平民原敬が首相の時世に角栄が生まれ育ったことは暗示的である。

老獪《ろうかい》な原敬は選挙法の改正も実現した。

それまでの大選挙区制を改め小選挙区制を導入し、その後の選挙で原の率いる政友会は圧勝する。首相時代に角栄は、中選挙区制を同じく小選挙区制に変えようとして挫折している。泉《せん》下《か》の原を羨望の眼差しで見ていたかもしれない。

本格的政党内閣は大正十年、主演の暗殺によって閉幕した。原は「巨星」との評価がある反面、党利に走り政治腐敗を招いたという批判もある。いかにもこの時期、政友会がらみの疑惑が頻発していた。賛否が分かれるところまで、角栄に酷似している。

しかし、「腐敗」とは疑獄事件のみを指すのであろうか。歳費を貰いながら何もしないでいる政治家は、存在そのものが腐敗ではないのか。昭和期に民社党の委員長を務めた西尾末広《にしおすえひろ》は、「政権をとらない政党はネズミをとらないネコと同じ」と喝破した。汚職はもちろん許されざるものだが、原がネズミをとったネコであることは確かだろう。

原の指揮する政友会が大勝した大正九年、田中家では大騒動が起きていた。二歳になったばかりの世継ぎ角栄がジフテリアにかかったのである。

角栄は高熱を出し、生死の境をさまよった。母は寝ずに看病し、祖母は仏間にこもって「この子だけはどうしても助けてください」と祈り続けた。家族の思いが通じたのか、ほどなくして角栄は回復したが、後遺症なのか吃音になってしまった。

ドモリは幼い角栄に大きな影を落とした。上手く話せず、自然、内気になり、あまり外に出ない子供となった。たまに外出するとドモリをからかわれ、舌がなめらかにまわらないためすぐに手を出していた。

小学校に入ってからも、角栄は吃音に苦しめられた。同級生は「気の毒なくらいのドモリだった」と口を揃える。先生に指されては口ごもり、真っ赤な顔で喉に青筋を立てていた。教科書を読んではつかえてしまい、その都度地団駄を踏んでいた。足踏みする音が隣の教室まで聞こえてくるほどだったという。

下校のときは五、六人が一組になって帰っていたが、ドモリを茶化され乱闘騒ぎを起こしたこともあった。

彼らは角栄をこう冷やかしたものである。

「やーい、ドモ角!」

しかも小学生くらいだと、「周囲と違う」ということを気にしがちなものだ。自分のここが他と違う。自分の家は他と違う。傍《はた》から見れば些細なことでも気になってしまう場合が多い。

よりによって、角栄は、日常生活の基本である「言葉」が違っていた。みんなスラスラ話しているのに自分は澱《よど》みなく喋れない。言いたいことも伝えられない。「自分だけが」吃音という事実が重くのしかかったであろう。

このドモリを克服するため角栄は必死になった。吃音矯正の本を何冊も読んだ。しかしなかなか治らない。歌うときや目下の者と話すときは不思議とドモらないのだが、目上の人と話すとなると、どうしてもドモってしまうのである。

〈朝は来ないのか、春は来ないのか。このまま暗いままなのか。一生、呪われた舌を持ち続けなければならないのか。なぜ俺だけ。なぜ俺だけ上手く話せないのか。俺の舌だけまわらないのか。こんなに頑張っているのに。他のところはみんなと同じなのに。勉強だってできるのに。なぜ言葉だけ……〉

小さな胸に大雪が積っていた――。

だが、朝の来ない夜はない。小学五年生のとき、少々荒っぽく夜が明けた。雪かきが始まった。習字の時間に鳴り響いたけたたましい哄笑が、そのファンファーレだった。

級長の角栄は真面目に筆を走らせていた。上手い字だった。のちに履歴書を綺麗に書いてまさかの就職をするほどだ。政界屈指の達筆は、子供の頃から墨痕《ぼっこん》鮮やかだったのだ。しかしその流麗な筆跡は、力平という腕白坊主に歪められた。力平の席は角栄の前だった。

「キャッキャャッキャャッ！」

力平はいきなり笑い出した。一瞬何かと思ったが、角栄は仕切り直して筆を運んだ。

「誰かッ」

担任の笠原先生は教室を見回した。角栄とも力平とも目が合った。何事も無かった。しかし、目が離れた瞬間に、前から力平の手が伸びてきた。角栄の机を揺さぶったのだ。ドモ角は雷に打たれたように強張った。筆も止まった。これでは俺が疑われてしまうではないか……。

「田中かッ！」

案の定、先生は怒り出した。俺ではない、力平だ。どこを見ているのだ……。義憤にかられた容疑者は、必死の思いで釈明に努めた。が、蟷螂《とうろう》の斧《おの》の如し、儚《はかな》い抵抗だった。

「ア、ア、ア……！」

ドモって上手く喋れない。真犯人は知らん顔だ。冤罪《えんざい》とはこのようにして作られるのか。半紙の字は乱れていた。

しかも数日前の作文で、ある作家の文章を引用したところ、盗作とみなされ最低の「丙」を付けられたばかりだった。成績のよかった角栄が丙を貰ったのは学校生活を通じこのときだけである。

作文でのいきさつに加え今回の事件だ。二審も有罪となれば級長の沽券《こけん》に関わってくる。「法廷」と化した教室で、無実の被告は立ちあがっての陳述に挑んだ。「僕ではありません」とだけ言えればよいのだ。けれど、真っ赤になるばかりで、一言も発することができなかった。

「……！　……!!」

先生はますます怒り出した。小さな傍聴人たちも被告を見る。ロッキード裁判と違って数十人しかいなかったが、それでも子供には重圧だ。堪らなくなったドモ角は、硯《すずり》を力一杯床に叩きつけた。

「ガッチャーン！」

角栄には短気なところがある。社会に出てからも何度か破裂する癇癪玉《かんしゃくだま》が、このときも豪快に弾け飛んだ。

級友たちは凍りつき、先生も黙ってしまったが、ドモ角の怒りはおさまらない。その日の朝、母のフメから「学校帰りに電球を三つ買ってきておくれ」と頼まれていたが、頭に血が上ったままの角栄は、買ったばかりの電球を杉の木の根元に叩きつけた。そのとき自然に「ヤーっ」という掛け声が出た。ドモらない。怒れば発声できるのか。大声を出せばドモらなくなるのか。

何かを掴んだ角栄は、大童《おおわらわ》で山奥へ行き「発声練習」を始めた。大声で浪花節をうなる。唱歌を歌う。郵政大臣在任中、ＮＨＫラジオで「天保水滸伝」をうなった角栄は、「浪花節大臣」の称号を手にしたが、浪曲を始めたのはドモリと戦うためである。

しかも凄いのは、刑法や判決文など法律書まで読んだことだ。当時有名な弁護士だった花井卓蔵の判例集を手に入れ、空に向かって朗読した。家に帰っても風呂場にまで法律書を持ち込んで、大声で繰り返し音読した。小学生が山中で条文をわめく姿はいささか異様な感じもするが、おかげで角栄は法律に慣れ親しむようになった。花井弁護士に憧れ、刑事事件専門の弁護士になろうと思ったこともある。

議員になってからの角栄は、法律を使いこなして議員立法を次々と成立させた。法曹界出身でも大学の法学部出身でもない男が、自他共に許す「法律のコンサルタント」へ進化した。法律を熟知していることは政治家田中角栄の評価を高め、力の源泉にもなっていたが、その原点はドモリ克服の「発声練習」にある。吃音を治すための訓練が、思わぬ果報を招いたのである。

特訓の甲斐あって、段々と自信が湧いてきた。吃音を治すには「自分はドモらない」という自信を持つことが重要だ。その自信が角栄についてきたのである。

この年の学芸会で、「弁慶安宅の関」の芝居をやることになった。武蔵坊弁慶と源義経の話である。自信を手にしたドモ角は、衆人環視の舞台で躍動する自分を夢想した。なにしろ将来選挙に出る男である。生地《きじ》は目立ちたがり屋なのだ。

だが、角栄は初め舞台監督を命じられた。因縁の笠原先生の配役だ。そこで、ドモ角は流暢な越後弁で願い出た。

「先生、俺も劇に出してくれんかネ」

予想外の申し出に、先生は面食らってしまった。山での雄叫びを知らない担任は、「田中は裏方」と決め込んでいたからだ。なぜか自信満々のドモ角に、以前とは違う雰囲気を感じてはいたが、学芸会はクラス全体のものである。父兄の手前もある。吃音者を劇に出したらヤブヘビになりかねない。

「いや、田中。お前は舞台監督をやれ。全体を見る重要な役目だ。級長であるお前に相応しいはずだ」

硯の件が頭にあった先生は、角栄を傷つけないように申し付けた。しかし角栄は引き下がらない。

「絶対にドモらないから劇に出してくれ」

泣かんばかりの陳情だった。後年無数の陳情を頼まれた男が、頼む側となって哀願した。

必死の形相を前にした先生の耳に、「ガッチャーン！」という音が響いてきたような気がした。あの事件が担任の頭を侵略した。再び硯を割られては堪らない。それに田中の雰囲気が違う。何かあったのか。この気迫はどこから来るのか。

少し考えた先生は、コペルニクス的転回を遂げ、驚くべき指令を下した。

「わかった。じゃあ田中、お前は主役の弁慶をやれ」

何と、ドモ角に主役を命じたのだ。

「ありがとうございます！」

角栄は狂喜乱舞したが、浮かれはしなかった。本番で成功しなければ意味が無い。過分の大役をこなすためにどうすればよいか、冷静に考えた。

脳漿《のうしょう》を絞った「弁慶」は二つの工夫を凝らした。セリフに節をつけて歌うが如く喋ること、劇に伴奏音楽をつけることだ。リズムに乗って話せるようにしたのである。

当日、観客がドモ角の演技を注視する中、角栄は練習通り、節をつけて歌さながらにセリフを吐いた。

「お急ぎ候ほどに、これは早、安宅《あたか》の関《せき》に御着き候」

驚くほどすらすらと言葉が出てくる。最後まで失敗せず、終幕の際には場内割れんばかりの拍手喝采となった。

この弁慶役の成功によって、角栄の自信は本物となった。完全に治ったわけではないが、以前のような酷いドモリはなくなったのである。

習字事件から学芸会に至るドモリ克服の茨の道は、今太閤の人生における最初のターニングポイントになった。口数の少なかった少年が饒舌な「おしゃべり角さん」となる。ドモリのままなら喋りが商売ともいえる政治家になろうともしなかったであろう。

言葉は政治家の武器である。議場においても選挙においても、言葉によって相手を説得しなければならない。ドモリとがっぷり四つに組み、ついに押し切った角栄は、遅まきながら言語能力を体得し、伸ばしていく。そして将来、政界でも指折りの演説家といわれるまでになるのである。

参議院議員を務めた中山千夏は、角栄の演説を「エクスタシー」と絶賛した。中山は角栄と政見を異にする。しかしそんな中山さえ、角栄の演説ぶりには陶酔していたのである。

舌が資本の政界だけに、雄弁を轟かす政治家は雨後の筍《たけのこ》の観を呈しているが、中でも角栄の演説は聴く者を引き付けた。かつてのドモ角の長広舌に、聞き手は酔いしれた。ダミ声でまくしたて、聴衆に呼びかける政治家田中角栄の姿から、吃音に苦しんだ少年時代を想像するのは困難である。

昭和五十一年夏、前首相田中角栄はロッキード事件で逮捕された。その年冬の選挙において、元ドモ角は五百五十一回にも及ぶ辻説法をやり遂げた。舌は悲鳴を上げていたが、田中候補は首相時代とあまり変わらぬ十六万八千票を積み上げて、何とか危機を乗り切った。

が、一難去ってまた一難。昭和五十八年十月、今度は一審で有罪判決を受けた。直後の師走決戦は、作家の野坂昭如《のさかあきゆき》も参戦し、闇将軍土俵際の戦いとなった。背水の陣のキングメーカーは雪の中三百六十八回も街頭に立ち、投票所に足を運んだ人々の半数に迫る二十二万人にその名を書かせ、絶体絶命のピンチを切り抜けた。吃音者だった角栄が土壇場で選んだ切り札は、金ではなく言葉だったのである。

言語を手に入れ、法律にも馴染んだ。ドモリとの死闘は角栄の人生を大きく変えることになったのだ。

田中家の暮らし

原首相が凶行に倒れた大正十年十一月、高橋是清《たかはしこれきよ》が後継総理に選ばれた。大蔵大臣、日本銀行総裁を歴任した財政の専門家である。

蔵相時代の角栄は、「歴代の大蔵大臣で一番尊敬するのは高橋是清」とインタビューに答えている。

高橋は政友会総裁にも就任し、政党政治は続いた。しかし高橋は財政家としては優れていても、原敬のような政党人ではなかった。党員の顔や名前、経歴まで知悉《ちしつ》していた原に比べ、高橋は幹部の名前すらまともに覚えていなかったという。

洋の東西を問わず、人の顔と名前を覚えることは政治家の仕事の一つであるといっていい。ナポレオン三世は人の名前を暗記しようと日夜努力していたし、佐藤栄作《さとうえいさく》は政治家の名鑑である『国会便覧』を熟読していた。「人事の佐藤」の異名よろしく国会にまで持ち込んで、雛壇に座りながら目を通した。個々の政治家の履歴や人物に精通していたことが、八年近くに渡る長期政権を維持した秘訣といわれる。田中角栄に至っては、顔や名前のみならず、当選回数、選挙区、派閥まで諳《そら》んじていた。

選挙ともなれば、支持者の顔や名前を頭に入れていないとマイナスだ。候補者本人が覚えていなければ、周りの者がフォローする。

どれだけ人を紹介できるかが、側近の腕の見せ所でもある。面と向かって話していても、内容なんぞ馬耳東風で顔と名前を記憶することだけに集中している政治家も少なくない。

政治は人間のやることだ。往々にして政策の中身より、相手が自分を気にかけているか、自分をどれだけ重視しているかが問題となる。顔も名前も覚えられていなければ、俺は軽視されたとヘソを曲げる。政策以前にそいつの意見など聞きたくない。それが政治家だ。いや人間だ。政策に何ら関心が無く、人間関係の捕捉にばかり狂奔する政治屋は浅ましいが、「人間」に無関心な政治家もまた遺憾である。

天は二物を与えず。仲間の名も知らぬ唯一無二の財政家は、政友会内部をまとめきれなかった。内閣改造をめぐって党内は二分し、閣内不一致の末に高橋内閣は約七カ月で総辞職となった。退陣にあたり政友会の一方は、再び高橋へ大命が下ることを期待したが、事はうまくいかず海軍大臣の加藤友三郎《かとうともさぶろう》が首相となる。加藤の次は九年ぶりに山本権兵衛がカムバックした。

山本首相が第二次内閣を組閣している最中の大正十二年九月一日、関東大震災が発生し、首都圏は大混乱に陥った。死者・行方不明者十四万人以上、全壊家屋約十三万戸の大惨事となった。

遥か新潟にいた角栄は、この日小学校の校庭で遊んでいて、地面が持ち上がってくるような感じを受けたと振り返っている。翌日からは、都会で被災した越後人が、大挙して古里に戻ってきた。

越後は出稼ぎ者の多い土地だ。田中家の嫡男《ちゃくなん》も長じて「出稼ぎ政治家」となった。大正十四年の調査によると、新潟県民の出稼ぎ者数は全国随一の十五万五千人。実に全国比の二割を占める。明治二十五年まで、新潟県は全国最大の人口数を誇っていたが、相次ぐ人口流出で、大正期に入ると全国六位にまで落ちていた。県外に出ていた越後民族の大移動で、普段空いている越後線も、このときばかりは満員だった。

角栄の親戚たちも帰省してきて、米や味噌を大量に持ち帰っていった。幼き角栄は「母が真っ暗なうちから働いてつくったものを、東京の人たちは何食わぬ顔をして持っていく」と不愉快な気分になったという。

越後の出稼ぎ政治家田中角栄は、新潟県と他県との「地域格差」の是正に力を入れた。明治以来都市中心の政策がなされ、教育もインフラ整備も遅れていた「裏日本」。雪にも負けず一生懸命働いているのに、報われることの少なかった故郷新潟。政治の恩恵を受けてこなかった雪国に光を当て、都会と変わらぬ生活ができるようにしたい。そう考えた角栄は、道路を整えトンネルを掘り鉄道を招いた。多額の補助金も獲得した。「日本列島改造論」の本旨も地域格差の是正にある。震災のときに感じた思いが根底にあったに違いない。

角栄はジフテリアから回復したが、吃音となり、体もあまり丈夫ではなかった。冬には寒さを凌《しの》ぐため、首に綿を巻いていた。母のフメは、角栄が健康に育つよう近所の神社に「はだし参り」をしていた。神仏に願をかけるため、裸足で祈念するのである。体の弱いたった一人の男の子の成長を、家族は気を揉みながら見守った。

そのせいか、角栄は少し甘やかされて育てられた。とりわけ祖母のコメは孫を離さなかった。フメには仕事もあれば生まれたばかりの妹の世話もある。角栄だけにはかまえない。そのため主にコメがお守り役を務めていたのである。お世継ぎ育成に燃える祖母は角栄を溺愛し、偏食の孫が嫌いな食べ物に箸をつけなかったりすると、好物をつくり直して食べさせるほどだった。わがままな跡取りは、おしめの洗濯をしている母がつくった食事を嫌がって、「おばあちゃんのつくったものでなければ食べない」と駄々をこねたこともあった。「母は悲しい顔をした」とは角栄の弁だが、甘えん坊の息子の駄々に、山伏の言葉「子供を大切に育てよ」を内に秘めたフメの思いは複雑だったであろう。

母のフメが仕事に家事に奔走し、祖母のコメが跡継ぎの世話に意気込むのを尻目に、父の角次は事業の方にうつつを抜かした。牛馬商として全国を駆け回り、北海道に大牧場を持ちたいと夢見ていた。競走馬も持っており、地方競馬に我を忘れ二、三カ月家を空けることも珍しくなかった。

朝鮮牛を五十頭以上も輸入し、村を騒がせたこともあった。角栄によれば、朝鮮牛を日本に初めて移入したのは角次だそうだ。養鯉業にも手を出していた山っ気のある親父であったが、やがて家産を傾けさせてしまう。

あるとき角次はオランダから種牛を輸入した。一頭一万五千円のホルスタインを三頭買い付け、北海道や新潟で育てようとしたのである。米が一俵六、七円の時代に、四万五千円を投じた大計画だった。手持ちの山林を売り払い、借金をして金を集めた。

ところが三頭のうち二頭は運んでくる途中で死んでしまった。

角栄は自伝『私の履歴書』においては日射病を指す「霍乱《かくらん》」のためであると書き、『我ら大正っ子』では「鉄管の下敷きになったため」と記している。経緯は異なるが死んだということは共通する。残る一頭に関しては、『私の履歴書』では「生きていたが絶命」したと述べ、『我ら大正っ子』では「売った」とある。

角栄の説明はなぜ食い違っているのか。単なる記憶違いかもしれないが、死に方はともかく「死んだ」と「売った」ではだいぶ違う。記憶力を誇示するコンピューター付きブルドーザーの言い分とは思えない。おそらくは「貧農」神話を慮《おもんばか》ったのではないか。

『我ら大正っ子』の原稿が書かれたのは昭和三十年代半ばである。角栄は郵政大臣を務めた若手実力者ではあったが、まだ大物というわけではない。

これに対し『私の履歴書』が書かれたのは昭和四十一年。大蔵大臣を経て自民党幹事長に就任した、将来の宰相候補田中角栄の「公式」といえる伝記である。角栄の筆致も「慎重」になったと按《あん》ぜられるし、日本経済新聞の連載だから想定した読者の数も違うだろう。牛の話以外にも、他所での発言と違う箇所がいくつかある。

「貧乏だといったほうが、選挙にはいいと思った」

という角栄の発言を紹介したが、角栄自身、「貧乏」を売りにしていたフシもある。首相時代に「金脈問題」を弁明する記者会見を開いた際も、「貧乏な百姓の倅として上野に出てきた」と語り、金に苦労したことを強調している。実際、「貧乏」から叩き上げたというイメージは、学歴が無いことと併せて角栄の人気に間違いなく一役買っている。

「本当は一頭生き残っていて、丸損したわけではなかったが、全部死んだことにしたほうが苦労人イメージをつくれると思った」

と頭を掻きながら洩らす角栄を想像するのは穿ちすぎだろうか。

ただ、仮に死んだのが二頭であっても、角次の計画が予定通りにいかなかったのは事実である。普段は飲んでも乱れぬ角次が、この日ばかりは大声を出し荒れていたという。

田中家の主は養鯉業にも失敗した。近所の池で鯉を飼っていたのだが、干ばつが続いて池の水を田んぼに放出することになった。そのため鯉を処分しなければならなくなったのだ。今太閣ブーム絶頂のとき、目白の田中御殿で鯉に餌をやる角栄の姿がしきりに流れた。その姿は栄華の象徴と見られたが、幼き日の角栄にとって、鯉は父の無念の象徴だったのである。

この頃から田中家の身上は傾いてきた。祖父捨吉の米相場での損失に加え、父角次の相次ぐ事業の失敗である。

それなりの「旧家」だった「角右衛門」は借金を仕出し、フメが夫の代わりに頭を下げて金策に回った。今太閤が借金に出向いたこともあり、いずれは娘を角栄の嫁にと話していた親類へ、「許嫁《いいなづけ》」直々に参上した。その際父の不運を指摘されたことが、後々まで耳に残ったと角栄は吐露《とろ》している。

借りた金は母の田んぼ仕事の何倍にあたるのだろうかと、フメの苦労にも思いを馳せた。震災のときに感じた不条理な思いが、再び角栄の胸中をよぎった。


田中家の暮らしに暗雲が立ち込め始めた頃、政界では「第二次護憲運動」が発生した。関東大震災の復興に取り組んでいた第二次山本内閣が、摂政裕仁《ひろひと》皇太子が狙撃されるという「虎ノ門事件」によって総辞職。大正十三年一月に後を継いだ清浦奎吾《きようらけいご》内閣は、貴族院議員ばかりの「超然内閣」だった。

衆議院で多数を得た政党が内閣を組織すべきとする憲政会、政友会、革新俱楽部の「護憲三派」は倒閣を決意し動き出す。清浦は衆議院解散で対抗するが、選挙の結果護憲三派が絶対多数を獲得。第一党の憲政会総裁加藤高明を首班とする三党連立の政党内閣が復活した。

第二次護憲運動は一次に比べ小規模ではあったが、選挙で勝利した第一党の党首が政権の座に就くのは憲政史上初めてのことである。これより政党内閣は、昭和七年犬養毅《いぬかいつよし》内閣が倒れるまで八年間続くことになる。

大正十三年六月に成立した加藤内閣は、翌十四年、普通選挙法を実現させた。納税要件が撤廃され、一部の例外を除く二十五歳以上の男子に選挙権が与えられたのである。

戦後民主党、民主自由党において、角栄と同じ釜の飯を食うことになる憲政会の斎藤隆夫《さいとうたかお》は、普選導入を「建国以来の大革新」と称揚し、世論もまた歓呼した。

日本には「制度信仰」が存在する。何か不都合が生じるのは制度が悪いからで、仕組みを変えれば問題は解決するというものだ。

だが制度を変えればよくなるとは限らない。「政治に金がかかる」といって公費助成を導入しても、汚職事件はなくならない。教育制度をいじっても、日本の教育が良くなったとは思えない。選挙制度の改変自体、戦前戦後と何度も実行されているが、いつの時代も「政治不信」が叫ばれている。

ただこの普選実現に関しては、並の改革とは異なるものだといえるだろう。普通選挙を導入すれば、多数の意思が政治に反映されることになり、国家の方針を国民が決められるようになる。そうなれば国民にも責任が出てくる。善政だろうが失政だろうが有権者の選択の帰結となるのだ。

領土と主権と国民が、国家を構成する三要素だという。中でも重要なのは国民だ。領土が広くても国民がだらしなければ排気ガスが蔓延するし、強い主権があってもそれが独裁なら一部の人間だけが肥え太る。

国民の意思を最も表すのは選挙だ。

高度成長を選んだのも宇宙人を選んだのも国民だ。「今太閤」と仰ぎ見たのも「刑事被告人」と蔑んだのもまた国民だ。利口で愚かで気分屋だ。しかしそうした国民の意思こそが、国家の大本なのである。

記憶力の源泉

加藤内閣が普選を通した大正十四年、ラジオ放送が開始された。新たなマスメディアの登場である。三月に始まったラジオ放送は国民生活をさらに多様化させたが、翌四月、三十二年後郵政大臣としてラジオ局を管轄することになる田中角栄は、二田尋常小学校に入学する。

二田小学校は明治七年三月に創立。現在は移転しているが、元々は角栄の生家の裏山にあった。移転した跡地に建っているのが「田中角栄記念館」である。

「至誠の人、真の勇者」「自彊不息《じきょうやまず》」「去華就実《かをさりじつにつく》」という三つの校訓があり、角栄は選挙に出たときキャッチフレーズとして「至誠の人、真の勇者」を挙げている。

角栄はここで生涯の恩師と出会う。校長の草間道之輔《くさまみちのすけ》先生である。

二田小の卒業生でもある草間先生は優れた教育者であり人格者であった。生徒はもちろん後進の指導にも熱心で、新人教師に大量の課題図書を与えて厳しく仕込んだこともある。田中家近くに住んでいたため入学前から角栄と顔見知りだった。

草間先生は角栄に教えた――。

「いいかな。人間二十歳までに教わるものは全て覚えられるが、二十歳を過ぎると覚えが悪くなる。四十歳を過ぎると、覚えるより忘れるものが多くなる」

「……」

「だから、若いうちにうんと勉強しなければダメだ」

「……」

「人間の脳は多くのモーターの集まりである。十個か十五個回せば生きてゆけるが、努力すれば何千も動かせるようになる。そのためには勉強して、暗記することだ」

「……」

「われわれだってモーターをたくさん動かせば、野口英世みたいになれるんだ」

「……」

「人間の頭脳は無数の印画紙の倉庫となってるんだ。強く感じれば印画紙は強く感光する」

「でも、弱く感じれば、映像も曖昧になってしまうんだ」

「………」

「頭の中には無数の印画紙があるんだ。一度露出された映像は死ぬまで残る」

「………」

「難しいものを覚えようとして苦労してるときも、絶えずモーターは動いていて、印画紙は感光してるんだ。だからよく勉強して、暗記することだ。頑張って、たくさん覚えるんだ」

「はい!」

脳髄を鷲掴《わしづか》みにされた角栄は、草間先生の言葉の一つ一つを、文字通り強く「感光」した。教えの通り、先生の言葉を映した印画紙は、角栄の倉庫にいつまでも残った。

記憶力は角栄最大の特性である。夥《おびただ》しい「角栄伝説」の中でも記憶に関する逸話が最も多いといってよい。何千、いや何万もの「モーター」を動かそうとしていたかのようだ。

早くは小学四年のとき、担任の金井満男先生と聴きに行った浪曲を、翌日の昼休みに暗唱してみせ周囲を驚かせている。

政治家になってからも数十年前の日時や名前を諳んじ、選挙の得票数や役人の履歴なども細かく覚えていた。佐藤内閣時代に始めたゴルフでは、三桁を優に超す年間ラウンド数を記憶している。

角栄本人も暗記の大切さを力説しているが、そのきっかけは草間先生の教えにある。天賦の才が良き指導者によって開花したということだ。

草間先生は角栄の選挙にも力を貸した。教育界に角栄支援を働きかけ、応援演説に腕を振るった。昭和三十九年に亡くなるまで、教え子の出世頭を支え続けた。角栄も終生、草間先生を師と仰いだ。政治的思惑とは関係の無い、本当の恩師だった。

角栄少年は成績優秀だった。「勉強は学校だけでよい、家で勉強するのは怠け者」という母の方針で、家で机に向かうことはあまり無かったが、真面目に授業を聞き「モーター」を少しでも多く回そうとしていた。その成果か、席次は一年生のときが二番、二年生からは首席を通したと伝えられる。三年生からは級長を務めた。

活字好きだったフメの影響で、家では読書を好んだ。姉たちの本や雑誌を読み、特に徳富蘆《とくとみろ》花《か》を愛読していた。草間先生に薦められて「プルターク英雄伝」も読んだ。ナポレオンやチャーチルも座右に置いた「英雄必読の書」である。ハンニバルのアルプス越えの話を読んで、越後の山を越える自分の勇姿を想像していたら面白い。文学少年角栄は、やがて作家を志し、いくつか自作の小説を書くようになる。政治家になってからも文学への思いを語っているが、読書習慣は小学校時代に身に付けたようだ。

ドモリ克服の特訓を始めてからは法律書まで読み、新聞にも目を通していた。新聞をとっていない家も多い中、小学生の角栄は、「新聞の広告を読むと世の中がわかる」などと話していた。小学生時代から政友会とか民政党とかいっていた、という話もあるから政治に興味を持ち始めたのもこの頃だったのか。

陣取り遊びに熱中し、斥候や奇襲作戦を「発明」する名指揮官でもあった。キノコを実家に送りたいと金井先生が洩らしたときなど、同級生に号令をかけてミカン箱三個分もかき集めた。多すぎると困惑する先生に、角栄少年は「近所に分ければ喜ばれる」とアドバイスをしたという。「実弾」を集め、配り、全軍を指揮した政治家田中角栄の萌芽《ほうが》がすでに窺える。

キノコを受領した金井先生は、生徒監禁騒動で、はしなくも転勤させられる。どうしても宿題をやってこない生徒を十分ほど剣道の防具室に閉じ込めたことが、「監禁」したとまで膨らんでしまったのだ。級長として生徒を防具室まで「連行」した角栄は、無実の罪だとして抗議したが、悲しいかな、相手にされなかった。自著ではこの「監禁事件」と、ドモリ克服の発端となった「習字事件」とを指し、「真実はなかなか世に受け入れられない」と嘆いている。のちに角栄は二度も逮捕され、いずれも「無実の罪」を訴えた。政治家田中角栄の萌芽がここにもあるといえようか。

中学進学を断念した本当の理由

成績のよかった角栄は、「五年修了で柏崎の中学校に行ける」と進学を勧められた。当時、成績が優秀な生徒は、六年生を飛ばして中学へ進むことができた。角栄と同年同月群馬県に生まれた中曽根康弘は、東大卒のエリートだが、六年生を経て中学に進んでいる。小学生の頃は角栄の方が「エリート」だったのかもしれない。

しかし角栄は中学へは行かず、小学校の高等科へ進むことにした。父の事業の失敗で傾く家計を、田畑に出て支える母。その苦労を思うと、中学へ行く気になれなかったのだと振り返っている。

先述の通り田中家は元から貧しかったわけではない。それが先代の相場で揺らぎだし、当代の蕩尽によって下り坂となった。その後上り坂となるのだが、角栄が小学生の頃は底辺で、借金もしている。

だが角栄は前出の『週刊読売』のインタビューの中で、「田んぼへはいっぺんも入ったことないし、九歳から馬にも乗ってるしね」と語っている。言い換えれば「子供も家計を助けるような家ではなかった」ということだろう。借金はしても返していたし、抱え込む類のものではなかったと思われる。

「九歳」とは小学校三年生だ。「から」という以上、進学話が出た小学五、六年のときも家計を助ける必要に迫られていなかったと解される。事実、角栄は高等科卒業後、すぐには働かずブラブラしている。「極貧」で進学できなかったのなら卒業後ただちに働くはずだ。楽な台所ではないにせよ、多少の無理をすれば進学できたように見える。現に田中家の分家には、畑を売って中学へと進み、東大に入った者もいる。本家も田んぼを売るなりすれば何とかなった可能性はあるのだ。

なぜ無理をしなかったか。詮ずるところ、どうしても進学したいわけではなかったのではないか。

当時は小卒が一般的な時代だ。今とは違う。小卒だからといって「低学歴」ではない。文部科学省に問い合わせたところ、角栄が高等科を卒業した昭和八年における新潟県の尋常小学校卒業生は四万九千百九人。そのうち二万三千百四十五人が高等科へ進み、中学に入学した者はたったの約三%、一千七百四十五人である。

角栄の従弟の田中信雄の話では、二田小は一学年七、八十人で、うち中学へ進むのは一人か二人、一〜二%だったという。

つまり、角栄の周囲は小卒が当たり前の環境だったのだ。

狭き門を突破できたはずの小学生の角栄は、「進学したいが、また母に迷惑かけるし、みんな小卒だし、無理してまで」という気持ちだったのではないか。高等科卒業頃には気が変わって「やはり中学に行けばよかった」と後悔するに至ったが、小学生の頃にはどうしてもという気持ちは無かったと思えるのだ。

息子の進学断念に、父は胸を痛めていたようだ。角栄は高等小卒業後、働かずに家で「今後の思案」をしていたが、角次は何も言わなかった。息子が十年ほど経ってから理由を尋ねると、父は「お前を中学にも大学にもやりたいと思っていた。（中略）心ならずもお前を上級学校にやれなかったので、お前にすぐに働いてもらおうという気はどうしても起きなかった」（『私の履歴書』）と話したという。

だが進学を断念したことは、結果として角栄の人生にプラスだった、と見る向きは多い。仮に大学まで行ったとしても、世間並みの出世をしたかもしれないが、政治家となって首相にまでなれたかは疑問だ、というものだ。

その通りだろう。角栄は若くして事業に成功し、その資金をもって二十八歳で代議士となった。大学を出て勤めていたら、その若さで選挙に出るほどの金は稼げない。しかも二十代での初当選は、政界で累進する要因にもなった。三十代での初入閣、四十代での幹事長、五十代での総理大臣は、二十代で議席を得られた賜物だ。

なおかつ学歴が無いことは人気にもつながった。小学卒の叩き上げの男が、大学卒のエリートたちを向こうにまわし天下を取ったと喝采を受けた。高学歴ならよくいる普通の政治家だ。「今太閤」ではなくなってしまう。死後も続く人気を得られたかどうか疑わしい。

おそらく今太閤本人も、「無学歴」のプラス面を自覚していただろう。その証に角栄は、たびたび当選回数にこだわった。角福戦争を演じたライバル福田赳夫に対しても、「政界では自分の方が先輩」と見なしていた。十三歳年長の福田を「後輩」扱い出来たのは、二期ほど早くバッジを付け、当選回数では上回っていたからだ。進学せず早くから社会に出たせいで政界にも早く出られたと認識していたに違いない。

叩き上げの人気についても理解していなかったはずはない。角栄の最終学歴は東京に出てから通った「中央工学校卒」だが、演説等では小学校卒を前面に出している。政治家になってからは、学校に行かず社会に出た運命を、呪うどころか僥倖《ぎょうこう》だと思っていた可能性さえある。

角栄が学歴コンプレックスを持っていたとするエピソードはいくつもある。旧帝大卒で官僚出身の西村英一《にしむらえいいち》が金集めをたしなめたら、学歴の無い自分にはこれしかないと言っただの、大蔵官僚が答弁の間違いを指摘したら、自分が無学歴だからかと泣いただの、それこそ枚挙に遑《いとま》がない。しかしながら、この種の話をもって角栄が学歴コンプレックスを持っていたと判断するのは、やや短絡に過ぎると思う。

頭を下げつつ、肚で舌を出していることもあるのが政治家だ。本心はなかなかわからない。テレビや仲間や支持者の前では愛想よく振舞うが、目の前の相手がいなくなった瞬間悪口を言い出すことだってある。政治家でなくても、本音と建前を使い分け、「演技」することは誰にでもある。ましてや百戦錬磨の角栄だ。学歴が無いことをタテにしてその場を切り抜けることなど朝飯前だろう。「無学歴」を「逃げ」に使っていたとしても不思議ではない。

学歴へのわだかまりは確かにまとわりついていたかもしれない。高等科に入学後は中学の講義録を取り寄せて勉強し、その後進学目的で上京して上級学校に行こうとしている。「無理してでも行くべきだった」と後悔したのだろう。

角栄の秘書を務めた早坂茂三は、「旧帝大とか学者とかいってもロクなやつがいない」等々の角栄発言を劣等感と見る。けだしそうだろう。しかしその劣等感は深刻なものではなく、むしろ「無学歴」を「武器」に転用していたのではないだろうか。

「学歴」で悔しい思いをしたことは何度もあったに相違ない。けれども進学していたら、二十代で議員になれた可能性は極めて低く、政界での立身もどうなっていたかおぼつかない。没後まで続くほどの人気を得ることも難しかったはずである。人間万事塞翁が馬《にんげんばんじさいおううま》。人生は、何が起こるかわからない。

母が与えた三つのいましめ

高等科に入学した角栄は、吃音矯正の訓練を続け、小説から法律書、漢詩まで耽読していたが、ついには文学好きが高じて小説を書いた。

「三十年一日の如し」なる恩師を描いた小説で、新潮社の「日の出」創刊号の懸賞小説に投稿したところ、入選はしなかったが佳作の下くらいになったようで、五円の金を送ってきたという。角栄は「自分で稼いだ最初の金は原稿料五円、二番目がトロッコ押しの賃金で一日五十銭」だと至る所で述べている。

ところが作家の佐木隆三は、調査の結果「原稿料の話はフィクションのようだ」と疑問を呈している。

「日の出」は昭和七年八月号が創刊号である。創刊号には懸賞原稿の予選通過者が発表されているが、「田中角栄」の名前は見当たらない。ペンネームで応募したとしても、新潟県からの予選通過者は一人もいない。佳作の下に入るためにはせめて予選を通らねばならず、大盤振舞いをしたとしても、トロッコ押し十日分の金を出すはずがない、というのである。

そこで佐木説を確かめるため国会図書館に行き、「日の出」創刊号のマイクロフィルムを閲覧してみた。なるほど「田中角栄」の名前は無いし、新潟県からの予選通過者もいない。念のため数号先まで調べてみたが、やはり記載はない。発行元の新潮社にも問い合わせてみたが、昔のことで関係者もおらずわからないという。

角栄の自伝や発言を読み比べると、いくつか食い違う点があることには触れたが、「小説を書いて五円送ってきた」件に関しては一貫している。昭和三十年代からこの「秘話」に言及しているが、その当時は関係者も残っていたはずだ。「貧乏」といった曖昧なイメージの事柄ではないし、調べようと思えば調べられた話である。フィクションだとしたら、露見する可能性は考えなかったのか。取材に来た記者にも話していたというから嘘とは思えないのだが、原稿料の話も「神話」なのだろうか。

ところで、「日の出」創刊号を詮索していると、大河内正敏《おおこうちまさとし》の「人造肉と人造人間」なる論文が目に入ってきた。角栄が東京に出てからの恩師である理化学研究所所長・大河内正敏の論文である。

ロボットの将来性などについて論じたもので、テレビに関し「像を送る方と受ける方との同期装置が不完全」と書かれているなど、時代を感じさせる内容である。二十五年後、大量のテレビ局を認可した未来の郵政大臣が、この論文に目を通したのか気になるところだ。

角栄が小学校二年生となった大正十五年、病床に伏されていた大正天皇が崩御され、時代は大正から昭和となった。新たな時代の始まりに、新聞各社は再び新元号の取材合戦を展開し、東京日日新聞が「光文」と報じる誤報事件も起きた。

昭和期最初の総理大臣は若槻礼次郎《わかつきれいじろう》である。大正十五年一月、憲政会総裁の加藤高明首相が急死してしまい、内相を務めていた若槻が党と内閣を引き継いだ。しかし若槻丸は改元早々金融恐慌を引き起こし、昭和二年四月に脆《もろ》くも座礁。政友会総裁の田中義一《たなかぎいち》に大命が下った。

田中は陸軍の出身である。総裁に就くとき持参した三百万円が、陸軍の機密費から出ていたのではないかと囁かれた。田中角栄の政界入りは、政党に多額の献金をしたことがきっかけである。豪華な御土産はやはり功を奏すのだろうか。

田中は外相を兼任し、外務政務次官に森恪《もりかく》を登用。森は翌年政友会幹事長となる腕利きである。四十年も後のことだが、佐藤内閣で幹事長を務めた角栄は、「森恪以来の幹事長」と謳《うた》われた。森もまた政界入りに際し党に巨額の寄付をしている。蔵相は高橋是清、現在の官房長官にあたる内閣書記官長には戦後自民党の初代総裁となる鳩山一郎が選ばれた。

高橋蔵相によるモラトリアム実施で金融恐慌を沈静化させた田中内閣は、森の主導で対中積極外交を展開した。けれども日本と結んでいた満州軍閥の張作霖《ちょうさくりん》が殺害される事件が起こり、混乱の末昭和四年七月に総辞職となった。

後釜に座った民政党の浜口雄幸《はまぐちおさち》内閣は、内は大正六年来停止されていた金輸出を解禁し、外はロンドン軍縮会議に臨んだ。だが前者は深刻な不況を巻き起こし、後者は海軍や右翼の反発を招き浜口が狙撃される悲劇を呼んだ。

昭和六年四月、狙撃された浜口に代わって若槻丸が再出航するが、満州事変と陸軍のクーデター計画に挟み撃ちされあえなく撃沈、十二月に政友会総裁犬養毅が首班指名を受けた。

犬養は高橋是清を蔵相に任命し金輸出を再禁止、続いて衆議院を解散し、政友会は三百議席以上獲得して大勝する。この選挙で采配を振るった政友会の松野鶴平《まつのつるへい》は、民政党系の安達謙蔵《あだちけんぞう》と並び、「選挙の神様」の異名をとった。戦後、「選挙の神様」と呼ばれた政界人は玉石混交、山ほどいるが、中でも有名なのが田中角栄である。

されど犬養は昭和七年五月十五日、海軍将校によって射殺され、約八年続いた政党内閣も終焉を迎えた。政友会は鈴木喜三郎《すずききさぶろう》を後継総裁に選んだが、大命は鈴木を飛び越え海軍の斎藤実《さいとうまこと》に下った。

斎藤内閣のもと日本は国際連盟から脱退し、満州事変以来ぎくしゃくしていた国際社会との関係は、ますます混迷を深めていった。しかも国内では帝人の株をめぐって不正があったとする「帝人事件」が発覚。政官財の関係者が続々と逮捕され、斎藤内閣も昭和九年七月に崩壊した。

日本が国際連盟を脱退した昭和八年三月、角栄は二田小学校高等科を卒業した。角栄は総代として答辞を読んだ。

「残雪はなお軒下《のきした》に堆《うずたか》く、いまだ冬の名残りも去りがたけれども、我が二田の里にも、更生の春が訪れようとしています……」

ドモらなかった。吃音に苦しんだ入学当初、そして山の中での特訓を思い、角栄は万感胸に迫ったであろう。

卒業した角栄はすぐに働くことはしなかった。いつか東京に出たいとは考えていたが、具体的な動きはしていない。小説家、新聞記者、弁護士、軍人等々なりたい職業はいくつかあったが、はっきり意志が固まったわけでもない。中学の講義録を読みながら、とりあえずは何をやろうかと思案していた。

両親も働くことを急かさなかった。フメは後になってから、息子を越後線の駅員にしたかったと話しているが、この当時は何もいわなかった。

三カ月近く経ったとき、家の前をトロッコ押しが通るのを見て、自分もやってみようと思い立った。母に相談すると賛成してくれたので、七月一日付けでトロッコ押しの土方となった。

角栄は毎朝五時半から夕方六時半まで懸命に働いた。フメの買ってくれた足袋を装着して土や石を運んだ。古今東西、屋外での仕事は様々な景色や場面に出会う。越後もそれは変わらぬようで、ある日、泥まみれになって木の車を押していたら、着飾った娘に出くわした。以前金を借りに行ったことがある親類の娘だ。遊びに誘いに来たらしい。案に違い、汗だくの土方は女性を寄せ付けぬオーラを醸し出していた。彼女は圧されて素通りしたが、角栄はその晩、「みんなが懸命に働いているとき、着飾ってぶらぶら歩くのはよくない」と咎《とが》めている。

この娘は許嫁のような存在だったが、結局許嫁のままで終わり、角栄は別人と結婚することになる。

彼女については自伝の中で何度か触れられており、「軍隊で病気になったときも見舞いに来なかった」「その後上京するときもついて来なかった」とやや不満げに書かれている。借金に行ったことで屈辱感を抱き、何か引っ掛かるものがあったのか。それとも夫人への弁解だろうか。男女のことなので真相は不明だが、所帯を持った後の角栄が、堂々と「もうひとつの所帯」を持った事実を斟酌《しんしゃく》すれば、借金の件で心中つかえるものがあったとみるのが妥当かもしれない。

トロッコ押しの現場には面白い爺さんがいて、「土方は一番でかい芸術家だ。パナマ運河で太平洋と大西洋をつないだのも、スエズ運河で地中海とインド洋を結んだのもみな土方だ。土方は地球の彫刻家だ」と話した。角栄はこの言葉をなるほどと思い、働くことが好きになったという。土木作業が仕事好きの契機となったというのは角栄らしい。四十年近く経って、一国の首相として万里の長城を訪れたトロ押し小僧は、「人類の遺産は万里の長城とピラミッド」と「芸術論」をぶっている。土建屋としても政治家としても土木事業と縁深かった角栄が、内心芸術家を気取っていたとしたら面白い。

一カ月間一日も休まず働いて給料日が来た。男は一日七十五銭、女は五十銭が相場だった。この頃大学生が家庭教師をやると一日八十銭貰えた。現在の数千分の一の料金だ。消費者物価指数は千五百倍以上になっているから、今なら一日千五百円から四千円程度だろうか。よく働いたと自負していた角栄は、子供ながら中間の六十五銭は貰えると予想していた。

ところが受け取った給料は一日五十銭分だった。正当に評価されていないと怒った角栄は、その日で土方を辞めてしまった。人一倍働く小僧が来なくなったので、「六十銭出すから来てくれ」と業者は何度も誘いに来た。意固地になっていた少年は断り続け、「技術を勉強して工事の監督になる」と啖呵を切った。呆れた業者は来なくなった。

ちょうどその頃、柏崎に県の土木派遣所があり、雇員を一人募集していた。一応は県の役人である。中卒以上が求められていたが、角栄は親戚に勧められて応募してみた。すると、履歴書がしっかり書かれていたため小卒ながら採用された。トロッコ押しが役人へと「栄転」したのに驚いた業者は、「お見それしました」と頭を下げてきた。

土木派遣所で働くことになった角栄は、柏崎で一人暮らしを始めた。酒の味を覚えたのもこの時期からで、先輩や同僚と飲み歩いたようだ。ちなみに当時角栄は十五歳である。

角栄のいた派遣所の電話は柏崎の一番で、二番が警察で町役場が三番、税務署が四番で郵便局が五番である。中でも一番と三番は頻繁に電話のやり取りがあった。三番は声の綺麗な女性で、そのうち「一番さん」「三番くん」と呼び合い時間外でも連絡をとる間柄になった。グループで映画を見に行くようにもなり、東京に出て勉強したいと夢を語り合った。政治への思いを話したこともある。

この「三番くん」は中村スイという女性で、角栄の初恋の人として伝えられる。もっとも恋多き角栄は、初恋は小学校三年のときだと言ったり、上京して働き始めたころの近所のお手伝いさんが初恋の相手だと話したりしている。何が真実なのかは永遠の謎だ。しかしこの「三番くん」が、テレビの「初恋談義」にも登場した「公式」の初恋の人である。

角栄が上京してから二人は音信不通となった。しかし十二年後、結婚して高島スイとなっていた「三番くん」は、選挙公報の中に「田中角栄」の四文字を見つけ出す。電話口の向こうで、「いつか政治家になりたい」と話していた「一番さん」が頭に浮かんだ。

演説会に行ってみると、田中角栄候補とは紛れもなく「一番さん」だった。向こうも気づいてくれたようだが、すでに子供もいた「三番くん」は、懐かしさのあまり、挨拶を考えたものの、その気持ちを断って目礼で済ませた。友達などに連絡して票集めもしたが、田中候補は健闘むなしく敗れてしまう。落選後にうつむいて歩く「一番さん」を目撃し、胸が一杯になった「三番くん」は、初当選の折の晴れ晴れとした笑顔を遠巻きに眺め安堵したとのことである。

派遣所で働き始めてから半年が過ぎた頃、角栄に大きな転機が訪れた。東京で勉強できるようになったのだ。自伝によれば、隣村の役場で土木係をしていた土田なる人物が、角栄と東京との仲人だったという。

　当時柏崎には理化学研究所が進出していた。土田は理研所長の大河内正敏に会い、角栄の向学の希望を話した。すると大河内は承諾し、角栄は大河内邸の書生をしながら学校に通えるというのである。土田がなぜ角栄のために骨を折ったのかは詳らかでない。

　角栄は『続わが青春放浪記』の中で、

「先生（筆者注・大河内）が柏崎に来あわせた時に、お願いに出かけていった。ところが先生は殿様だから、おいそれとは会わない。（中略）あとから来なさいということを伝えられただけで会えなかった」

　と書いている。この伝言役が土田だったのかもしれない。土田は老人だというから、孫のような角栄の向学の志を聞いて、実現させてやりたいと思ったとしても不自然ではない。ただ、土田と大河内の認識には温度差があったようで、上京後に「計画」はあっけなく破綻することになる。東京に出て学校に通えると小躍りした角栄は、早速母の了解を取ろうとした。たった一人の男の子が東京に行ってしまうと、母は悲しむと思っていたのだ。だがフメは角栄の上京計画に大喜びした。かつての山伏の言葉を思い出し、枯れ木に蕾がつき始めたと感じた。

　母は積み立てておいた息子の月給を手渡し、花開こうとする蕾に三つの注意を与えた。

「大酒は飲むな」

「馬は持つな」

「できもせぬ大きなことは言うな」

何やら夫への当てこすりのようでもある。息子もこの注意を守れず、後ほどそれぞれ解禁してしまっている。

さらに母は三つの言葉を角栄に告げた。

「人間は休養が必要である。しかし休んでから働くか、働いてから休むかなら、働いてから休む方がよい」

「悪いことをしなければ住めないようになったら郷里へ早々に帰ること」

「金を貸した人の名前は忘れても、借りた人の名前は絶対に忘れてはならない」

角栄はこのいたわりと、いましめの母の言葉を生涯、肝に銘じたという。

第二章

青嵐《せいらん》

――したたかさ――

少年、角栄の処世術

昭和九年三月二十七日午前九時、十五歳と十カ月の角栄は、青雲の志を持って柏崎駅を発った。駅には三十人以上もの人が見送りに来てくれた。祝福から嫉妬まで様々な顔が角栄を囲んだが、「三番くん」の姿は見えなかった。角栄は寂しい思いをしたが、次の鯨波《くじらなみ》駅へ着くと、紺の着物を着た女性が立っていた。

「三番くん」だった。人目を避け、次の駅で待っていてくれたのだ。停止時間は三十秒しかない。話す間も無かったが、手紙を受け取った。「三番くん」から「一番さん」への最後の連絡だった。手紙には、「よく勉強できますよう、お番神さまに参ります」と記されていた。柏崎の番神堂にお参りに行った日々を思い出し、角栄はしばし感慨にふけっていた。

夕方五時過ぎに角栄は高崎駅で降りた。高崎競馬に参戦するため高崎に来ていた父の角次と合流したのだ。苦戦の続く持ち馬と「共闘」していた父の「軍資金」として、角栄は所持金八十五円のうち五十円を差し出したという。桐生に嫁いでいた長姉も高崎に来ており、所持金からさらに二十円渡すと、財布の残りは十五円ほどになった。

『私の履歴書』によれば、父に金を渡すことは高崎に着く前から決めていて、自分の方は学校の入学金と月謝分の金さえ残しておけばよいと思ったらしい。『我ら大正っ子』では、父の角次は登場せず、所持金も三十円余となっていて、姉にいくばくかの金を渡したとある。八十五円から五十円引けば三十円余になるから、まず父に金を呈し、残りを姉に渡したとすれば辻褄は合う。角次は『私の履歴書』の連載が始まる二年前の昭和三十九年に亡くなっており、『我ら大正っ子』が書かれた当時は存命であるから、父に配慮したのかもしれない。おそらく『私の履歴書』が正しいのだろうが、いずれにせよ上京途中で散財したことは間違いないようだ。

しかし所持金の大半を上京前に散じる行為は親孝行というより非常識であろう。旅立つ息子から金を受け取る父親というのも普通ではない。上京後も角栄は、計画的とは言い難い行動をとるのだが、道中すでに父親譲りの無計画ぶりを発揮していたのである。

高崎で父と一緒に泊まった角栄は、翌朝腹巻きの中に十円札を入れた。「男は腹巻きの中に必ず十円札を入れておきなさい。事故があって死んでも無一文では笑われます」という母の言葉を思い出したのだ。残り五円余をガマ口に入れて準備完了。

東京へと出発し、しばらくして上野駅に降り立った。

〈……ついに東京に出るんだ。学校へ行って、勉強して、その後どうしようか。小説家もいい。新聞記者になって尾崎行雄顔負けの論説を書いてやろうか。やっぱり花井弁護士のようになろうか。軍人も悪くない……。まあ、これからゆっくり考えよう。まず、書生を頑張って、大河

内先生に認められなければ〉

角栄の夢は広がった。それは潮騒のように広がっていった。前途は明るかった。阻むものなど何もないように思えた。

――いよいよ東京での生活が始まるのである。

昭和九年七月、帝人事件で倒れた斎藤内閣の後に海軍の岡田啓介《おかだけいすけ》内閣が成立。発足から一年半が経った冬、すでに上京していた角栄も、泡を食ったであろう大事件が発生した。帝都一面雪景色となった昭和十一年二月二十六日、陸軍青年将校らが高橋是清蔵相ら要人を暗殺するクーデター事件が起きたのである。

クーデターの理論的支柱とされたのは新潟県佐渡島出身の北一輝《きたいっき》である。早坂茂三によると、角栄は若き日に北の著書『日本改造法案大綱』を読んでいたという。北一輝の佐渡、山本五十六《やまもといそろく》・河井継之助《かわいつぐのすけ》の長岡、上杉謙信《うえすぎけんしん》の高田を指し、「越後の挫折の三角地帯」なる考察もある。いずれも「ここ一歩手前」で挫折した人々だ。「三角地帯」の中心に近い二田村に生を享け、天下をとった角栄は、同じ越後人として北に共鳴するところがあったのだろうか。もしくは尊敬する高橋是清が殺されたことで、一片の共感も無かったであろうか。

二・二六事件で岡田首相が退陣後、外交官出身の広田弘毅《ひろたこうき》が首班となるが、広田内閣は軍部大臣現役武官制を復活させた。これで軍部は内閣に対する生殺与奪の権を握ることになった。が、政党も軍部の横ヤリに一矢を報いた。新議事堂――現在の議事堂――落成間もない議会において、政友会の浜田国松《はまだくにまつ》代議士は、軍の政治介入を激しい調子で批判した。軍部は侮辱と激高したが、浜田は「速記録を調べて軍を侮辱する言葉があったら割腹して謝罪する。なければ君が割腹せよ」と反撃し、議場は怒号と喝采で蜂の巣をつついたような騒ぎとなった。

この「腹切り問答」が火種となって広田内閣は倒壊した。付和雷同に陥る政治家が多い中、浜田の気骨は刮目に値するが、軍部大臣現役武官制を手にした軍部は政治を左右していくことになる。

三月二十八日、大河内正敏の書生になるため上京した田中角栄少年は上野駅に着いた。「東京は物騒な所だから初めは電車やバスに乗らずタクシーを使いなさい。そして所番地を書いた紙を運転手に見せなさい」と母に助言されたので、タクシーで日本橋へと向かった。井上工業東京支店に行くためである。柏崎の知人の紹介で、まずは井上工業の吉田猛四郎支店長を訪ねることになっていたのだ。

ところがタクシーはなかなか目的地に着かない。井上工業のある日本橋本石町は上野から十分強のはずなのに、小一時間も走り回ってまだ着かない。ようやく車が止まり料金を聞くと、運転手は「五円だ」と言い出した。五円とは角栄のガマ口にある金のほとんどである。角栄は「そんな大金は払えない」と抵抗したが、「では交番へ行こう」と凄まれ、やむなくたった一枚の五円札を差し出した。運転手は少年を田舎から出てきた「お上りさん」と見てカモにしたわけだが、後年世間知《せけんち》の塊のようだった角栄も、この頃はまだ初心な坊やだったらしい。

角栄は、母の言う通り物騒だと思い、多少の胸騒ぎがした。不安を打ち消しながら日本銀行隣接の井上工業へと向かった。

同県人の吉田支店長に挨拶した。支店長は神田旅籠町《かんだはたごちょう》の旅館を世話してくれた。期待と不安を胸に抱いた角栄は、東京での最初の眠りについた。

明けて三月二十九日、その日都は越後に負けぬ大雪だった。再びほのかに胸騒ぎを感じた。寒いせいだとまた打ち消し、

——いよいよ。

と、小さなトランクの柄をしかと握った。

大河内邸へ向かうバスに乗った。新天地は下谷区谷中清水町《したやくやなかしみずちょう》一番地にある。車掌が早口で何を言っているかわからなかったが、勘で降りたら大河内邸近くの不忍池《しのばずのいけ》で、そこから歩いて谷中清水町へ向かった。

ところで角栄は上京の日付について、三月二十五日と言ったり二十七日と書いたりしているが、当時の天気を調べると、東京で雪が降ったのは二十九日である。出発の二日後に大河内邸を訪ねているから、逆算すると新潟を発ったのは二十七日が正しいと思われる。

やがて角栄は大河内邸に辿り着いた。想像以上に威厳のある屋敷であった。胸騒ぎは打ち消せなくなってきた——。

その時分大河内家は谷中清水町のほとんどの土地を所有していたのか、東京市区調査会が明治四十五年から大正元年にかけて調査した「地図台帳・地籍地図」を見ると、谷中清水町の土

地所有者の欄には「大河内」の名前しか見当たらない。所有者欄に一人の名前が並ぶ町というのは下谷区（現在の台東区）でも谷中清水町だけである。

戦後、台東区池之端四丁目と名前を変えた谷中清水町は、現在はやや入り組んだ住宅街となっている。大河内邸も屋敷というより月並みな一軒家だが、近所のお店もジョギング中の男性も、皆「大河内」の名前を知っていた。現在でも特別な響きがある名前のようだ。

大河内の孫にあたる男性に話を聞くと、「角栄との関係は本に書いてある以上のことは知らない」としながらも、「祖父は努力しない人間はたとえ身内であっても評価しなかった」と強調していた。角栄は紆余曲折を経て大河内に引き立てられ事業を伸ばしていくのだが、大河内に認められるほどの努力家だったのか。政治家田中角栄の実力に疑問符を付ける向きは無かろうが、孫の証言は事業家としての角栄も努力していたことの傍証にはなろう。

角栄の前に広がった屋敷の主・大河内正敏は、貴族院議員を経て理化学研究所の三代目所長となった傑物である。

理化学研究所とは、大正六年に渋沢栄一ら財界人の肝いりで設立された自然科学のシンクタンクで、鈴木梅太郎ら多くの科学者を輩出している。大河内は主任研究員制度の導入や発明の事業化などを促進し、理研の発展に大いに寄与した。農村の振興にも熱心で、農村労働力を利用した「農村工業」論を提唱し、単品大量生産を成功させている。「農村工業」論はまた都市と農村の過疎過密問題も含有しており、角栄の「日本列島改造論」の源流と捉える意見も多い。

大正末期から理研は新潟県に進出し、昭和に入ると柏崎のピストンリング工場をはじめ多くの工場、関連会社が設立された。大河内自身も足繁く新潟を訪れていた。

大河内は徳川家光の老中として知られる「知恵伊豆」こと松平信綱の末裔であった。本人もご先祖様に劣らぬ俊秀で、東大は成績優等の「銀時計組」、物理にも化学にも精通していた。大正天皇の御学友でもあり、狩猟も優れ美食家でもあるという底知れぬ人物だった——。

大河内邸の前に立った角栄は屋敷を見渡した。胸騒ぎどころか、やにわに体が震えてきた。雪の寒さのせいではない。大河内邸の威厳のせいだ。どっしりと落ち着いていて戦艦のようだ。

〈……なぜ俺は震えているのだ？　これから新しい世界が広がるんじゃないか。せっかく東京で勉強できるようになったんじゃないか〉

腹を括って深呼吸して再び屋敷を見直すと、大門の扉が開いている。勇気を出して中へと入り、声をかけると、四十過ぎぐらいの上品な女性が現れた。

目が合った瞬間、数秒前に深呼吸したことなど忘れてしまった。角栄は畏《かしこ》まって来意を告げようとしたが、緊張のあまり舌が上手にまわらない。克服したはずの吃音がぶり返してきた。

「あ、あのネ……」

あろうことか、ドモリに加えて越後弁まで飛び入り参加してきた。貴婦人は怪訝《けげん》な顔で少年を見る。「ドモ角」に戻ってしまった角栄は、やっとの思いで切り出した。

「お、お、大河内先生は……」

されど彼女は冷たく言い放った。

「殿様は、屋敷ではどなたにもお会いいたしません」

角栄は呆然と立ち尽くした。

淑女は絶句する少年を気の毒に思ったのか、

「殿様は午前十時までに本郷上富士前町《ほんごうかみふじまえまち》の理化学研究所へお出かけになります。どうぞそちらへ」

と付け足したが、そのまま障子を閉めて引っ込んでしまった。

書生志望者は障子を眺めたまま固まっていた。

学校……小説家……新聞記者……弁護士……軍人……。

夢が一つずつ浮かんでは消えた。代りに絶望が広がった。それは潮騒のように広がっていった。

——嗚呼！

ややあって我に返り途方に暮れた。

〈書生にしてくれるという話は通じていなかったのか。土田さんの早とちりだったのか。これからどうすればいいのか。何より、今、今どうすればいいのだ。

それに「殿様」とは何だ。実際にそう呼ばれている人間なんて今もいるのか。そもそも東京のテンポは速すぎる。「本郷」といわれても、質問する前に障子は閉まってしまったではないか……〉

門前払いをされた角栄は、思案の末、井上工業へ引き返した。大河内邸の書生をしながら通学する計画が狂ったからには、井上工業に雇ってもらう方がよいと思ったのだという。

角栄はなぜ食い下がらず、簡単に諦めてしまったのか。

短気なのか恬淡《てんたん》なのか、角栄には物事を簡単に投げ出すところがある。こののち職を放り出していくのだが、上京前も給料が少なかったといってトロッコ押しをすぐに辞めている。さらには総理の椅子さえも、金と女の問題を追及されると、案外簡単に投げ出している。そんな角栄からしたら、書生ポストを投げだすことなど造作も無い。

それに角栄は目端《めはし》が利く。切り替えも早い。政治家になってからは「巨大な風見鶏」といわれたほどだ。理研を訪ね「行き違い」を確かめたところで書生になれるかわからない。それなら井上工業で働きながら学校へ行けばよい、と計算したのかもしれない。予定が狂い頭に来たが、ふと冷静になり皮算用をしたとしても不思議ではない。

佐木隆三は、角栄が自尊心の強い癇癪持ちだったのではと推測しているが、加えて角栄なりの「計算」も混じっていたのではないだろうか。

小僧生活

井上工業に戻った角栄は、事情を話し、雇ってくれと嘆願した。支店長は了解してくれ、小僧として住み込むことになった。

井上工業は群馬県高崎に本社を置く土建会社である。世間は広いようで狭いのか、同じ群馬の福田赳夫とも縁があった。福田は高崎の社員から、のちの政敵の話を聞いたことがあるそうで、それによると角栄は「角どん」と呼ばれていたらしい。

角どんが井上工業に入社した昭和九年春、入省五年目の大蔵官僚福田赳夫は横浜税務署の署長をしていた。時の斎藤内閣は「帝人事件」で揺れ、大蔵省にも人事異動の波が来た。福田は陸軍省担当の事務官を拝命。現在の主計官にあたる重職だ。土建屋の小僧は口をきくことすらできなかっただろう。ところが四十年近くの星霜《せいそう》を経て、小僧と主計官が一国の宰相を争うことになるのだから、人の世はまことに面白い。

井上工業東京支店は約五十坪の二階建て社屋で、一階には「中川テープ」なる会社も入っていた。井上工業には角栄ともう一人、入内島金一《いりうちじまきんいち》という小僧がおり、中川テープにも二人の小僧がいて、掃除は彼らの仕事だった。しかし中川テープの二人は通勤だったので、彼らが出勤するまでに、住み込みの角栄と入内島が掃除の大半をやってしまうのが常だった。

もう一人の小僧入内島金一は、角栄と生涯に渡って交友を続けた人物である。首相のとき国会で入内島との関係を質問された角栄は、「入内島君は刎頸《ふんけい》の友」だと答えている。「刎頸の友」とはその友人のためなら首を切られても後悔しないというほどの親友のことだ。ロッキード事件のどさくさで、「入内島」と「小佐野」が入れ替わり、国際興業の小佐野賢治が刎頸の友になってしまったが、本当は「小佐野」でなく「入内島」が正しい。

角栄より二歳年長の入内島は群馬県出身で、当時は井上工業の小僧をしながら新宿の工学院土木科に通っていた。高等小学校を出てから家業の土建屋を手伝っていたが、技術の勉強のため上京していたのである。

二人の小僧は境遇が似ていたこともあり、すぐに親しくなった。

夜な夜な語り合い、酒を飲んだ。入内島の話では、当時の角栄は色白の文学青年で、「小説家になりたい」と本気で話していたという。丁寧な字で書かれた自作の恋愛小説も大事に持っていたそうだ。

角栄が井上工業を辞めると二人の交流は一旦途切れ、戦後に復活。再会のとき入内島は兄と工場を経営していたが、角栄の仕事を手伝い始め、共に「臭い飯」を食うことにもなる。角栄は入内島の息子の仲人をやり、周恩来と交換した扇子も刎頸の友に与えた。角栄が金脈問題で失意のときは、入内島が目白の田中邸近くに泊まり込んで励まし続けた。角栄は井上工業をすぐにおさらばするのだが、入内島との絆は掛け替えの無い宝物となった。

井上工業で働き始めた角栄は、神田中猿楽町《かんだなかさるがくちょう》にあった中央工学校土木科に入学した。当初は淀橋区（現在の新宿区）にある海城中学の二年か三年に入学しようとしていたが、昼間働くことになり、土建会社に勤めた縁もあったので、方針転換したのである。

朝は五時に起きて掃除を済ませ、夕方五時まで工事現場を手伝った。六時からは学校で、九時までみっちり授業を受けた。中学の講義録を読んでいたおかげで工業英語以外は楽だったが、仕事の後で眠くなることも多かった。そんなときは千枚通しや鉛筆を手の平にあて、船をこぐと痛みで目覚める仕掛けにしていたが、一遍大きくコクリとやってしまい鉛筆が指に刺さってしまった。角栄の右手親指の内側が晩年になっても黒ずんでいたのはこのときの「遺産」である。

井上工業の材料倉庫は深川の木場にあり、資材が山積みされていた。あるとき舟で瓦《かわら》が運ばれてきて、手配した人員が集まらなかったため角栄と入内島で沖仲仕をやった。瓦を担いで運ぶのだが、舟と倉庫を結ぶ踏み板が揺れてしまう。すると遠くから見ていた大将らしき男が「オーイ腰だ、腰だ」と叫んだ。この言葉は角栄の耳にいつまでも残り、人生何でも腰だと思うようになったという。トロッコ押しの現場で「芸術論」を拝聴し、仕事が好きになったことも併せると、角栄は肉体労働の現場で「人生」を学びとる才能があったようだ。

井上工業は高崎山の白衣観音の建立に従事していて、角栄も原型の木像を運んだことがある。郵政大臣になった際、元小僧は社長に請われあらためて懐かしの白衣観音に詣でた。そのとき「私の今日あるのは、かつてこの白衣観音様を背負ったおかげである」と一席ぶったら、周りは拍手でこたえてくれたと追想している。観音様が、背負ってくれた角栄か、それとも地元の福田か中曽根かと、誰を応援するか悩んでいたら面白い。

小僧生活は忙しく、学校が終わり夜十時頃戻ってきても自由時間ではない。翌日の工事の人員を手配するため、自転車を飛ばし親方や棟梁の家を回るのである。

四年前の金解禁の頃に比べ徐々に景気は上向いていたが、まだまだ好況とはいえない時代だ。工事は原価ぎりぎりに見積もられており、職人の出勤に行き違いなどあってはならない。確実に人数を揃えるため電話ではなく直接出向いてダメ押しするのである。

帰ってくると十二時半。それからようやく勉強したり洗濯したり、風呂に入るのである。つらいときもあったが、朝から晩まで働いていた母の苦労に比べればたいしたことではない、と思い直した。自分で望んで東京に出てきたのではないか。仲間の入内島だっている。

〈――俺は恵まれている〉

と思うことにして、萎える心を振り切っていた。

井上工業の隣には綿屋があった。会社と綿屋の間はコンクリートの空き地になっていて、角栄は夜中にここで洗濯をしていた。時折綿屋の女性のお手伝いさんが手伝ってくれたり、焼き芋を差し入れてくれたりした。

このお手伝いさんはエミという女性で、複数存在する「田中角栄初恋の人」の一人に数えられる。彼女は結婚してブラジルへ移住し雑貨店を営んでいたが、田中首相のブラジル外遊の際に夫婦で宿舎を訪問し、宰相になった洗濯小僧と約四十年ぶりの再会を果たしている。

郵政大臣在任時、引退後の夢を聞かれた角栄は、「鯉を一万匹くらい飼ってみたい」と話し、「子供の頃からの夢だが、ブラジルへ行って機械化した大農場を経営したい」と続けた。もしかしたら農場経営者でも政治家でもなく、ブラジルの雑貨店の店長になっていたかもしれない。

一カ月働いて、井上工業での初月給が出た。五円だった。越後の田舎でトロッコを押しても十五円にはなると不満だったが、無理に頼み込んだ身ゆえ文句はいえない。だが三円五十銭の月謝を払い、測量実習の実費も払うと、五円ではとてもやっていけない。

あるとき角栄は山っ気を起こした。校友会費に一円出さねばならなかったが財布の中身は淋しかった。たったの一円五十銭だ。一円払うと五十銭しか残らなくなる。これでは寂しい。本も買いたいし酒も飲みたい。角次から受け継いだ山師の血が騒ぎ出した。そこで「一番勝てば五十銭」という大道五目並べに手を出したのである。

はたせるかな、タクシーに嵌《は》められた少年は、再び巻き上げられた。最初は勝ったが、のめり込むほどに負けていく。次第に角次の血からフメの血に代わってきて冷静になったが、時すでに遅し。いつのまにかサクラに囲まれ、結局姉が上京時にくれた時計をむしり取られてしまった。

角栄はこのとき以降安易に金を稼ごうとする考えを捨て、勝負事にも手を出さないようにしたという。トロ押しや瓦運びと違い肉体労働の現場ではないが、賭場であろうと「現場」から何か学びたがる角栄らしい。

月島《つきしま》の水産試験場に出向いた折、「習字事件」以来の爆発が起きた。角栄が癇癪を起こし大暴れしたのだ。

鳶職《とびしょく》の一人に「お茶を持ってこい」と命令されたのが導火線だった。カチンときた角栄は、「俺はお前たちの小僧じゃない。お前たちの元請会社から監督に来ているのだ。お前たちの方がお茶を汲んで出したらどうだ！」

と怒鳴り返す。

負けじと数人が「何を！」と立ち上がったので、興奮した「監督」はスコップを手に取り振り回し始めた。

怒り狂う小僧に呆れたのかその場はどうにかおさまったが、角栄の短気は身の振り方も変えることになる。

夏も終わりに近づく猛暑の日、三河島の小学校の新築現場に出ていた角栄は、スレートに穴をあける仕事を命じられた。重ね部分にドリルで穴をあけるのだが、これがなかなか難しい。おまけに日差しが照りつけて、汗がダラダラと垂れてくる。

運悪く二、三枚が破損してしまうと、監督が来てがなり立てた。

「コラァ！　何やってんだ！　この野郎！」

滝の汗を流していた角栄は赫怒《かくど》した。人間、二つの種類ある。怒髪天《どはつてん》を衝《つ》ききれる人間と、衝ききれない人間だ。普段の言動である程度はわかるが、本当のところはいざとなってみなければわからない。しかも真の怒りとは、場合によっては言葉ではなく行動に出る。

幸か不幸か、いざという時が来た。角栄は衝ききれる人間の側だった。そしてこの場合は行動の方を選んだ。

無言で立ち上がった角栄は、スレートを狙い澄まし踏みつけて歩いた。五、六枚のスレートが音を立てて破損していく。

「ビシャ……！　ビシャビシャッ！」

いい感触だった。こんな快感は味わったことが無かった。怒りは快感に通ずるのか。

「オ、オイ、な、何やってんだ！」

監督はドモ角さながらに怒鳴ったが、この程度でおさまる腹の虫ではない。

鬼神と化した小僧は積み重ねてあるスレートに激烈な力でドリルを押しつけた。

「ミシミシミシィ……ミシィ……！」

スレートは上から下まで壊れていく。

「ギャーッ！　や、止めてくれ！　止めてくれぇい……！」

商売道具があやめられていく惨劇に総毛立った監督は、小僧に向かって悲鳴をあげた。攻守所を変えていた。鬼神は止まらずとどめを刺した。

「ミシミシミシィ……！」

一山破壊し終わると、色を失った監督は、がっくりと膝をついた。

「………！」

狂乱した鬼神はといえば、唖然とした周囲の顔に目もくれず、自転車に飛び乗りどこかへ走り去ってしまった。

鬼神から小僧に戻った角栄は、闇雲《やみくも》にペダルをこぎ続けた。

〈こうなった以上、会社は辞めなければならない。こんな辞め方をして支店長はどう思うだろうか。入内島とも別れたくない。それに今後どうすればいいのか。東京で生きていけるのか……〉

汗まみれで自転車を走らす角栄の脳裡を、つと、母の言葉がかすめた。

——悪いことをしなければ住めないようになったら郷里へ早々に帰ること。

「……」

先程の噴火を思い返した。自問自答した。

〈俺は悪いことをしたのだろうか。あのスレートだって人の物ではないか。あそこまですることはなかったのではないか……〉

が、すぐに思い直した。

〈悪いことをしたのではない。怒っただけだ。監督の言い方も悪かったのだ。不正をして暮らしているわけでもない〉

大河内の御屋敷から撤退したときの如く、角栄は気持ちを切り替えた。学校の月謝もあるし、早速次の仕事を探さなければならない。あれやこれやと思い浮かべているうちに、鬼神へ変身したことなどどこかへ吹き飛んでしまった。

この切り替えの早さのせいか、短気のせいか、角栄はしばらく職を転々とすることになる。

短気が災い、職を転々

小僧から元小僧となった角栄は、新聞広告を見て小石川の小山哲四郎《こやまてつしろう》という人物の書生に転じた。富山県人の小山は学者であり、『保険評論』なる雑誌を発行していた。角栄は書生をしながら記者の卵として新たな生活を始めることになった。

角栄は雑誌記者になれたのが嬉しかった。記者は他に二人だけの小さな雑誌社だったが、小説家志望だし、モノを書くことは大好きだ。新潟日報に載る尾崎行雄の論説を読み、新聞記者になりたいと思った時期もある。しかも井上工業より一階級昇進で、小僧ではなく曲がりなりにも記者として遇してくれたのである。

小僧から卒業し、やや責任感のついてきた角栄は、保険の本を集め始めた。中央工学校の勉強と並行して保険の勉強に取り組んだ。生命保険、損害保険、その頃あった徴兵保険などを学習し、日本と外国の比較をした。数学好きを生かして保険数理学者になろうかと、思いを巡らせたこともある。たまには記事を書かせてもらい、時として提灯記事の筆も執った。

後年大蔵大臣になった記者の卵は、保険業者の会合で、昭和初期の保険業界の話を披露して驚かれたが、この時分の勉強の成果である。

だが、雑誌記者の生活も長くは続かなかった。帰省をめぐり再び短気を起こすのである。

『保険評論』で働き始めて半年も経った頃、新潟の姉から母が病気で寝ているると手紙が来た。

あまりモノも言わず、じっと運命に耐えているような母が病気だというのだから相当重いに違いない。こう思った角栄は、見舞いのため五、六日の休暇を小山夫人に申し出た。ところが夫人はその場ではっきり「いけません」と突っぱねた。角栄が帰郷を図ってニセ手紙を書かせたと誤解したらしいのだ。

意固地になった角栄は、「じゃあ、辞めます！」と即座に退職を決心した。鬼神ほどではないが、魔物くらいにはなっていた。母が病気だと信じないなら会社なんか辞めて見舞うしかない。またも短気が頭をもたげた。

が、しばらくたって落ち着いてくるのもまた若き角栄だ。

〈小山先生に直接お願いすべきだったかな〉

さりとてもう遅い。退職すると言ってしまった。後悔したが、やがて気持ちを切り替えた。井上工業を辞めたときだってすぐに仕事は見つかった。今回も何とかなるだろう。何よりこれで母に会える。

帰省前に「夜学生、雇われたし、住み込みもよし」という「この男売ります」式の広告を新聞に出し、帰京後の仕事に備えた。返事は小山家宛てにしてもらったが、布団などの荷物も帰京するまで預かってもらうよう頼み込んだ。実にあわただしい帰郷である。

フメの病気は過労によるもので、角栄の顔を見るとすぐに元気になった。久しぶりに帰ってきた長男のため、食事をつくると言い出したほど喜んだ。とはいえ、息子の東京での行状を聞いて不安も抱いたはずである。

当初の予定だった大河内邸の書生にはなれず、勤め先もすぐに辞めている。退職の理由を角栄が詳しく話したか不明だが、仕事を辞めて戻ってきたくらいのことは言っただろう。学校には通っているようだが、次の仕事はどうなっているのか。山伏の言葉を内に秘めたフメである。せっかく蕾がついたのに、花にはなれず萎れてしまうと胸騒ぎを覚えていたのではないだろうか。

数日経って角栄は東京に戻った。小山家を訪ねると、五、六枚の葉書が来ていた。新聞広告の効き目があったのだ。葉書の中から直感で、芝区《しばく》琴平《ことひら》一番地の高砂商会を選んだ。早く決めないと今夜のねぐらにも困るのである。相手の人柄さえ良かったら、安月給でもよいと考え、すぐに高砂商会へ飛んでいった。

高砂商会は輸入専門の貿易商である。主にアメリカからスチールウールやカットグラスを輸入して、デパートなどに卸していた。奈良県出身の五味原松太郎という人物が社長で、奥さんと一男一女の四人家族だった。家族ぐるみで仕事をしていて、そのせいか職場の雰囲気がよさそうだった。角栄は夜学に通うことだけを条件に即入社を決めた。

角栄は五味原家の五人目の家族として迎えられた。朝は一緒に起き、朝御飯も昼御飯も一緒に食べる。もちろん仕事もみんなでやる。荷解き、包装、納品と、「五人の家族」が協力して働いた。

角栄は主として配達を担当し、商品を高島屋等のデパートに運んだ。仕事に慣れてくるにつれ、商品の注文や選別も任されるようになった。仕事が順調だったせいか、勉学の方も身が入っていた様子だ。五味原夫人の話によれば、角栄の部屋は布団が敷いてあったことがなく、積み上がった布団に寄りかかって眠り、目が覚めるとすぐ机に向かっていたという。まるで「適塾」に通っていた時代の福沢諭吉である。中学に通う五味原家の長男の勉強も見ていたそうだ。

ある日の夕方、角栄は高級なガラス製品の注文を受け、高島屋に納品することになった。日本橋の高島屋に運んでから神田の中央工学校へ登校するので、遅刻しないよう大急ぎで自転車を走らせた。ところが慌てていた配達マンは、途中で横転してしまい、ガラス製品は粉々に砕けてしまった。

内に癇癪玉を潜める角栄は、一瞬やり場のない怒りに見舞われた。けれど、ここでは切り替えの早さが良い方向に現れた。どうせ学校には間に合わない。損した分は月給から引いてもらって弁償していけばいい。それより商品をしっかり届けることが先決だ。

直ちに会社へ引き返した角栄は、注文の品を用意し直して、今度は慎重に高島屋へと運んだ。

学校を終え会社に戻り、事故の報告をして謝罪した。毎月の月給から返済していく旨を申し出ると、五味原夫妻は「怪我しないでよかった。代わりをすぐ届けてくれたことは何よりだった」と嫌な顔一つしなかった。角栄の月給は十三円だったが、結局弁償費を差し引かれることはなかった。

角栄は五味原夫妻の態度にいたく感激したようで、「五味原夫妻の寛容なものの考え方は、私のその後の処世訓になった」と書いている。複数ある自伝でも、五味原夫妻のことには必ず触れている。

短気だった少年は、五味原夫妻と出会うことで、ある種の成長をしたように感じられる。その後の角栄の足跡を見ると、相変わらずよく方針転換するが、癇癪を起こして辞めるようなことはしていない。暴れることもない。本人が語らないだけで実際はあったのかもしれないが、スレート破壊や帰郷問題のことは自ら書いているのだから、少なくとも大きなトラブルは起こしていないはずである。

政治家になってからの角栄は、相手を完全に追い詰めるようなやり方はあまり好まなかった。腹心の二階堂進《にかいどうすすむ》が造反まがいの動きを見せても詰め腹を切らせたりはしなかった。ロッキード疑惑の渦中にいるとき結成された新自由クラブにも鷹揚《おうよう》だった。「政治腐敗との訣別」を旗印にしたこの党を、裏でフォローしていたフシさえあった。政治的思惑も当然あろうが、政治家田中角栄の処世は概して寛容である。

角栄の金庫番を務めた佐藤昭《さとうあき》は、「今太閤」と呼ばれた角栄が、秀吉より信長を好んでいたという話を披露している。そして角栄について、決断力と実行力は信長的だったが、「鳴かぬなら殺してしまえホトトギス」という非情さは全くなかったと述べている。

やがて、角栄が短気を起こさず成長してきた原因に、年齢的な問題や、社会の水に慣れてきたということもあるだろう。しかし五味原夫妻の寛容さに触れるうち、それまでのような短気の虫が追い払われたというのもあるのではないか。以後の角栄には社会人にあるまじき行動があまり見られない。

商品破損を許されたことが、のちの寛容さの遠因になったというのはややオーバーな話かもしれない。だが高砂商会での日々が角栄の血となり肉となったのは確かであろう。

角栄は高砂商会を退社後も五味原家との交流を続けた。大臣になってからも五味原宅を訪れたり、共に酒を飲んだりしていた。五味原夫人によると、五味原社長が入院した際は、秘書に病状を報告させ、院長先生にお願いしたこともあったそうだ。しかも角栄はそれを家族に知らせずやっている。家族が知ったのは五味原社長が没後のことだ。調子よく偽って「情」を売りにする有象無象の政治家と、本物の情を備えていた角栄との違いが見て取れる。五味原社長が亡くなった後も、法事には必ず顔を出していたとのことである。

海軍兵学校受験の謎

昭和六年に突発した満州事変の後、若者の間には軍人志望熱が高まっていた。

徳富蘆花の「不如帰《ほととぎす》」を読みふけり、主人公の海軍士官川島武男に愛着を持っていた角栄も、軍人への憧憬を抱き都に来た。首尾よく大河内邸の書生になれたなら、初め海城中学に通い、その後広島の江田島にある海軍兵学校に入学しようと思いを巡らせていた。高砂商会で働きながら勉強を続けていた角栄は、上京時のことを思い出し、やはり海軍兵学校に入りたいと考えるようになっていた。折しも父の角次から、事業が上向き学費の心配は無いと知らせが来たので、中央工学校を卒業したら海軍兵学校に進みたいとの思いはさらに強くなっていった。

高砂商会に入社してから四カ月ほど経った頃、角栄は久しぶりに越後へ帰った。母に海軍兵学校へ行きたいという希望を話し、長男の自分が軍人になっても困らないかと相談した。フメは「お前は自分の将来を自分で決める能力を持っていると思うからわが道を進みなさい。私はお前を信用している」と賛成してくれた。高砂商会で一皮剥《む》けた我が息子を見て、蕾は萎《しお》れず育ちそうだと思ったのかもしれない。

帰京した角栄は、五味原夫妻に「海軍兵学校に入るため勉強をしたい」と切り出した。角栄に夫妻は「家にいて昼間も学校に通ってよい」とまで言ってくれた。

だが角栄は、人の好意に甘えてはならないとして、五味原家を去ることにした。ここも長くは続かなかったが、前の二つの如く一時の感情で辞めたのではない。ようやく角栄も社会人らしくなってきた。

角栄の書いたものから推測すると、高砂商会に勤めていたのは五カ月に満たないはずだが、五味原夫人は二年いたと証言している。角栄は二年後に独立しているし、その間別の会社で働いているが、夫人の記憶違いでなければ退社後も高砂商会の仕事を手伝ったことがあるのかもしれない。まだ東京に知り合いの少なかった角栄は、五味原家との付き合いを大切にしていたのだろう。

高砂商会を辞めた角栄は、深川の古鉄商の下請けで、図面のトレースのアルバイトを始めた。自伝の中で、昼間は四つの学校に通い、働くのは夜にしたと書いているが、夜は夜で中央工学校に通っている。朝は六時に起き、夜は九時まで学校だったとも話しているから、毎日働いていたわけではなかったのかもしれない。だが旨みのあるアルバイトだったようで、この時期月々の収入には不自由しなかったと述べている。神田で塾を開いていた友人を手伝い、塾講師の真似事をしたとも記している。

事業が好転してきたと便りを寄越した父からの仕送りもあったから、五校分の学費は仕送りでまかない、生活費をアルバイトで稼いでいたと思われる。

転職と同時に住居も変わった。小石川の竹早町や林町でアパートを借り、保険評論の小山社長の家に再び寄宿したこともある。小山夫人がどう思っていたのか気になるところではある。

海軍兵学校は中学四年二学期修了程度の学力があれば誰でも受験できた。角栄は海軍兵学校に入り、将来は巡洋艦の艦長になることを夢みてガリ勉を始めた。草間道之輔先生の教えに基づき、手当たり次第暗記するのである。学校の勉強はもちろん、辞書や英和辞典まで「感光」しようとして、暗記したページは破り捨てた。食事をする間も惜しいというので、十銭で七つ買えるドラ焼きをポケットにしのばせ、勉強しながらほおばった。三食ドラ焼きで済ませた日もあるほど机にかじりついて離れなかった。

角栄は海軍兵学校を受けた時期について、自伝では明確に述べていない。ただ、郵政相退任後に綴った『青年大臣奮起録』には、「昭和十年頃だ」とある。

自叙伝等から推理すれば、角栄は上京してから井上工業で約五カ月、保険評論では約半年働いている。その後高砂商会にいたのは四カ月程度のはずだから、勤務日数を概算すると計一年三カ月くらいである。転職はすんなり決まっているから、空白期間は誤差の範囲内だろう。

上京は昭和九年の三月末だから、約一年三カ月の就業期間を加えると、高砂商会を辞めて学校に通い始めたのは昭和十年七月前後かと考えられる。

『我ら大正っ子』の中で、海軍の試験後間もなく中央工学校を卒業したと述べられているが、卒業年月は昭和十一年の三月である。十一年の秋からは建築事務所で働いている。

以上のことから判断すると、角栄が海軍兵学校を受験したのは、『青年大臣奮起録』の記述通り、昭和十年の試験だろう。すなわち昭和十一年四月入学、第六十七期である。

江田島の海上自衛隊第一術科校に問い合わせたところ、六十七期の試験は身体検査が昭和十年の八月上旬、学科が十二月の下旬に行われている。

角栄が受験に専念したのが七月あたりだとすると、翌月には身体検査、五カ月後には学科試験である。随分急なスケジュールだ。猛勉強したとしても数カ月では、やや一夜漬けの感は否めない。もっとも高砂商会時代の福沢諭吉並みの勉強が、海兵入学を睨んだものだとしたら、それ相応の準備をしていたといえる。

海軍兵学校の身体検査は目黒の海軍大学校で実施され、学科試験は築地の海軍経理学校で行われた。五尺四寸一分・十六貫三百匁（一六四センチ・六一キロ）の健康優良児角栄は、身体検査は一万三千余名中十三番と優秀だった。

しかし、角栄が海軍兵学校の生徒になることはなかった。

『私の履歴書』によると、学科試験を受ける前後、母がまた病気になったと手紙が来て、考えた末に海軍兵学校に入るのを断念したのだという。子供向けの自伝『わたくしの少年時代』にも同趣旨のことが書かれている。

そして、「母の病気」に遭遇した角栄は、

「海軍兵学校の修学期間はそのころ三年八カ月くらいで、卒業すれば少尉に任官して、月俸八十五円。中尉を経て大尉に任官するまでには十年近くかかる。そして大尉の初任給は百五円である。これでいったい母に報い、長男としての責任が果たせるであろうか。（中略）父の事業も少しよくなるときがあっても、継続してみると苦しいときの方が多く、すべてが母の肩にかかっているのである。私は私の夢を追うことだけで、許されるであろうか」（『私の履歴書』）

このように考えて、夢をあきらめたというのである。学科試験の結果については書かれていない。

ところが、『我ら大正っ子』と『続わが青春放浪記』には、母の病気の話など出てこない。『我ら大正っ子』では「恋らしいものをしていたのかもしれない」と女性の存在が匂わされ、「八十円か百円の収入では、母の苦労にむくいたり、女房、こどもを養っていくのがやっとだと思った。もう少し収入の多い仕事がありそうな気がしたので、（中略）あこがれを捨てる決心をした」

と書かれている。「入校する段になって、私は急に江田島行きをやめた」とも記されている。

次に、『続わが青春放浪記』を繙《ひもと》くと、給料の問題に触れた後、

「内職が本職と化して、海兵にも陸士にも行かず、（中略）それで身を立てることになってしまった」

と綴られている。他の技術屋が一カ月かかるものを二、三日で仕上げられる、内職は時に月五百円になる、などと「内職論」について滔々《とうとう》と述べられ、母も女性も登場しない。

父が牛を輸入したときのように、角栄の弁明は自伝によって異なる。これもおそらく「公式」と「非公式」の違いではないか。

母の苦労を考えていたのは本当だろう。この件に限らず、角栄は絶えずフメを意識し模範にしている。

だが、母が病気になったから受験を断念したというのはいかにも弱い。病状も詳しく書いていないし、見舞いに帰郷したとも書かれていない。角次の仕事がまた悪くなるかもと述べているが、母の病気だってまたよくなるかもしれない。海軍の給料では長男の責任を果たせないというのも説得力がない。給料は母が病気になる前からわかっていたことだし、月給八十五円から百五円というのは高給ではないが安月給ではない。その頃サラリーマンの大卒初任給は八十円と『我ら大正っ子』に書いている。

「お前は自分の将来を自分で決める能力を持っている」と鼓舞したフメ自身、角栄が受験を断

念するのを歓迎するとも思えない。蕾の角栄が具体的な目標を設定し、それに向かって努力することを頼もしく思っていたはずだ。軍人には危険な面もある。フメは不安も覚えただろう。しかし短期間で職を変えてきた息子が今度は「受験する」と言い出して、あっさり「やめる」と言う方が、より不安を抱くのではないだろうか。

学科試験について詳しく触れていないのも気になる。身体検査の方は順位まで詳述しているのに学科の方は試験場しか明らかにしていない。

が、『青年大臣奮起録』に目を引く記述がある。

「海兵と陸士と両方受験して、二つとも受かったら、海兵に入学してやろうと考えた。(中略)この難関を、僕は見事に両方とも突破して、入学許可の通知を受けとった」

海兵だけでなく陸士も突破したというのである。「入学許可」とするからには学科も合格したはずだ。

それならば、なぜ自伝では「学科も通った」と書かないのだろう。角栄自身も書くように、海兵、陸士は最難関の試験である。学科も含め最終的に通過したなら誇るべきことだし、自伝で強調してもよいはずだ。

角栄は自慢好きである。漫画家の本宮ひろ志は「自慢話の好きな、ただの田舎のじい様じゃねえか」と角栄に会った印象を語っている。自伝という性質上当然ではあるが、各自叙伝でも自慢や自負が見え隠れしている。

そもそも選挙に出るような人間は、程度の差はあれあらかた自慢好きである。そう見えなくとも十中八九どこかで地金を出しているものである。

そんな自慢好きの角栄が、学科試験をパスしたというなら、どうしてごく限られた人間しか目を通さない『青年大臣奮起録』でしか自慢しないのか。新聞に連載された『私の履歴書』あたりで大いにひけらかせばよいではないか。身体検査に通ることより学科試験に受かる方が自慢のしがいがあるのではないか。何かおおっぴらにできない事情でもあるのか——。

全くの憶測だが、学科試験には落ち、あらためて挑戦しようとしたが、アルバイトの稼ぎも悪くないので、受験するのが面倒になってしまったのではないか。

海兵の試験はやはり難しい。このまま勉強を続けても、翌年合格できるという保証はない。幸いアルバイトは快調だし、そちらで身を立てた方がよいのではと、持ち前の切り替えの早さを発揮したとしてもおかしくはない。短気の虫は退治したが、変わり身の早さは健在だ。昔からの夢であろうと、軌道修正することにさほど抵抗はなかったと思われる。

浪人のような生活を続けていては母に申し訳ないという思いもあっただろう。母に悪いという気持ちが断念の根底にあったとしたら、怪しげな「母の病気」説も完全な創作とは言い切れない感じがしないでもない。

昭和十一年三月に中央工学校を卒業してから、秋に建築事務所に入るまでは、正規に勤めた形跡はない。図面のトレースのアルバイトを続けていたのだろう。受験後は学校もやめたようなので、働く時間はたくさんある。

小石川林町の焼き芋屋の二階で同居していた従弟の田中信雄の話では、角栄は仕事で帰りが遅かったというから、昼も夜も働いていたのだろう。『私の履歴書』には、勉強のため夜しか働いていない時期においても、収入には不自由しなかったと述べられている。焼き芋屋の二階は三畳間というから楽な生活ではなかっただろうが、昼夜働けば相応の収入は得られたはずだ。翌年には独立しているから、家賃を抑え資金を貯めていた可能性もある。

角栄は大蔵大臣のときのインタビューで、「焼き芋屋の二階で下宿して作家を志した」と話しているから、小説家への夢も蘇っていたのかもしれない。多感な少年時代である。海兵から作家へと夢が変わることもあるだろう。

小説ならアルバイトをしながらでも書けるし、物書きは海兵と違って試験や年齢は関係ない。内職を独り立ちにつなげ、その後作家になろうと夢見たのかもしれない。

試験後もしばらく勉強を続けていたものの、昼も働いてみると実入りがよい。小説家も捨て難い。次第に勉強意欲は削がれていく。

『我ら大正っ子』において、

「固〔ママ〕苦しい海軍兵学校生活をさらりとやめて、人生の脇道と思っていたのが本道に切り変〔ママ〕わったというのが本当のところだろう」

という描写がある。学科試験に落ちて失意ではあったが、アルバイトで一定の生活はできていたし、手に職もついてきた。これも同書で示唆されているように、意中の人もいたのかもしれない。

厄介な思いをして海兵に行くより、内職を続けて一本立ちでもできればもっと稼げる。母にだって楽をさせられる。小説への思いもある。海兵を受けるのはやっぱりやめよう。

こんなところが海軍兵学校断念の真相なのではないだろうか。

しかし「公式」の伝記において、アルバイトは好調だったし面倒だから受験をやめた、と書くわけにはいかない。「庶民」とはいえ、それではいささか体裁が悪い。母に報いたかったのは事実だから、病気になったことにしておこう。

未来の宰相候補田中角栄幹事長がこう考え、「母の病気」という話をひねり出したとすれば筋は通るような気がする。

仮にこの憶測が正しいとしたら、角栄の性格が窺われるような感じもする。『私の履歴書』と『わたくしの少年時代』は他人が書いた伝記ではなく自伝である。書きたくなければ書かずに済ませばよい話だ。字数を埋めるためだとしても、細かい事象をたくさん書いているのだから、同じように細かい話で済ませればいい。波乱の青春を送った角栄だから、書こうと思えば他に書くべき話はたくさんあったはずである。

だが、書かずにいられない。黙っていればわからないが、どうしても書かずにいられない。数年前の自伝でも少し触れているし書かねばなるまい。かといってありのままを晒《さら》すのは気が引ける。全くの嘘はつきたくないから、自分の中で納得できる手直しをして書く。前の内容とやや違うが、詳しく書いたことにすれば大丈夫だろう。

十二年と少し後、手が後ろにまわった角栄は、投票日十日前に獄中から出て選挙戦を展開した。当時はテレビも無く、新聞の扱いもさほど大きくなかったので、角栄の逮捕を知らない人も多かった。ところが獄中立候補者は自ら事件のことをしゃべり出し、周囲の者は肝を冷やした。角栄には、言わねば書かねば気が済まない一面があったのである。

もっと横着な気性なら海兵の話など無視しただろう。実際、不自然な空白に塗れた自伝は数多い。やり過ごせずに書いてしまい、他との整合性に欠けるというのは、正直といえば正直で、しかし少々俗っぽく、些細なことにこだわる角栄の性格を現しているようで面白い。

十八歳で一国一城の主

海軍兵学校入学の夢を諦めた角栄は、製図や機械基礎の計算のアルバイトをしていた関係で、昭和十一年秋、中村勇吉建築事務所に就職した。『私の履歴書』には大学か専門学校へ行くための「腰掛け」とあるが、数カ月後には入学ではなく独立することになる。

中村建築事務所は駒込千駄木町《せんだぎちょう》にあり、角栄は歩いて通勤できる小石川の原町《はらまち》に引っ越した。以前の焼き芋屋は三畳だったが、今度は六畳である。手足を伸ばして寝られるようになった。

引き続き同居の信雄と交代で自炊していたが、あるときフメと信雄の母が、米や野菜をたっぷり背負って上京してきた。二人は半月ほど滞在したが、その間食べた「おふくろの味」は、ままごとのような食事をしていた越後の少年たちを感激させたということだ。

上京してから四つ目の職場は少数精鋭で、頭数は少ないが大学の工学部や工業高校を出た技術屋が揃っていた。中村所長はヘビースモーカーだが酒はあまり飲まない穏やかな人物であった。

この事務所に勤めたことが、角栄にとって大きな転機となった。

中村建築事務所は理研の仕事を請け負っていたのである。大河内正敏が所長の、あの理化学研究所だ。当時理研は「理化学興業」という会社を軸に、発明の事業化を進めていた。中村事務所が技術屋を集めていたのも新技術に対応するためだったのである。

事務所が理研の仕事をしていると知った角栄は、世の中が不思議に思え、心が熱く大きく波立ったという。

「大河内邸門前払い事件」から約二年半。天の配剤か、越後の少年と谷中の殿様はあらためて接近する局面を迎えた。今度こそ相まみえることができるのか、それともまた行き違ってしまうのか。

昭和十年前後、発明の事業化を推進していた理研は、いくつか子会社を設立した。はじめ本郷の理研構内やその周辺にあった各会社は、やがて日比谷の美松ビルの五階と六階に集められた。五階には理化学興業の企画設計課があり、角栄は時折そこに出入りしていた。

ほとんどの会社で取締役会長に就いていた大河内は、遅くとも朝十時までには出社し、直接指揮をとっていた。理研で「先生」といえば大河内のことを指し、先生がエレベーターに乗るときは、混雑していようと同乗しないのが礼儀になっていた。

ある朝いつもの通り美松ビルを訪れた角栄は、四、五人の理研社員と共にエレベーターを待っていた。急いでいた角栄が、扉が開いた瞬間飛び込むと、遅れて髭を生やした老紳士が乗ってきた。が、後が続かない。誰も乗って来ないのである。

角栄は一瞬不思議に思ったが、老紳士の顔を見たら謎は解けた。大河内先生だったのだ。

「先生だッ」

汗っかきの角栄は、心も汗だくになった。皆遠慮したのに乗ってしまった。しかも、エレベーターは動き出してしまっている。

目を泳がせた角栄は、エレベーターボーイに

「五階！」

と告げた。怒鳴るような声だった。視界に入る先生は、温和な感じで大人《たいじん》の風格があった。

先生に目礼して五階で降りた角栄は、徐々に興奮してきた。あの大雪の日の出来事が、昨日のことのように思い出された。あれから職も夢も転々とし、屋敷の中でなくエレベーターの中で先生と出会った。書生になるという話は先生の耳に入っていたのだろうか。角栄は、ふとそんなことも考えた。

角栄はこの日の出来事を誰にも語らなかった。が、興奮は冷めやらず、その夜「桂浜」という土佐料理屋で同僚としこたま飲んだ。二十年あまり後、角栄は吉田茂の選挙応援で高知の桂浜も訪れることになるのだが、海岸の桂浜よりも、巡り会いの日に痛飲した「桂浜」の方が、いつまでも印象に残ったという。

「桂浜」の夜から一週間後、神様は再び越後の少年を谷中の殿様に近づけた。またもエレベーターの前で一緒になったのだ。

角栄がドアの前に立っていると、横に穏やかな風を感じた。風の正体は人間だった。大河内

先生が現れたのである。

エレベーターが鳴ってドアが開いた。と同時に、角栄は端へ移動した。先週の二の舞を演じてはならない。

ところが微笑んだ殿様は、思いがけない一言を発した。

「君も乗りたまえ」

大河内は五階で降りた少年を記憶していたらしいのだ。

畏縮《いしゅく》する角栄は六階まで先生を見送り、それから行き先の五階に降りようとした。

六階に着いてもドアの中にいる少年に、殿様は
「君はここでないの」

と聞いた。

「五階です」

と答えた角栄の体はさらに縮こまった。角栄は五階に降りたとき、身長が少し縮んだような気がしていた。

この日、元書生候補は殿様に呼ばれ、六階の会長室に赴いた。

先日は単に居合わせただけだが、今回は違う。大河内は角栄の存在を認識し、話を聞こうとしたのである。門前払いから二年半以上の歳月を経て、ついに越後の少年は谷中の殿様と相まみえることになったのだ。

ガラス張りの会長室の中で、角栄は上京からその日に至るいきさつを率直に話した。殿様は

元書生候補の告白を興味深そうに聞いていた。

一寸置いて、大河内はサスペンダーをいじりながら尋ねた。

「柏崎は農村工業の発祥の地で私の一番好きなところだ。これから全国に理研の工場が生まれるが、君は今でも理研に入りたいのか」

急な話に戸惑った角栄は、

「考えがまとまり次第、御指示を頂きに参ります」

と丁重に述べた。

頷いた大河内は
「勉強はしなさいよ」

と、サスペンダーを引っ張り温かく言った。

「勉強はしなさいよ」――角栄はこの一声を脳内の印画紙に強く感光した。

大河内はなぜ角栄を呼び出したのか。「大理研」の所長たる人物が、下請け会社の若手社員を直接呼んで話を聞くなど異例である。

おそらく角栄はエレベーターの中で、実は先生の書生になるため上京した、と話したのだろう。目の前の少年に興味を持った殿様は、詳しく話を聞いてみたいと思い部屋に呼んだ。理研の事業の拡大を図り、分け隔てなく人材を集めようとしていた矢先だ。角栄に何か光るものを感じたのかもしれない。

大河内は殿様らしく独裁的な面があったらしい。情実《じょうじつ》によらず能力本位で人材を抜擢する反面、速達一本で首を切り、逆鱗に触れた者はお目通りを禁止にした。大河内の孫は「祖父は努力しない人間は身内でも評価しなかった」と解説したが、評価した人物は引き上げ、しない人物は切り捨てる苛烈なところもあったようだ。殿様が鼻に手をあて眼鏡を拭き始めたら要注意で、逆に機嫌のいいときはサスペンダーを引っ張った。今日は眼鏡かサスペンダーか、社員は一喜一憂していたに違いない。

角栄が大河内に見知られ揚々としていた頃、建築事務所の中村所長が突然応召されることになり、所員で一番古株となっていた角栄が、留守を預かる形になった。

古顔とはいえ最年少の社員である。年齢も学歴も上の同僚たちをまとめるため、角栄は彼らと飲み歩いたり、喫茶店に行ったりして親睦を図った。念のため、角栄は当時十八歳である。青天の霹靂《へきれき》か一寸先は闇か、所長が召集されて三カ月も経つと事件が起きた。酒乱の気があった僚友が、泥酔して暴れた末、溝に頭を突っ込んで死んでしまったのである。

このとき角栄は風邪をこじらせ欠勤中であったが、驚いて出社すると所長夫人に怒られた。主人の出征中に社員が飲み歩く有様に、夫人はかねて御冠《おかんむり》だった。角栄の欠勤も深酒のせいだと思い込んでいたようで、手厳しい態度で叱責した。

角栄はここでも切り替えの早さを見せ、事務所を辞める決断をした。中村所長が不在というのが心残りであったが、ここでとどまっても好意が好意でなくなることを恐れたと振り返っている。

代表者夫人がお出ましするなど保険評論の辞め方と似ているが、今回は癇癪玉を爆発させていない。高砂商会を経て丸くなったというのもあるだろうし、その後独立していることからすると、そろそろ潮時だと思っていた可能性もある。

上京以来数カ月おきに転職していた角栄だが、中村建築事務所にも数カ月しかいなかった。しかし大河内正敏の謦咳《けいがい》に接したことは大きかった。二年半の時を経て、ようやく結びついた少年と殿様は、角栄の退職を機にひとまず離れる。そして再び近づいて、大河内は角栄を引き上げていくことになる。

中村建築事務所を退職した角栄は、一念発起、独り立ちを決意した。以前からアルバイトをしていた機械の製図や機械基礎の計算を本業とすることにしたのである。

事務所は神田錦町三丁目の五階建てアパートに一室を借りた。

名称は角栄の「栄」の字をとり「共栄建築事務所」。

たった一人の社員とはいえ、一国一城の主である。

二転三転した東京での生活ではあったが、ついに自分の城を持つに至った。母は喜んでくれるだろうか。

時は昭和十二年三月。「腹切り問答」が口火となって広田弘毅内閣が倒れ、大混乱の挙句陸軍出身の林銑十郎《はやしせんじゅうろう》が首相になったばかりだった。

柏崎を出発した日から二年が経っていた。「三番くん」はどうしているだろうか。

田中角栄十八歳。もうすぐ十九歳を迎えようとする春であった。

角栄が一本立ちする二カ月前の昭和十二年一月、「腹切り問答」で動転した広田内閣は総辞職、陸軍大将の宇垣一成《うがきかずしげ》に組閣の大命が下った。

ところが陸軍は大臣を出さず、組閣は万事休してしまった。かつて西園寺内閣を瓦解させた軍部大臣現役武官制は、今度は「宇垣内閣」を流産させた。浜田国松の危惧は杞憂に終わらなかったのである。

「宇垣内閣」をめぐる混迷の果てに、陸軍の林銑十郎が首班となるが四カ月で退陣し、「何にもせんじゅうろう」と冷笑された。前出の通りこの林内閣のとき角栄は事務所を開いている。

昭和十二年六月、林の後に貴族院議長の近衛文麿《このえふみまろ》が選ばれた。藤原氏の嫡流にして五摂家の筆頭、四十五歳と年齢も若いサラブレッドの出走に国民は沸いた。

しかし人気と実力はまた違う。むしろ政治史を概観すれば、過度に人気を得た政治家は、とんだ食わせ者であった場合も多い。震災で不手際を晒した総理だって一時は人気者だったのだ。同級生で近衛をよく知る西園寺公望秘書の原田熊雄は、「近衛は富士山みたいな奴だ」と評していた。その心は「遠目には綺麗だが、近づいて見ると岩ばかり」というものだ。右往左往し国民生活を縛っていった近衛の足跡を顧みれば、まさに至言であるといえるだろう。早坂茂三によれば、角栄が中曽根康弘の人物評をしたときも、「遠目の富士山」などと表現したという。政界には、時たま「富士山」がそびえ立つらしい。

近衛内閣が発足してから一カ月後に支那事変が勃発し、それに伴い統制も強まった。人的物的資源を統制する国家総動員法が施行され、企業の活動も制限が加えられるようになった。こうした「戦時体制」の強化はその頃土建業者だった角栄の公私にも影響を与えることになる。

年齢不相応な収入

神田錦町三丁目は、江戸時代は武家地であり、「錦小路《にしきこうじ》」と呼ばれていた。現在は街路樹の立ち並ぶビル街である。せわしなく車が行き交う街中には、もはや昭和初期の佇まいなどほとんど無い。昭和三年建立だという学士会館のクラシックな建物だけが、わずかに当時の面影を残している。

昭和十二年春、田中角栄はこの神田錦町で、建築事務所の看板を掲げた。角栄は所長であり、事務員であり、掃除夫でもあり給仕でもあった。

現在は墨田区と名前を変えた本所区の緑町《みどりちょう》四丁目に、日本特殊機械株式会社という鉄屋があった。ここは角栄が図面のアルバイトをしていた会社であり、最初のお得意先となった。京橋にある土建業者からも仕事が舞い込み、滑り出しは順調であった。

角栄は測量から試案の作成、設計、計算、仕様書の作成、工事業者の選定、工事監督と、何から何まで一人でやったと振り返っているが、設計は友人で工業高校出身の中西正光に手伝ってもらっていたようだ。

大正元年に鹿児島で生まれた中西は、入内島金一と並ぶ角栄のもう一人の親友である。磊落《らいらく》な感じのする入内島とは対照的に、眼鏡をかけ怜悧《れいり》な雰囲気を漂わせた人物だ。昭和十一年秋に上京し、工務店で働いていたが、仕事の関係で中村建築事務所に出入りしていた。そこで留守を預かっていた六歳年下の角栄と知り合ったのである。ウマが合ったのか、二人はすぐに親しくなった。角栄は間もなく事務所を開業しているから、中西の力を借りれば独立してもやっていけると思ったのだろう。

中西は昭和十二年三月、角栄の独立と前後して警視庁の技師となった。技師は他におらず、中西ただ一人である。当時警視庁は、一般建築から工場設置までの許認可を全て握っていた。そのため建築事務所長の角栄も、毎日のように警視庁に通っていた。技師の権限も大きく、映画館や料理屋の衛生設備も中西の検査が終わらないと使用できなかった。勘のいい角栄には中西を通じ行政に食い込もうとする意図もあったはずだ。だとすれば中西の存在は、設計の点でもその他の点でも、角栄の一本立ちに大きく影響を及ぼしたといえる。

中西の上司にあたる警視庁保安部建築課長は、のちに参議院議員、衆議院議員となる石井桂《いしいけい》である。石井は早大、日大等の講師も務めており、中央工学校時代の角栄を教えたこともあるという。田中首相時代、「日本列島改造を大いに手伝いたい」（朝日新聞昭和四十七年十一月二十七日）と述べるなど、石井は角栄を「教え子」だと胸を張っていた。

けれど、おそらく、「教え子」の思わぬ出世に内心複雑な思いを宿していただろう。石井は建築の世界では大物であるが、政治の世界では参議院の委員長、政務次官程度の経歴である。大臣の経験も無い。大臣を歴任し、総理大臣にまでなってしまった「教え子」に対し、屈折した感情を持っていたはずだ。石井は政界に出たのが遅く、さほど立身に拘らなかったのではと見る向きもあろうが、そんな甘いものではない。出馬したのが遅かろうと何だろうと、教えた俺が大臣もやっていないのに教え子が首相になるとは何たることだ、と思うのが政治家の性である。角栄の栄達を見て、天を仰いで長嘆息する石井を想像するのは難しくない。

一流の設計技術を持つ中西を得て、角栄は主として営業に走り回っていた。土建屋の親分を篭絡《ろうらく》するため、別嬪《べっぴん》芸者を二十人も揃えて接待したこともある。親分が「女には飽きた」とのたまうと、十九の社長は「それならオヤジさん、俺と寝よう」と涼しい顔で持ちかけたとのことだ。

『続わが青春放浪記』の中に、「ほかの技術屋なら一ヶ月かかるものを、二、三日で仕上げてしまう」との記述があるが、多分この頃のことだと思われる。角栄は政治家になってからも、即断即決で陳情をこなしたが、せっかちな性格が良い方向に出たのだろう。中西によると、都電がなかなか来ないと待ちきれず、歩き出して次の停留所で乗ることもあったという。得意先の玄関に、これ見よがしにタクシーを横付けするというパフォーマンスを繰り広げたこともあるようだ。

危なっかしいこともやっていたのか、『我ら大正っ子』には、「規格にあわない事務所だったので、警視庁の刑事にだいぶあとをつけられた」とある。そのせいかどうか不明だが、やがて文京区の駒込へと移転し、「田中角栄建築事務所」に看板を変えている。

刑事に尾行されたとは穏やかではないが、考えられるのは中西正光の存在だ。中西は許認可を与える側の警視庁の技官である。角栄は与えられる側の民間業者だ。角栄はあけすけに「手伝ってもらった」と書いているが、本来あまり公にできる話ではない。「行政」を身内に抱えた角栄が、そのことをどこかで自慢でもしていたら、面白く思わない同業他社に「刺される」こともありうるだろう。営業上手の青年社長に仕事を奪われた業者もあるはずだ。警視庁の技師に手伝わせているという「情報」は、「反角」の業者にとって、意趣返しの格好の材料になった可能性がある。

角栄は独立してから理研には出入りせず、大河内正敏にも御無沙汰していたが、理研の入る美松ビル内のすき焼き屋に行った折、偶然にも大河内と再会した。元書生候補の独り立ちを聞いた殿様は、「理研関係の会社に席を置かなくてもよいから、建設計画などについて勉強しなさい」と声をかけた。これを機会に角栄と理研との関係が復活する。

大河内はすぐに専務へ指示して、理研の仕事を角栄事務所に発注させた。おかげで角栄の仕事の量は日に日に増す。水槽鉄塔の設計を手始めに、ガーネット工場の設計、那須アルミ工場の建設と、次から次へと注文が来た。故郷の新潟にも出張した。大河内は角栄の努力を評価したのか、工場の下調査などの特命を下したこともあった。

超多忙となった角栄は、毎朝五時か六時に起き、昼間は理研の会社を回り、夜は十一時、十二時まで内職の技術屋たちの設計を手伝った。日曜も祭日も関係なく働き、角栄の月給も三百円から五百円になった。社長でなく社員なら、三十五円から四十五円が相場という時代である。

最初に髭を生やし始めたのもこの頃だ。忙しくて無精髭のままでいたところ、整えてみると見応えがある。そこで茶目っ気も手伝って生やしたというが、大河内正敏にあやかる気持ちもあったような気がする。若く見られまいとする商売上の効果も計算しただろう。

上京してきた親戚が、髭面の男を見て角栄だと気づかず、それに懲りて一旦髭は剃り落とした。しかし角栄の髭への挑戦はその後も続けられることになる。

年齢不相応な収入を手にするにつれ、遊びも覚えたようだ。中西正光と神楽坂で飲み歩き、相場の何倍ものチップを振舞った。宮沢喜一や、水田三喜男らは「角栄は百円の金を二百円でなく、千円にしてしまった。一桁多くかかるようにしてしまった」と嘆いたが、青年社長時代から金払いはよかったのである。

『続わが青春放浪記』には「人が三十代ぐらいでようやく遊ぶようなことでも十八、九で遊んでいた」と述べられており、「当時、遊んだ婦人は今ではもう四十五、六の相当な年配になっている」と続けられている。『続わが青春放浪記』は角栄が四十歳頃に書かれているから、少し年上の女性と遊んでいたことになる。「神楽坂」「チップ」などの話と照らし合わせると、要するに芸者遊びをしていたのだろう。『続わが青春放浪記』には新潟での若い女性との小話が出てくるが、同じ話が『私の履歴書』にも述べられており、そちらではっきり「芸者」と書かれている。二十歳に満たない建築事務所の若社長は、生意気にも芸者遊びまでしていたのである。

よく働きよく遊んでいた角栄に、昭和十二年十一月半ば、さらに大きな仕事が飛び込んできた。理研が計画した荒川のるつぼ工場の設計を発注されたのだ。総額二十万円にもなる大事業である。しかも十二月一日から設計に取り掛かり、年内の入札で施工業者を決めようという強行軍だった。そんな難事業をちっぽけな個人事務所に任せるとは、大河内は大層角栄を見込んでいたのであろう。角栄も大河内の期待に応え、持ち前のせっかちさとバイタリティで十二月二十日の明け方には数百枚に及ぶ設計図と仕様書を完成させた。連日連夜徹夜だったが、ここでも中西正光は大車輪の活躍を見せた。内職する一流技師を手伝い、そして尻を叩く若き社長の姿が目に浮かぶ。

十二月二十八日、角栄は千六百円余の設計料の内払いを受けた。小切手を現金に替えた角栄は、任務達成の原動力となった中西を呼び、設計製図料として約束より多めに百円支払った。警視庁の月給は五十五円だった中西は、御用納めの日に年末のボーナスが出たようなものだと相好を崩して喜んだ。そのえびす顔を見た角栄は、もう少し出すべきだと思い直して、さらに百円を追い払いしたという。すると中西は大阪にいる母に会いに行くと言い出して、そのまま東京駅へ向かったとのことだ。ただ中西は、追加の金は貰っていないと苦笑しているから、真相はヤブの中である。

第三章

黒《くろ》南《は》風《え》

――戦争特需――

満州、第二十四連隊

建築事務所を始めて一年経った昭和十三年春、二十歳を迎えた角栄は、新潟県の柏崎で徴兵検査を受け、つつがなく甲種合格した。子供の頃から馬に乗っていたと話したら、騎兵科に配属されることになった。

入隊通知が来るまで半年はあるはずと思った角栄は、すぐに東京へ戻って働くことにした。やっとの思いで軌道に乗せてきた仕事である。今のうちに稼いでおこうと考えたのか、角栄は出征までの日々を精一杯働いた。

理研の仕事は入隊まで続き、角栄はあらゆる国内工場の事業計画、設置計画に参画した。山口県にある工場の仕事にまで携わった。世は国家総動員法に揺れていたが、この頃は角栄の仕事に影響しなかった模様だ。

しかし、るつぼ工場の発注といい、角栄はなぜここまで理研、否、大河内正敏に食い込めたのか。

現場好きの大河内は工場をよく視察したが、アイデアを出した工員をいきなり重役に挙用したこともあった。「専制君主」は追放もするが抜擢もする。初当選したばかりの新入りを大蔵大臣に据えたワンマン宰相もいるし、三十五歳の書記局長を誕生させた独裁議長だっている。社員餅つき大会で、餅のつき方がよいといって平社員を支店長にした叩き上げのオーナー社長もいる。独裁的な面を持つ人物は、概して取り立てるのが好きである。

専断的体質を持っていた殿様も、日頃から誰かを抜擢したいと考えていたのだろう。誰かいないか。絶えず人材を探していた。

そこへ、田中角栄という少年が現れた。

あの小僧は仕事が早い。十代で独立するなどだいぶ努力もしているようだ。自分の書生になろうとしていたらしいし、新潟出身というのも良い。何かと気になる存在だ。ひとつ使ってみるか……。人材を待っていた大河内はこう考え、角栄を引き立てたのではないだろうか。

この機会を逃してはならないと、角栄も努力し続けただろう。職を転々とし、夢も転々としてきた。しかしどうやら運が向いてきたようだ。

……何としても大河内先生に食らいついてやる！

若き社長も無我夢中だったはずである。

理研との縁は、角栄が兵隊から戻ってきてからも続いた。そして、角栄が政界に進出するとき、大きな役割を果たすのである。

昭和十三年末、いよいよ角栄に入隊通知が届いた。昭和十三年度徴集兵として、盛岡騎兵第三旅団第二十四連隊第一中隊に入隊することになったのである。

その頃角栄は駒込で事務所兼住居を構えていたが、身の回りの世話をする「ハウスキーパー」のような女性と同棲していた。佐藤昭によると、芸者出身のこの女性は、角栄が蔵相のとき大臣室にまでやってきたことがあるという。大臣の世話をしたかったのか、それともしてもらいたかったのかは謎である。

入隊に備え荷物を整理するため姉が上京してきたが、その間二、三日は姉を真ん中にして、三人で川の字になって床についた。

荷物まとめは姉に任せ、角栄はなるべく外出していたが、姉が帰郷する朝になると、荷物も彼女も消えて空き家のようになっていた。姉は荷物を半分に分け、一方を上野駅から実家に送り、もう一方を彼女に渡してしまったらしい。「体よく彼女も姉に始末された」とは弟の弁である。

荷物も女性も片付けられて身綺麗になった角栄は、翌昭和十四年三月末、まず広島に集められ、続いて貨物船で朝鮮の羅津《らしん》港へと向かった。盛岡騎兵第三旅団は満州勤務である。広島から羅津港まで船で行き、そこから汽車で満州へ乗り込むのだ。

貨物船は混んでおり、波にも揺られたが、生まれて初めての「船旅」を角栄は楽しんだ。船酔いでへばる仲間たちを前に、春画を描いて場を盛り上げた。吉田茂内閣時代、実力者の広川《ひろかわ》弘禅《こうぜん》に春画を貢いで機嫌をとった角栄だが、その手の趣味があったのだろうか。隠し芸を披露するとは、この段階ではまだ余裕があった様子だ。

羅津から汽車で輸送されているとき、満鮮国境に位置する駅を通過した。角栄はここでようやく緊張感を覚えた。汽車を降り、トラックで富錦《ふうきん》まで運ばれる。この富錦が、第二十四連隊の駐屯地であった。

春だというのに、満州の風は冷たい。刺すような寒さである。

これから軍隊での生活が始まる。母は明け方から田んぼに出ていたが、やはりこれくらい寒かったのだろうかと、角栄は思った。


角栄の入隊三カ月前の昭和十四年一月、六十九連勝を続けていた双葉山が敗れ、近衛首相が政権を投げ出した。日独伊三国同盟をめぐる閣内の不統一などで嫌気が差したのである。一年半後、近衛に再び大命が下ったが、今度は日米交渉の過程で倦《う》んでしまい、また放り出す。

時は下って平成五年、近衛の孫にあたる細川護熙《ほそかわもりひろ》が首相となった。祖父と同じく人気者だった。だが翌平成六年、自身の金銭問題を追及されると、何と予算審議の最中に政権を投げ捨てた。祖父と孫は隔世遺伝《かくせいいでん》したのだろうか。細川は田中派に属した一人だが、さしもの今太閤も草間先生のような名教師では無かったのかもしれない。

近衛退陣後は司法官僚の平沼騏一郎が総理となるが、五月に満州とモンゴルの国境に位置するノモンハン付近で、日本軍とソ連軍が衝突した。すでに角栄も満州におり、馴れない兵舎であたふたしていたものである。初年兵の意向なんぞお構いなしに日ソは火花を散らしたが、紛争真っ只中の八月に、日本と防共協定を結んでいたドイツがソ連と不可侵条約を締結。三国同盟に取り組んでいた平沼は驚愕《きょうがく》し、内閣総辞職するに至った。

陸軍の阿部信行に大命が下った直後の九月一日、第二次世界大戦が始まった。阿部首相は不介入を表明し、膠着《こうちゃく》していた支那事変解決に邁進するとの声明を出したが、軍靴の音はいよいよ大音量となってきた。離れて遠き満州にいた角栄は、勘がよいのか運がよいのか実戦とは無関係の任に配転していたが、先行き不安も覚えたであろう。

阿部は昭和十五年一月にわずか四カ月で降板し、海軍の米内光政《よないみつまさ》が登板するが、組閣間もない二月初め、はしなくも選良たちの前に踏み絵が現れた。民政党の斎藤隆夫が先の見えない支那事変の処理を質す「反軍演説」を敢行したのである。

痛いところをつかれた軍部は憤激し、斎藤の衆議院議員除名を迫った。議会の多数も追従し、斎藤は議員除名に追い込まれた。

この一言居士《いちげんこじ》は今でも根強い人気を保ち、戦後一時期同僚となった角栄ほどではないにせよ、何冊もの伝記が刊行されている。長いものに巻かれていれば政治家は務まるのかもしれないが、それだけでは後世の評価を受けるに不十分なようだ。

そして六月近衛文麿が、やがて「大政翼賛会」へと結実する「新体制運動」に踏み出すと、軍部がこれに乗り、政党もまた尻馬に乗った。この「運動」は倒閣運動をも兼ね、陸軍は陸相の辞任を強行し、米内内閣は軍部大臣現役武官制のため倒壊した。

昭和十五年七月に再び近衛が首相となり、懸案だった日独伊三国同盟が結ばれた。だがこの同盟はアメリカを刺激し、日露戦争このかた不協和音が増していた日米関係は、さらに悪化の一途を辿った。

日米摩擦を危惧した近衛は対米強硬派の松岡洋右《まつおかようすけ》外相を排除するため内閣総辞職を行って、昭和十六年七月新たに第三次近衛内閣が成立。しかしアメリカは石油禁輸を断行し、日米交渉は絶望的な状況となった。政府は対米開戦論と交渉継続論とが対立し、いたたまれなくなった近衛は辞任を決意、第三次近衛内閣は総辞職することになった。

二人の妹を亡くす

昭和十四年三月末、盛岡騎兵第三旅団第二十四連隊第一中隊の初年兵田中角栄は、ソ連と満州の国境近くにある富錦の兵舎に入った。前年七月から八月にかけて、同じ満州の張鼓峰《ちようこほう》で日本軍とソ連軍の衝突が起きていた。そのせいか兵舎の内外は緊迫した雰囲気に包まれていた。もう新潟も東京も遠い。「ここは御国を何百里、離れて遠き満州の……」という軍歌の一節が、実感として心の底から湧いてきたと角栄は振り返る。

兵舎に着いたその日の晩、早速私物検査が始まった。角栄は二百円ほどの金を持って家を出たが、途中遊んだり仲間に大盤振る舞いしたりで、財布の中身はほとんど空に近かった。しかも兵舎に着いたとき、同級生に残りの大半を与えてしまって所持金ほぼゼロだった。だが、角栄は「秘宝」を隠し持っていた。

検査役の班長が角栄のスカスカの財布から「秘宝」を取り出した。一枚の写真である。バタ臭い女性が微笑んでいた。

班長は角栄をジロリと見て、質してきた。

「これは誰だ」

角栄は顔を強張らせて答弁した。背中を汗が支配した。

「私の好きなタイプの女性です」

班長は眉ひとつ動かさず、突っ込んできた。

「なぜこんな写真を持参してきた」

落ち着いた声だ。それが逆に怖かった。硬直した初年兵はやむなく答えた。

「こんな女を将来自分のワイフにしたいと考えています」

すると、突如として鉄拳が矢継ぎ早に飛んできた。ピストン堀口もかくやというほどのパンチに見舞われた角栄は、初日から「大変なところに来てしまった」とおののいた。「秘宝」とは、アメリカの女優ディアナ・ダービンのブロマイドであったという。

翌日も角栄は張り倒された。

くわえ煙草の初年兵が、班の建物の入り口近くで靴の泥を落としていると、ふと誰かに呼ばれた。

「オイッ!」

角栄はハッと思って立ち上がった。

「バキィッ!」

その瞬間、いきなり右の頬を殴られた。驚いた角栄は、スレートを破壊しかねない迫力で、理由を語った。

でもやってきたのか。けれど、その正体は力士ではなく古参兵で、殴り終えると満足したのか

あまりの早技に、初年兵は当時人気の大相撲の前田山が現れたのかと思った。満州に花相撲

「パシィーンッ！」

が、間髪を容れず今度は左頬に張り手を浴びせられた。

「何をするっ」

辻斬りに向かってわめいた。

「まず一つ目。営内用の靴で営外に出ただろ？」

角栄はぐうの音も出なかった。

「二つ目。新兵の分際で上官に敬礼しなかっただろうが」

これもまた、返す言葉が無かった。

「最後に、貴様は禁煙の場所でくわえ煙草でいただろうがァ！」

「……！」

もっともなことである。角栄は反対尋問を放棄した。「いよいよ、大変なところに来てしまった」とあらためて身震いした。

初日二日目と連続して殴られた角栄だが、さらに試練は続いた。

入隊直後に書かされる身上書で、角栄は特技の欄に「乗馬」と記していた。家で競走馬を飼っていて、子供の頃から乗り回していたから素直にそう書いたのだが、この二日間の出来事

を思い出し、とんだことを書いてしまったと気がついた。案の定、持ち馬として「久秀号」という札付きの暴れ馬をあてがわれてしまった。

乗馬の得意な初年兵がこの「久秀号」にまたがり練兵場へ出向かうと、丸太を並べた障害物の前で、引率の軍曹が「田中ッ、これを跳んでみろッ」と怒鳴った。

牛馬商の倅は軽い気持ちで跳び越そうとしたが、途端に「久秀号」はじゃじゃ馬ぶりを発揮した。跳び越すどころか横へ逃げてしまったのである。弾みで角栄は落馬した。しかもそのとき、馬の手綱も放してしまった。

騎兵が馬の手綱を放すことは許されない。騎兵が馬を手放すとは、銃を捨てると等しく恥辱なのである。

罰として角栄は、馬の鞍を背負わされ、駆け足で乗馬隊の後を追うように命じられた。重い荷物を担ぎながら角栄は涙を流した。

〈なぜこんな思いをしなければならないのか。軍隊なんて真っ平だ。一刻も早く日本へ帰りたい……〉

そのうち「できもせぬことは言うな」という母の言葉が浮かんでは消えた。

〈馬が得意なのは本当だから、できもせぬことを言ったわけではない……〉

そう自問自答していると、母の働く姿が蘇ってきた。すると、背中の鞍が軽くなったような気がした。角栄は気を取り直し、かすかに見えた馬の群れを追いかけた。

母の苦労を思い角栄は勇んだが、遺憾なことにその後も災難は降り注いだ。

夕食後、暇になった古参兵が新兵を集め、銃や軍刀の手入れが悪いといっては革のスリッパで殴りつける。準備を万端にしても殴りまくる。どこが悪いのかと言うと、その態度が悪いといってまた殴る。週に二、三度は私刑まがいの制裁が行われた。

夕方には必ず全員が集められ点呼をとられたが、この点呼後に事務室に寄れば、週番の下士官からその日届いた手紙が渡される。

あるとき角栄は事務室に寄り、一通の封書を手渡された。もちろん封は切られており、内容はチェックされている。角栄は手紙を受け取り戻ろうとしたが、下士官は

「それをそこで読んでみろ」

と命令してきた。初年兵は何気なく読み始めた。

「あなたの好きなフリージアの甘い香り……」

という洒落た書き出しである。どこかで見たような字だ。しかし、角栄はたちまち絶句してしまった。姉に始末された「ハウスキーパー」からの手紙だったのだ。

「どれ寄こせ。俺が読んでやる」

艶っぽい手紙が読み上げられるのと並行して、角栄の五体に洪水のような汗が流れた。あまたの機密文書に目を通したはずの角栄も、このときほど親書の秘密の必要性を感じたことはなかったという。

殴られるわ恥をかかされるわ、初年兵生活は地獄であったが、鬼ばかりいたわけでもなかった。稀に仏もいた。

軍隊には「検閲」というものがある。訓練がどのくらい進んでいるかを審査するのだ。第一期の検閲は入隊後三カ月程度の予定だったが、角栄が入隊した約一カ月後の昭和十四年五月にノモンハン事件が勃発したため、混乱の中で検閲は行われた。

検閲の日の朝、角栄は一通の電報を受け取った。肺を悪くしていたすぐ下の妹が亡くなったという報せだった。

兄は泣きたい気持ちを抑えて検閲に臨んだが、沈んだ新兵を見て軍曹が怒鳴りつけた。だがその晩、電報を見た軍曹は、優しく声をかけてくれた。このときばかりは鬼が仏になったようだ。

第一期の検閲が終わると、角栄は中隊の事務室勤務となった。非力で体が弱かったためらしい。食料を整える糧秣《りょうまつ》係や売店にあたる酒保係、支那事変第三次功績係などの任務であり、実戦とは無関係の仕事である。角栄は狂喜したのではないか。

同期の初年兵の話では、角栄は同年兵の中で最も怒られていた兵隊だった。それもせっかち過ぎて殴られていたという。「定期便」といわれるほど頻繁に、女性からの慰問袋や手紙が届いていたとの話もあるから、目立つ存在として目を付けられていたのかもしれない。先輩に言い返したり、反抗的な態度をとったりしたこともあったとのことだ。

軍隊へ入るまでは仕事も遊びも順調で、人並み以上に金もあった角栄である。同期の兵隊たちより社会経験豊富であり、プライドも高かっただろう。他の新兵以上に軍隊生活に閉口していたに相違ない。

同時に計算もしたはずだ。殴られるのはやむを得ない。でも命だけは守りたい。生きて帰るためにはどうすればいいか。

なるべく実戦から遠ざからねばならない。そのためには内勤になることだ。内勤になれば砲弾が飛び交う前線から離れられる。

「体力の無い」角栄は、思惑通り内勤に潜り込んだ。体力が無かったのは本当らしく、重い飼料袋を運ぶのに苦しむ角栄を手伝ったという同期兵の証言がある。ただ、角栄は甲種合格だし、実戦での任務に支障をきたすほど軟弱だったわけではないだろう。体の弱い兵隊は角栄以外にもいたはずだから、体力的な面だけで内勤に回されたとは考えにくい。他にも理由はあったのではないか。

ズケズケとした物言いとせっかちな態度で上から睨まれていた軍隊時代の角栄には、一方で次のようなエピソードもある。後年「越山会」会長になる当時の上官・片岡甚松《かたおかじんまつ》らが回想する話だ。

ある晩酒保《しゅほ》係の角栄が一升瓶を持ち出してきて、みんなで飲もうと仲間を集めた。洗面器に酒を入れ、車座になって飲んでいたが、あいにく片岡ら上官たちが現れた。足音が聞こえてきた時点で角栄は身構え、「鉛筆とソロバンを持て」と周囲に指示し、棚卸しの帳簿を整理しているふりをした。酒気を帯びた角栄が、「酒保の棚卸しを手伝ってもらっています」と言い訳すると、上官は洗面器の中の液体を見遣った。酒保係は咄嗟に「輸送中に壊れた一升瓶を処理するため、戦友に手伝ってもらっております」と弁解して、苦笑した上官も見逃したというのである。

角栄にはこうした勘のよさというか、要領のよさがあった。もとより本当に要領がよければ殴られたりしないという意見もあるだろう。口答えなどせず、安全に立ち回る茶坊主とは言い難い。

しかし、大河内正敏の懐に飛び込んだ角栄だ。ある種独特の勘と雰囲気を持ち、弁も立つ。慌て者だがテキパキはしている。兵士としては使えないが、内勤にさせたら使えるのではないか。上官たちはこう考え、体力の問題と併せて角栄を事務室勤務にまわしたのではないだろうか。

片岡らはこんな逸聞《いつぶん》も披露している。中隊から連隊に提出する「二年兵教育計画書」を作成していたときのことだ。

提出期間まで残り二日という段階で、中隊の「計画書」がつき返されてきた。杜撰な内容だったのだ。中隊の幹部らは焦燥したが、何とか代案を作り直した。とはいうものの、「計画書」は方眼紙にきちんと清書しなければならない。そこで建築事務所出身の角栄を呼び出して、書き上げさせることにした。一瞬沈黙した建築屋は、職人流儀でやらせてほしい、と条件を出し、了解を得た。すると若き建築事務所長は軍服を脱ぎ、半裸となって酒を飲み、上官に指図しながら昔取った杵柄で清書を仕上げた。角栄の仕事ぶりに片岡は舌を巻いたという。

「計画書」完成のためなら上官が条件を吞むことを、元田中番記者の馬弓良彦《まゆみよしひこ》は「角栄は天性の勘で見破っていた」と書いている。相手の立場を見抜き、自分に有利な方向へ持ち込む勘のよさである。

三十年後に話は飛ぶが、昭和四十五年、政界では佐藤栄作首相の去就が焦点になっていた。すでに三選している佐藤は次も出れば四選となる。いかにも長い。福田赳夫政権を狙う勢力の中には、佐藤が身を引き福田に禅譲することを期待する声もあった。だが福田と覇を争う角栄にとって、佐藤四選は政権奪取の絶対条件である。佐藤内閣を長引かせ、その間に自派の勢力を広げる腹積もりだったのだ。

佐藤の意中は福田にあるといわれていた。しかし、それ以上に、何より政権の座に居続けたいという佐藤の本心を角栄は見破っていた。四選へと動いても佐藤は反対しないと判断した角栄は、副総裁の川島正次郎と連携し、沖縄返還、国連総会出席などを好餌に佐藤四選を実現する。決戦を先延ばしにすることで、支持勢力を拡大していったのである。

しかも五選というのはさすがに無い。四選で終わりだ。次は辞めると決まっている総理に求心力など働かない。つまり、四選以降の佐藤は、次第にレームダックと化していき、福田に譲ろうとも譲るだけの力を失っていくことも角栄は看破していたのである。

角栄の読みは的中し、佐藤は角福調整できずに総裁選での連合を提案するにとどまった。首相の椅子に執着する佐藤の心中を見抜けなければ、角栄の総裁選での勝利は無かったかもしれないのだ。

佐藤の胸中を察知した勘のよさは、政治家田中角栄の特長であり武器であった。佐藤、田中両内閣で官房長官を務め、ついには角栄に弓を引く竹下登は、「政治に天才があるとすれば、政治勘みたいなところでは田中先生は間違いなく天才であった。（中略）ある種の天分みたいなものがあったように思う」（『宰相田中角栄の真実』）と回顧している。政治の天才に間近で接し、細大漏らさず観察し、そしてその影に怯え続けた「おしん」の偽らざる本音だろう。

角栄の勘のよさは、軍隊時代から発揮され、己の身を助ける役割を果たしていた。早くも政治家としての資質を見せ始めていたのである。

死線を超えて

めでたく事務室勤務になった角栄だが、部屋の中にいたばかりでなく、腹痛を起こした馬の世話などの任務もあった。厳寒の中死んでいく馬を目にするのは、牛馬商の息子である角栄にとってはつらかったようだ。糧秣、酒保、あるいは馬の介抱と、せわしなく動き回っていた。除隊後を睨んでいたのか、暇をみては建築の講義録も読んでいた。

入隊翌年の昭和十五年三月には第一選抜で上等兵に進級した。第一選抜でなる者は皆「精勤章」を保持していたが、角栄は精勤章を持たない唯一の上等兵だった。「田中は上官を上官と思わないので精勤章はやらない」と言われたそうだが、実技はダメでも学科の良さと達筆を評価されたらしい。だが角栄の現場での軍隊生活は、進級してからそれほど長くは続かなかった。

昭和十五年十一月末、営内の酒保に勤務していた角栄は、突如として体調不良を覚え、その場で倒れ込んでしまった。

担架で野戦病院へと運ばれ、クルップス肺炎と診断された。すぐに近くの陸軍病院に移されたが、右乾性胸膜炎《うかんせいきょうまくえん》を併発していることもわかり、さらに旅団本部のある宝清《ほうしん》の病院へと送られた。この病院に一カ月入院した後、内地送還が決定した。これ以後角栄は昭和十六年の十月に除隊するまで、病院を転々とする生活を送ることになる。軍隊生活は実質的にここで終わるのである。

内地送還が決まった角栄は、昭和十六年二月末、柳樹屯《りゅうじゅとん》の病院を経て大連《だいれん》から大阪に運ばれ、天王寺にある日赤病院に入院した。大阪での病院生活は快適で、病状も急速に回復し、満州にいる戦友たちに申し訳ないと思ったと『私の履歴書』等に書いている。

下から二番目の妹が危篤だという報を受けて、二年ぶりに実家に帰ったのもこの頃である。久しぶりに会う妹は兄の姿を確認すると抱きついてきたが、見る影もないほど痩せこけてしまっていた。角栄は大阪に戻る列車の中で妹の無事を祈り続けた。

わずか一晩ばかりの帰省であったが、無理が祟ったのか、大阪に戻ると高熱にうなされるようになった。数日経った四月一日の夜、角栄は関東、東北方面に患者を転送する特別列車に乗せられた。

車中では何本も注射を打たれ、上野駅に着いたときには担架で横たわっていた。上野駅で角栄を見舞った中西正光によると、角栄は「本当に危篤状態」だったという。上野駅に半日置かれ夜行で仙台に向かい、仙台陸軍病院宮城野原分院《みやぎのはらぶんいん》に入院した。

四十度以上の高熱を出していた角栄は、重病人用の個室に入れられた。後でわかったことだが、肺結核に感染していたのである。ベッドの柱という柱には、「母に一目会いたい」「あと一時間の命だ」などと書かれていた。鉛筆で書かれたものもあり、爪で刻まれた文字もあった。点呼の際の報告で、角栄は「一報患者」であることを知らされた。

軍隊では兵士が病気になり死亡するまでの間に、親元に電報を三度打つことが原則になっていた。危篤状態のとき「病重し」と打つ。これが一報。死ぬ間際に「危篤」の二報。最後に死が確認されてから三報目の「死す」。危篤患者であることを知らされた角栄は暗澹たる気分になった。

あたかも追撃を食らうが如く、危篤だった妹が亡くなったことを知らせる電報が届いた。数え年わずか十九歳で他界したすぐ下の妹を思い、兄は声を呑んだ。

内地送還され大阪の病院に入院していた頃までの角栄は、戦地から外されたことにほくそ笑んでいたことだろう。体調はよくないが、死ぬほどのものではない。あのまま軍隊にいた方が余程危険だと思っていたはずだ。

ところが病状は悪化し危篤になり、妹の不幸まで重なってきた。せっかく前線から離れたのに何たることだと、仙台の角栄は塗炭の苦しみを味わっていたに違いない。実際、このときの苦難は忘れられなかったらしく、「十九歳になったばかりの女の子供を失ったその朝、ただ一人の長男が危篤とのしらせを受けた母の心はどんなであったことやら、今思っても胸にせまるものがある」と『私の履歴書』に書いている。

角栄の危篤は続いた。その間財布の有り金を数えられ、紙幣の番号も記録された。これが患者死亡後の遺品の措置のためであることは、陸軍病院に入院した者なら誰でも知っていた。しかも軍医は「食べられたら何でも食べていい」と言い放ち、重病患者は絶望的な気持ちになった。

母を思い、父を思い、祖父母を思った。姉や妹たちのことも思った。

〈母はよく働いてたな……父もあの調子だけど面白いオヤジだったなぁ……祖母は料理上手だったな……みんな元気かな……祖父の建物はあちこちに残ってたな……姉や妹たちともよく遊んだっけ……〉

草間先生の教えを反芻し、ドモリとの格闘を追憶した。

〈先生は脳を「モーター」だといってたな……ドモリとも戦ったっけ。硯を叩き割ったこともあったなァ……〉

中西や入内島や大河内先生の顔も浮かんだ。

〈中西は見舞いに来てくれたな……そういえば入内島はどうしてるんだろう。会うのに苦労したけど、大河内先生は勉強しなさいって言ってたなぁ……エレベーターか。懐かしいな〉

五味原家で五人目の家族になった日々も蘇った。

〈本当に良い職場だったな……社長さん、元気かな……。海軍に入っていたらどうなっていただろう〉

そんなことも想像した。

〈海軍に行ってたら今頃どこにいたんだろう。階級は〉

回想が終わると、自然と涙が溢れてきた。

〈俺は死ぬのかな〉

——角栄は、観念して目を閉じた。

危篤が続いて二週間あまり経った夜、夜勤の看護婦が角栄の部屋へ見回りに来た。夜勤の看護婦は毎晩必ず病室を回る。重病患者を見回る場合は、懐中電灯を顔にあて、患者の状態を確認するのだ。

角栄の部屋のドアをそっと開けて室内に入った看護婦は、ゆっくりと懐中電灯を顔へ向けた。その瞬間、看護婦は「きゃっ」と声を上げた。患者は爛々と目を輝かせていたのだ。どう見ても危篤患者ではない。患者の方も驚いたようで、ベッドの上でうろたえている。窓の外はほんのり明るく、日の出を迎えようとしていた。

容体はこのときから好転した。ほのかな光を見た角栄はそれに向かって走った。まず体力の回復に努めた。桃の缶詰を食べ、水羊羹も食べた。食欲は無かったが、とにかく腹の中に詰め込んだ。生きなければならないのだ。

食べ続けてしばらく経つと、体が動くようになってきた。やがて個室から大部屋に移された。田中上等兵の病状は、奇跡的に快方へと向かい始めたのである。

〈妹だ、妹が背負っていってくれたのだ!〉

持ち直してきた角栄は妹の分まで生きてやろうと思った。残りの人生を精一杯生きようと、中断していた建築の勉強を再開した。戦争が終わったら、すぐに仕事を始めるのだ。いたずらに天井を眺めていても仕方がない。今のうちから準備しておかねばならない。再び慰問に来てくれた中西正光の持ってきた果物の缶詰も、味わいながらその場で平らげた。母と姉も見舞いに来て、一時の団欒を楽しんだ。

仙台の宮城野原分院に収容されてから半年経った昭和十六年十月初頭、角栄のもとに除隊通知が来た。もう軍隊に戻らなくてよくなったのだ。仙台で入院してから約半年、満州で倒れたときから数えると約十一カ月にもなる病床生活であった。海軍兵学校受験の頃は六十一キロあった体重が、このとき四十五キロ程度まで落ちていた。だが、大切な命を落とさずに済んだのだ。十月五日の早朝に病院の正門から退院した角栄は、

――裏門から出なくてよかった。

としみじみ思った。

角栄の軍隊生活は昭和十四年の三月末から昭和十六年の十月初旬まで、約二年六カ月である。そのうち約十一カ月を病院の中で過ごしていたわけだ。残りの約十九カ月は戦地だが、角栄が自ら語っている通り、「初年兵のときから糧秣、功績、酒保と、兵隊らしい仕事はほとんどしてこなかった」のである。作家の保阪正康《ほさかまさやす》が書く如く、軍隊での角栄は「戦場とは見事なまでに一線を引いた生活を送っていた」のだ。

保坂はさらに同年代の元兵士の話を引用し、角栄が仮病で軍隊を離れた可能性まで示唆している。仮病の具体的な方法も紹介されており、診察の前に呼吸を止めて体調を変化させ、さり

げなく家の事情を洩らすのだという。のみならず、一般大学を出た医師を選ばなければならない。軍医委託学生出身の医者や軍の奨学金を貰っていた医者は、この作戦に気付くからだ。そのためには医師の出自や診察日の情報を事前に集めなければならないというのである。

しからば角栄も、仮病を策して除隊したのだろうか。達者なのに息切れしながら芝居を打ち、自由の身となったのであろうか。一部始終を勘案すれば、答えは「否」だと思う。

まず、「本当に危篤状態」だったという中西正光の証言がある。中西は友人ではあるが、るつぼ工場の設計料を百円多く払ったとする角栄の言い草を否定するなど、お追従を並べる人物ではない。また、のちに新潟県三島郡《さんとうぐん》三《み》島町《しままち》の町長となる遠藤榮門《えんどうえいもん》は、満州と仙台とで入院中の角栄に接したが、いずれも重症だったと証言している。

それに角栄が危篤だったのは一カ月に満たない。その後は将棋を楽しみ散歩に興じ、勉学にも励んだ。衛生兵とは揉め事まで起こしている。仮病を使っていたのなら、いくら「態度のでかい」角栄であろうと、もう少し大人しく振舞うだろう。本当に重病だったからこそ、除隊までの五カ月間、ある程度は自由に行動できたのではないか。

満州で倒れたときは病院を四回も変わっている。数人の医者に診られたはずだが、それぞれの医者の出自を調べ巧みに騙すことが可能だろうか。しかも最初の二つの病院はいずれも一日二日で変わっており、医師の背景を情報収集する時間など無いだろう。新たな病気も併発しているから、満州での病臥も仮病とは思えない。

大阪の病院には一カ月近くいたから、医者の情報を集めることは可能であろう。念願の内地へ戻ってきたことだし、仮病を画策してもおかしくない。だがその後本当に危篤になり担架で運ばれているのだから、詐病で軍隊を離れたとはいえないだろう。

元兵士の語る作戦以外の、何か「裏の手」を使ったケースも考えられなくはないが、当時の角栄に有力な後ろ盾があるとしたら理研くらいのはずである。では角栄が理研にとって絶対必要な人物かといえば、とてもそこまでの存在ではない。角栄にとっては大口の仕事先でも、「大理研」から見れば一介の下請け業者でしかない。

角栄が大河内の眼鏡にかなっていたことは確かだが、技術者でもない下請け業者のために、わざわざ手を回す労はとらないだろう。

保阪正康も書いているが、角栄が「軍需産業」である理研を動かせる実力を持っていたら、最初から徴兵を免除される道も無くはなかったはずである。

元兵士の話は詳細であり、本人もこの作戦で軍隊から逃れたというから、そういう作戦が存在したことは事実なのだろう。しかし、角栄もこの手を使い軍隊から離れたとするのは、諸々の状況からして無理がある。他の手段を使った可能性もゼロではないかもしれないが、この時点における角栄の立場からすると考えにくい。

第一、角栄が仮病で除隊していたとすれば、軍隊内で噂になったはずである。医者の目は欺けても戦友の心眼はそうはいかない。「あいつは仮病で軍隊から逃げた」と兵舎の中で言われてしまうに相違ない。

ところが後述するように、戦友たちは角栄の選挙を手助けしている。詐病で逃れた疑惑のある人物を、兵役を務め上げた人々が支援するだろうか。多くの戦友が終生角栄を支えたことを考えてみても、仮病で除隊したとは思えないのである。

ただ、詐術を弄したかは別として、角栄が軍隊から一刻も早く離れたいと強く願っていたことは争えない。入隊早々殴られる。その後も理不尽な理由で殴られる。

死の危険性も高い。「軍隊なんてこんなものか。でたらめじゃないか」と悔し涙を流す角栄を目撃した戦友もいる。

如才なく内勤となり、やがて病に罹って戦地を離れ、除隊となった角栄上等兵の歩みには、軍隊などで死んでたまるかという執念が感じられる。その執念が病を呼び寄せたという気さえする。病魔に冒され生死をさまよい、辛酸を嘗めたには違いない。しかし傷痍《しょうい》し、戦死する兵隊もいた中、角栄は命を落とさずに除隊できたのだ。結果として病が「僥倖」となったことは瞭然である。

そして角栄は、軍隊時代に上記の片岡甚松をはじめ多くの知己を獲得している。田中角栄後援会「越山会」は、戦友が中心となってつくられたものだ。自民党職員として選挙に辣腕を振るい、角栄が「知恵袋」と敬した人物もいる。戦友たちは一つ釜の飯を食った仲間として、角栄の政治活動を支えていくことになるのである。

単に戦火を逃れる行動ばかりでなく、しっかり人的財産を得ていた角栄は、軍隊時代も無駄には過ごしていなかったといえるだろう。

伴侶、はな

除隊となった角栄は実家に戻った。

入隊してから約二年半。我が家もすっかり様変わりしていた。父の事業が好調で、家計が見違えるほどよくなっていた。父に運が向いてきたことも喜ばしいが、母の生活が楽になったことが何にも増して嬉しかった。小さかった下の妹二人はすくすく育ち、天国の妹たちと見紛うばかりに大きくなっていた。久しぶりの古里を、総領息子は心行くまで味わった。

だが、のんびりとばかりはしていられない。自由の身になったのだ。残りの人生、妹の分まで生きなければならない。角栄は襟を正し、すぐに上京することを決意した。三日間だけ実家に泊まると、おっとり刀で上野行きの上越線に乗り込んだ。

東京には、中西正光が待っている。中西と組んで、また仕事を始めるのだ。

大河内先生にも挨拶に行かねばなるまい。理研との関係は何より大事だ。

――やるべきことはたくさんある。

角栄は、東京行きの列車で、様々な思いを巡らせていた。

角栄が除隊して間もない昭和十六年十月、第三次近衛内閣の後を受け、陸軍の東条英機に大命が下った。東条が第二次近衛内閣の陸相となったとき、まだ兵営にいた角栄は、「東条陸相か、日本の情勢は変わるな」と呟いたという。天性の勘は日本の行く末をも予知していたのであろうか。

日米関係は緊迫の度を深めていたが、まだ交渉の余地ありと見た東条は妥協点を探った。しかしアメリカが「ハル・ノート」といわれる強硬案を出してきたため交渉断念。日本は対米英蘭開戦を決定し、十二月八日、ついに戦争へと突入したのである。

皇軍は緒戦《しょせん》で勝利を重ねるが、刻々と旗色が悪くなっていった。他方除隊した角栄のビジネスは、戦局と反比例するかのように伸びていき、戦後の政界入りにつながる富を築くことになる。同じく病気で除隊した小佐野賢治も軍の嘱託となってぼろ儲けするのだが、戦後に登場した「大物」の淵源《えんげん》を辿ると必ずといっていいほど「戦争」に行き着く。

昭和十七年四月に衆議院選挙が行われ、東条の肝いりで設立された「翼賛政治体制協議会」の推薦候補が議席の八割以上を占めた。けれども非推薦では議員を除名された斎藤隆夫が復活し、鳩山一郎、三木武吉《みきぶきち》、芦田均《あしだひとし》、西尾末広など、戦後に政党政治再建へと動く面々も当選した。「元帥」のニックネームを持ち、三十年後田中角栄内閣樹立に奔走する木村武雄も非推薦で議席を得た。数寄屋橋の説法が名物だった赤尾敏《あかおびん》、日本船舶振興会の笹川良一《ささかわりょういち》らが非推薦で当選している事実も興味深い。

選挙後の五月には、「翼賛政治会」が結成され、それ以外の院内交渉団体等は全て解散させられた。鳩山一郎らが結成していた「同交会」も葬られ、鳩山は終戦まで軽井沢で隠遁生活を送るようになる。

東条内閣には内閣顧問が置かれ、理研の大河内正敏らに辞令が出た。大河内は戦後、「戦犯容疑者」に指定される羽目となるのだが、顧問であったことも事由の一つだとされている。

東条は兼職を重ね権限の集中を図ったが、戦況は日増しに暗転を重ねた。いつしか月が欠けてきて、閣内外で反東条の声が聞こえてくる。やがてその声は交響曲と相成って、昭和十九年七月、四面楚歌となった東条は退陣へと追い込まれた。

東条後は陸軍の小磯国昭《こいそくにあき》と、海軍の米内光政の二人に大命が降下され、小磯首班の陸海軍連立内閣が成立した。だが古巣の陸軍は非協力的で、小磯と米内の間も隙間風が吹いていた。舵取りが孤立した有様では荒波を乗り越えられるはずもない。

小磯は翼賛政治会を改め「大日本政治会」を発足させた。しかし旧同交会のメンバーらは参加せず、岸信介のグループは独自に「護国同志会」を結成し、つづまるところ看板倒れに終わった。

昭和二十年三月十日には東京大空襲で十万人にのぼる非戦闘員が死亡し、四月一日には米軍が沖縄へ上陸してきた。小磯は手を尽くしたが、万策尽きて内閣総辞職を選択した。

昭和十六年十月東京に戻った角栄は、中西正光の仕事を手伝い始めた。すぐにでも自前の城を築きたかったが上京したばかりで場所の目処もつかない。そのためしばらくは友人の仕事を回してもらうことにしたのである。住居も中西が戸塚にアパートを探してくれた。

中西は、角栄が出征中の昭和十五年十月に、警視庁の技師を辞め、早稲田大学の専門部に通いながら建築事務所を構えていた。角栄は設計や工事の仕事を手伝いながら、理研各社に挨拶して回った。

角栄が上京してから一カ月が経とうとする頃、早稲田の教授から中西に「空いている事務所がある」という話が来た。中西も出入りしていた飯田町二丁目の土建業者坂本組の事務所だった。事務所を探していた角栄に紹介すると、せっかちな除隊兵は早速借り上げ、建築事務所を開設した。

当時の飯田町二丁目は現在飯田橋の四丁目になっている。駅前のちょっとした歓楽街で、人の動きも車の動きも活発である。六階建ての「カクエイビル」なる楼閣もそばだつが、不動産屋の話では、角栄にあやかって名付けられたものらしい。ただし、角栄と直接の関係は無いそうだ。

この飯田町二丁目にある坂本組の空き事務所を角栄は借りた。

坂本組は内務省出入りの土建業者で、元左官屋の坂本木平《さかもともくへい》という人物が経営していた。だが昭和十六年の春に坂本は亡くなり、坂本家は未亡人、娘、孫娘の女所帯となっていた。坂本の死後は未亡人の妹もしばらく同居していたが、女ばかりでは不用心との話になり、誰か「用心棒」の男性を泊めたらどうかという手筈になった。

そこで、坂本が懇意にしていた早大教授に学生の紹介を頼んだ。事務所を貸すというより、用心棒となる男性を雇う感覚だったのだろう。教授は中西に話したが、中西は角栄を紹介し、学生ではなく建築屋が坂本家の空室を自宅兼事務所として借りる仕儀となったのである。

角栄は坂本家の六十歳に近い未亡人、三十歳くらいの娘、そしてまだ幼い孫娘と同居することになった。未亡人は坂本の後妻であり、法華経の信者で中野の道場に毎日のように通っていた。娘は十年ほど前に婿をもらい一児をもうけたが、その後離婚したということだった。未亡人は娘を不憫に思い、結婚相手を探していた。

飯田町に事務所を構えた角栄は猛烈に働き始めた。傷痍軍人記章を持ち、傷痍年金の受給者である。もう戦争に行くことはないのだ。思う存分働ける。妹の分まで生きてやるのだ。まずは理研との関係を復活しなければならない。上京時に除隊の挨拶に回っていたが、今度は事務所再開の挨拶を兼ねて、仕事のお願いに回るのだ。

仕事が早く、大河内の寵愛も受けていた角栄を、理研は再び重用した。建築の設計や工場計画などの仕事を回してもらい、根岸の大きなアパートも設計施工した。おかげで角栄は出征前の如く忙しくなった。軍隊時代の勉強も役に立った。建築の専門講義録を読んでいたため知識の幅が広がって、仕事の幅も広がったのだ。大東亜戦争の開戦で世相は物情騒然としていたが、角栄はひたすら仕事に没頭していた。

仕事が軌道に乗り始めた角栄は、坂本家の家人とも親しくなった。角栄が病気で寝込んだときは、未亡人が寝ないで看病してくれた。未亡人は道場に出かけていく日が多かったので、その間娘ともよく話すようになった。孫も角栄になついていた。

娘のはなは無口だがよく気のつく女性で、外食が多かった角栄にぞうすいなどをつくってくれた。優しく気が利くはなに、角栄は次第に魅かれ始めた。はなの方も、エネルギッシュに動き回る角栄を憎からず思っていたようだ。

独身だったはなは、角栄が同居してからも二回ほど見合いをしていた。だがいずれも決まらなかった。年が明けた十七年の正月、角栄は未亡人から「田中さんのお店に出入りする人の中によい人があったらお世話ください」と頼まれた。未亡人ははなの良縁を願っていた。

未亡人の依頼を聞いた角栄は、「自分が妻にもらい受けてもよい」と密かに思った。はなは気立てがよく、甲斐甲斐しく世話を焼いてくれる。角栄より八歳年上だったが気にならなかった。なにしろ十代の頃から年長の芸者と遊んでいたのだ。年上の方がむしろ接し易かったのかもしれない。

角栄には愛情以外に打算もあっただろう。はなが坂本組の一人娘だったからだ。近衛内閣以来の統制強化で、企業の活動は制限されていた時代である。昭和十六年には木材統制法が公布され、さらに大東亜戦争が始まると、企業整備令も発布された。建築業の存続には、年間五十万円以上の施工実績が三年以上必要となり、中小企業の経営はますます厳しくなっていた。軍需産業の面も持つ理研の仕事があるとはいえ、角栄のような個人事業主はいつどうなるかわからない。戦時体制が続く限り、統廃合を余儀無くされる可能性も捨てきれない。

その点、坂本組は、内務省の下請けをしていた実績のある業者だ。はなと結婚して坂本組を継げば、整備されることは無く、理研に加え内務省など役所の仕事も入ってくる。愛情と打算のソロバンを弾いたのだろう、角栄は、はなとの結婚を考え始めた。

はなも乗り気になっていた。

ただ、二人の結婚には障害もあった。角栄には「許嫁」がいたのである。子供の頃借金に出向いたこともある、例の親類の娘だ。彼女の家も角栄の家も、子供同士が結婚するものだと思っていた。彼女と父親が坂本家を訪ねて来たこともあったという。

けれども、彼女は煮え切らなかった。角栄が仙台の病院に入院したとき、見舞いに来るよう頼んだが、ついぞ訪ねて来なかった。除隊して再度上京するときも誘ったが、結局ついて来なかった。はっきりしない「許嫁」より、健気なはなと結婚したい。角栄はそう思っていた。借金に行った過去がしこりとなって残っていたというのもあるだろう。

しばし考えた末、角栄は「許嫁」でなく、はなと結婚することに決めた。もっとも、くだんの女性とはその後も「続いていた」との話もあるが、これは定かではない。本当なら、角栄の面倒見の良さは、男女問わず発揮されていたというほかない。首相時代の角栄は、野党対策を女性に例え、「四人の女を相手にするときは一人に金をやり、一人にハンドバッグをやり、一人に着物を買ってやり、残りの一人はブン殴れば済む」と語ったことがある。硬軟織り交ぜた手法を私生活でも駆使していたのだろうか。

妻と交わした三つの誓い

昭和十七年三月三日雛祭りの日、田中角栄と坂本はなは結婚した。新郎二十三歳、新婦三十一歳である。戦争中ゆえ結婚式も披露宴も挙げなかった。資材不足と公定価格設定のため、雛人形もあまり見かけなくなった御時世である。二月には、衣料品の購入も切符制になっていた。

初夜の晩、無口で控えめな花嫁から、三つの誓いをさせられたと花婿は回想する。

「出て行けといわぬこと」

「足げにしないこと」

「将来二重橋を渡る日があったら同伴すること」

それ以外については「どんなことでも耐えます」と新婦は結んだという。

「二重橋を渡る」とは、大臣の認証式を指すと思われるが、はな夫人をよく知る角栄の旧友によれば、彼女がそのような発想をするはずがなく、新郎の方から持ち出した誓いというのが真相らしい。佐木隆三は「将来を見込んで坂本家が迎えたとはいえ、下請け業を始めたばかりの青年が二重橋を渡る日を予測したかどうか」と書いているが、角栄がこの時期すでに政治的野心を抱き、それを新妻に開陳したというのが本当のところだろうか。

『続わが青春放浪記』には、郵政大臣として初入閣した角栄が、宮中にはなを同伴した日の話が記されている。大雨で真新しい着物が汚れてしまい、夫は「もう連れて行かない」とぼやいたとある。その日昭和三十二年七月十日も翌十一日も、確かに東京は雨が降っている。着物を濡らした妻は「来年もまた連れて行ってください」とお願いしたとのことだから、「有言実行」の夫を頼もしく思っていたのであろう。

はなは極めて控えめな性格で、万事あわただしい角栄と好一対をなしていた。決して表に出たがらず、亭主が首相のときの外遊も、ファーストレディ役は娘の真紀子が務めた。はなは選挙運動にも関わらず、角栄も妻を出そうとはしなかった。政治家には珍しいケースである。よく選挙は妻の役割が重要だといわれるが、角栄は「共働き」せず「選挙の神様」まで上りつめ、「定説」が実は俗説にすぎないと実証した形だ。角栄とはなの間には一男一女が生まれ、はなの連れ子は池田勇人《いけだはやと》の甥と結婚することになる。

結婚と前後して角栄は事務所を移転した。同じ飯田町の材木屋の店と倉庫を買い取り、新たに事業をスタートさせたのである。

坂本組の「遺産」によって、仕事はさらに増えてきた。内務省や厚生省の仕事が来る。もちろん理研の仕事もある。角栄は兵隊に行く前以上に忙しくなった。花婿の「打算」は的中したのだ。

土地や家屋も持っていた坂本家の財産は、最終的には角栄の管理下となるのだが、嫁の家の力を借りることに内心忸怩たるものがあったようだ。知人から「お前は坂本のムコだからなあ」と言われた角栄は、「俺は決してムコじゃない」と強く反論したという。

「遺産」を得てさらに事業を拡大させた角栄は、三度目の髭に挑戦を始めた。一度目は最初に事務所を開いた十九の頃、二度目は軍隊時代で、満州にいた頃再挑戦したが、軍曹にブン殴られて剃り落とした。今度は三度目の正直だ。

田中土建、戦争特需

坂本家を間借りして仕事を始めたばかりの昭和十六年暮れ、多忙な角栄は髭を剃る間もなく新年を迎えた。元旦には神楽坂で新年会があるから、スッキリしてから参加しようと行きつけの床屋へ顔を出した。いつものようにこの店の看板娘に髪を切ってもらったが、散髪が終わって店を出るときなぜか彼女が笑っている。新年会に出席すると、ここでもお酌の美人が笑っている。変だと思い便所に行って鏡を見ると、和製クラーク・ゲーブルが映っている。鼻の下に髭があったのだ。床屋小町のいたずらしい。せっかくだからとそのまま生やし、これが三度目の髭となった。

この髭は前の二回と違って長生きし、昭和五十年の暮れまで生き延びた。髭だらけの戦前とは打って変わって戦後はさっぱりした政治家ばかりだ。おかげで髭は政治家田中角栄のトレードマークとなった。改憲発言が問題となって野党に剃らされそうになったとき、アメリカ留学中の娘真紀子から「ヤジヒゲソルナ（オヤジ髭剃るな）」との電報が届いたこともある。池田勇人は角栄の髭に関心を寄せ、この人らしく直截《ちよくさい》に、何で生やしているのか質問した。角栄が「髭を生やすと歯が良くなると話に聞いた」と答弁したら、池田は「フーン」と応じたそうだが、髭が本当に歯に良いかどうかは謎である。

昭和十八年十月、角栄は個人企業を「田中土建工業株式会社」に組織変更した。企業整備令で解散した業者も吸収し、社員百人を超える会社として再スタートを切ったのである。中西正光も後を追うように「中西建設工業」を発足させた。中西の話では日本で最初に「建設工業」という名前を使った会社とのことだ。「土建」と名付けた角栄を茶化したそうだが、ガサツな角栄と緻密な中西の性格が会社名にも表れているようで面白い。

前年十一月には長男も生まれ、父親としての使命感も加わった角栄は、たちどころに事業を発展させていった。工期三カ月の仕事は一カ月半で仕上げる。仕事が遅い社員がいると、ノコギリで足場を切り落としてしまう。成績のいい営業マンには歩合で高額の給料を払う。統制で材木も自由に手に入らなかった時代だが、角栄は埼玉や群馬で大きな家を買い取っては壊し、その資材を東京へ運び工場を建てた。まさに「ブルドーザー」である。

のちに衆議院副議長になる荒船清十郎《あらふねせいじゅうろう》のところにも、角栄は材木を買い付けに行った。荒船は当時埼玉県で材木屋をしており、いずれ政治の世界に打って出ようと考えていた。四、五年経って、荒船は角栄と永田町で再会し、さらにその約三十年後、衆議院予算委員長としてロッキード事件の証人喚問を取り仕切ることになる。小佐野賢治の「記憶にございません」の舞台となった、あの喚問だ。運輸大臣のとき自分の選挙区の駅を急行停止駅に指定し、指弾を浴びると「一つくらい、いいじゃねえか」と開き直った武勇伝を持つ荒船は、政界入りの前から角栄と面識があったのだ。

材木の山を見た角栄は、凄まじいスピードで金額を計算していった。横で材木屋がソロバンを入れるが、角栄の暗算の方が速いのだ。まさに「コンピューター」である。

「コンピューター付きブルドーザー」という角栄の異名は、佐藤内閣の幹事長時代に付けられたものだ。角栄に相応しいニックネームはないかと問われた朝日新聞の記者が、副幹事長の二階堂進と協力して案出したのである。しかしそのずっと以前、土建屋時代から、すでにコンピューター付きブルドーザーだったわけである。

商談が終わると、荒船は角栄を牛鍋屋へ連れて行った。酒が回ると角栄は、荒船を前に天下国家を論じ始め、挙句の果てに浪花節をうなり出した。まだ二十歳を過ぎたばかりの角栄のエネルギーに圧倒された荒船は、「この若造は政治をやれば総理になる。金儲けをやらせたら三井、三菱くらいの大物になる」と思ったという。荒船の慧眼《けいがん》を物語る逸話だが、同時にこんな感想も洩らしている。「あまりキレ過ぎてどこかで禍《わざわい》を起こすのではという心配はあった」。荒船はやはり鋭い眼力の持ち主だったようだ。

モーレツ社長を先頭にした田中土建は、年間施工実績で全国五十社のうちに数えられるまでになった。戦況はみるみる悪化していたが、田中土建は日を追って業績を伸ばしていた。会社の顧問に衆議院議員の大麻唯男《おおあさただお》、宮内庁次官の白根松介《しらねまつすけ》といった大物を迎え、その後元満鉄副総裁の八田嘉明《はったよしあき》、検察幹部から弁護士へと鞍替えした正木亮《まさきあきら》も加わっている。

民政党首脳だった大麻は、翼賛政治会の幹部となり、東条内閣では国務大臣に就任していた。東条にも軍部にも近い存在である。角栄は大麻から政府や軍の情報を得ていただろうし、仕事を回してもらったこともあるかもしれない。ただ大麻は情報を分類し、自分の利益になるものだけを伝えていたであろう。

大麻が顧問になったのは後述する塚田十一郎《つかだじゅういちろう》の関係といわれる。大麻は塚田夫人の遠縁にあたり、塚田の結婚式では仲人を務めた。大麻が閣僚だった時期、大河内正敏も内閣顧問を拝命している。「軍隊嫌い」の角栄は、「戦時内閣」と壁一重の地点で商っていたのである。初出馬の際、「戦時利得者」などと皮肉られた所以だ。戦後、大麻は角栄に政界入りを勧め、政治家田中角栄の「生みの親」となる。

白根は宮内庁の幹部であると同時に男爵でもあり、のちに角栄の盟友となる小佐野賢治とも深いつながりを持っていた。小佐野の見合いには白根夫人も立ち会っているほどで、角栄といい小佐野といい、有力者に食い込む鋭い嗅覚を若年より身に付けていたのだろう。角栄が白根の親戚の家を買ったことが顧問になるきっかけとされるが、宮内庁の幹部にまで手を回し、顧問に据える角栄の手腕は、やはり非凡なものがある。

後年新潟県知事となる塚田十一郎と関係ができたのもこの頃のようだ。企業整備令が猛威を振るう中、鹿島の監査役をしていた塚田と知人を介して知り合い、吸収を免れる相談をしたことがあるという。中西正光の仕事を手伝っていたときに知り合ったとの説もあるから詳細は不明だが、塚田は田中土建の監査役となり、戦後も思わぬ形で角栄との関係が続くことになる。

昭和十九年の一月には長女の真紀子が誕生し、角栄は二児の父となった。そして年末になって、かつてないほどの大きな仕事が舞い込んでくる。王子にある理研のピストンリング工場を、朝鮮の大田《たいでん》へと全面移転する大掛かりな工事を請け負ったのだ。ピストンリングとはエンジンに使う金属製の輪である。軍需品として必要なもので、航空機用ピストンリングの需要は戦時体制の強化と共に急増していた。理研の王子工場も、海軍に毎月数万のピストンリングを納入しており、約千人の工員が働いていた。機械だけでも五百台を運ぶ、総工事費二千四百万円の大事業だった。

理研はまず清水や大林組にあたってみたが、米軍の爆撃を恐れた各社は二の足を踏んだ。六月に日本本土が空襲圏内となるマリアナ諸島が陥落したため、米軍による空爆が相次いでいたのである。東海道線などは寸断されてしまっていた。結局大手は引き受けず、田中土建が受注することになった。

角栄に仕事を回した当事者は、理研幹部の星野一也である。星野は理研入社後新潟県内のピストンリング工場長などを務めていたが、この頃は生産第一部長に転じていた。角栄とは中村建築事務所時代に一度会っていて、田中土建社長となってからは何度か仕事を回してくれと頼まれていた。

王子工場移転の話をすると、角栄は俄然乗ってきた。が、いかんせん田中土建は大手の会社ではない。工場をそのまま移すという難事業を成し遂げる実力があるのか疑わしい。星野の不安を察したのか、角栄は会社を見に来てくれと言ってきた。星野の勤務先は後楽園の講道館近くで、田中土建のある飯田町とはごく近い。星野は意を決し、田中土建にどれほどの力があるか確かめるため会社を見に行くことにした。

星野が会社に行ってみると、何と、顧問だという陸軍少将がいる。少将といえば当時は「閣下」だ。二十五、六の角栄が、「閣下」を身内に入れているのを見て、星野は田中土建の実力を見直した。これなら仕事を任せられるかもしれない。しかしなお不安もあったので、社長の角栄自身が朝鮮へ行くことを条件に、工場移転の大事業を田中土建に請け負わせる決断を下した。この話には後日談があり、戦後しばらくしてから星野が「閣下」の消息を尋ねると、角栄は「星野さんが来るのに合わせて事務所に座っていてもらっただけだ」と答えたという。星野は角栄のそんなところも好きらしく、「憎めないね」と苦笑している。

ただ、ハッタリにせよ、陸軍少将を連れてこられる「実力」は、角栄が軍部に食い込んでいた事実を示す証明でもあるだろう。国家財政に占める軍事費の比率が八割に及んでいた時代である。勘のいい角栄は、軍部からの「公共事業」を請け負うために東奔西走したはずだ。十代で独立したときも中西正光を通じ行政と結びつこうとしているし、坂本組を継いでからは内務省の仕事などで潤っている。政治家田中角栄は公共事業の誘致に力を入れたが、政治家になる以前から、その旨みを体得していたのだろう。

田中土建始まって以来の大事業に角栄は身を粉にして取り組んだ。まずは上越線で機器を新潟に送り、そこから船で朝鮮へと運ぶのだ。だが船の調達が難儀だった。米軍の攻撃は激化しており、輸送の危険性は増していたのだ。知恵を絞った角栄は、新潟港に停泊中の駆逐艦に目をつけた。危険な航路に艦長は躊躇していたが、星野いわく角栄は、酒を飲ませて懐柔し、ついには輸送を承知させたという。酒だけでなく、おそらく鼻薬も嗅がせたのだろう。角栄の手練手管はこの頃すでに完成している。

銀座も米軍に空襲され、敗戦色濃くなってきた昭和二十年二月、角栄は幹部社員六名と共に朝鮮へと渡った。

この難事業を成功させれば、会社は一流企業として認知されるだろう。そして自分も、一回りも二回りも大きくなれるだろう。

〈土建屋の小僧からスタートした俺が、今や土建屋の社長である。わずか十年でここまで来たが、この仕事を完遂させたら次の段階も見えてくるかもしれない〉

書生志望者として柏崎の駅を発ってからもうすぐ十一年、今度は大事業に挑む社長として日本を発つ。母には心配ばかり掛けたが、今の姿を見れば喜んでくれるに違いない。

母に対し少しげな気分を抱きながら、角栄は朝鮮へと向かった。

角栄が社運をかけた工事に取り組んでいた昭和二十年四月、小磯内閣に代わって枢密院議長の鈴木貫太郎《すずきかんたろう》内閣が成立した。慶応三年生まれの鈴木は七十七歳の老齢だった。就任時の年齢では戦前戦後を通じ最高齢の総理大臣である。

老木を戴いた内閣は中立条約を結んでいたソ連を通じ和平工作を図った。ソ連は四月に条約の不延長を通告してきたが、効力は翌年四月まで続いていたからだ。しかし、対日参戦を狙うソ連は仲介の意志を全く見せなかった。

七月には米英中の首脳により「ポッダム宣言」が発せられ、事態はいよいよ切迫してきた。八月には中立条約を破約したソ連軍が満州や朝鮮に侵入し、少なくとも数十万人の捕虜がシベリアに強制抑留させられた。このとき朝鮮にいた角栄も、あわやという目に遭っている。のちに剣が峰に立たされた選挙戦で角栄は、シベリアの話を秘密兵器とするのだが、万一自分もという思いがあったのだろうか。次いで広島、長崎に原爆が投下され、それぞれ十四万人、七万人以上の非戦闘員が死亡した。

もはや打つ手は無かった。鈴木内閣は八月十日の御前会議でポツダム宣言の受諾を決め、十五日、終戦を告げる玉音放送が流れた。同じ日に、鈴木内閣は総辞職を表明した。

第四章

炎《えん》風《ぷう》

――「運」と「ツキ」――

朝鮮で手にした巨額の現金

「戦後」の扉が開かれた。

といっても、光が射したわけではない。そこにあるのは平らな地面と、疲れ切った人々だけだった。何をどうすればいいのかわからない。何から手をつければいいのかさえわからない。戦地から戻ってきた人たちも、外地から引き揚げてきた人たちも、ただただ呆然とするのみだった。

しかしわが国わが国民は、無から有を生み出していくのである。その牽引車の一人となったのが、その頃朝鮮で帰国の策を練っていた、田中土建工業社長の田中角栄であった。

戦後最初に宰相の印綬《いんじゅ》を帯びたのは、皇室の東久邇宮稔彦王《ひがしくにのみやなるひこおう》である。皇族かつ陸軍大将という「権威」を持った東久邇宮は、終戦に抵抗する軍の一部を抑えるためにも適役だった。

八月三十日に連合国軍最高司令官のマッカーサーが厚木に降り立ち、九月二日、東京湾に停泊中のミズーリ号上で降伏文書が調印された。日本はGHQ、実質的にはアメリカの占領下に置かれることになった。

「一億総懺悔」を唱えた史上唯一の皇族内閣は、十月に史上最短の五十四日間で総辞職となった。東久邇宮個人は百二歳の長寿を全うし、現在までのところ「史上最も長生きした首相経験者」となっている。東久邇宮はその後闇屋になったり、新興宗教の教祖になったりと、個人的な話題を振り撒いた。


昭和二十年二月、田中土建工業の田中角栄社長は、理研のピストンリグ工場移転事業のため朝鮮の地を踏んだ。十一月完工を目標にした突貫工事である。工事費総額二千四百万円のうち、まず三分の一が着手金として支払われていた。角栄はその金を懐に、社長自ら資材買い付けのため朝鮮中を駆け回った。爆撃に備え、輸送はとりわけ慎重に行った。まとめて運んで攻撃を浴びれば、いっぺんに計画は狂ってしまう。大きな被害を受けないように、人も物も分散して運ぶ手順をとった。あるときは新潟から駆逐艦で朝鮮へ、またあるときは九州から船積みで朝鮮へ、角栄は見かけによらぬ細心さで機材の運搬を実行した。大田駅前の広場には、移転工事のための資材がうずたかく積まれていたという。

しかし、創業以来の大事業が完成の日を迎えることはなかった。

八月九日、ソ連軍が朝鮮に侵入してきたのである。その日を境に朝鮮の空気はガラリと変わり、それまで耳に入らなかった朝鮮語が飛び交い始めた。そして、八月十五日に終戦を迎え、移転工事は中止されることになったのだ。

『わたくしの少年時代』によると、八日に京城の宿舎で一風呂浴びていた角栄は、翌日ソ連が侵攻してくるとの情報をキャッチしたらしい。各地の「買い付け部隊」とも合流し、間一髪助かったとある。終戦の情報も事前に得ていたようで、すでに十日には朝鮮総督府や朝鮮軍の司令部から知らされていたと記している。

十日ということは、御前会議でポツダム宣言の受諾が決められた日である。その日のうちに受諾の情報を得ていたとは、角栄はやはり軍部に浸透していたのだろう。理研のピストンリング工場移転は「国策」でもあるから、国策遂行者の一人としてより深い関係を築くようになったのかもしれない。軍部に食い込むに際し、巨額の工事費を「実弾」として使った可能性も考えられる。

さらに自伝によれば、玉音放送を聞いた角栄は、現地採用の百人以上の社員を集めて国旗の掲揚を行い、朝鮮における会社と個人の全財産を新生朝鮮に寄付することを宣言したという。分け前の争《あらそ》いが起きぬよう二十名ほどの財産管理委員を指名し、財産目録を全社員の立会いのもとで寄付したとまで述べている。

申し立て通り、工場の資材などはすべからく寄付したであろう。終戦の混乱の中、まず自分の体を日本へ運ばなければならないというのに、輸送に苦労した資材をまた持ち帰る余裕などあるはずもない。ソ連侵入を狼煙《のろし》に態度を豹変させた朝鮮人たちを懐柔する意図もあっただろうから、資材を寄付したのは間違いないと思われる。

ただし、角栄は巨額の現金を持っていたはずである。星野一也によると、二千四百万円の工事費は、三回に分けて軍票で払う段取りになっていた。終戦の時点では二回分、約一千五百万円が支払われている。星野は角栄が「京城の銀行で軍票を現金に換えたはずだ」と話しているが、一千五百万の現金といえば当時としては大変な金である。作業員の給料や資材費、軍部への「工作資金」に使った分があるとしても、おそらく最低でも数百万の金は手元に残っていたと考えられる。

では、その金まで本当に寄付したのだろうか。

角栄は八月十八日、大田から釜山に行き、そこから海防艦に乗り日本に帰国している。帰国の経緯について、角栄は『我ら大正っ子』『私の履歴書』『青年大臣奮起録』の三つで触れている。

『我ら大正っ子』の記述は次のようなものだ。

「まず、婦女子だけを乗せて帰ろうということになった。釜山港の事務所では帰国希望者の名簿が作製〔ママ〕されつつあった。私は届出はすませたものの、男だからどうせ積み残されるものと観念していた。ところが乗船許可者の名まえが呼びあげられる段になると、私の名まえが出て来た。（中略）船に乗ってからわかったことだが、私は女にまちがえられていたのだ。『田中角栄、二十七歳』と書いたのだが、どこでどうまちがったのか『田中菊栄』になっていた。海防艦の人たちはてっきり女と思い込んだらしい」

また、「角栄」を「菊栄」と誤読されたという寄せ書きの話を披露して、

「釜山港でまちがえられたのはあたり前だと思った」

と続けている。

『私の履歴書』では以下の通り書いている。

「一晩釜山の将校宿舎に泊めてもらった私たちは、兵隊の案内で二十日の朝、埠頭へ出た。(中略)『米の積み込みがすんだ海防艦が舞鶴軍港までかえるので乗るように』との連絡であったが、いってみると女と子供だけの集団であった。しかも第一番に私たちが呼び込まれたのには驚いて、船が港を出てからきいてみたら、『あなたがたは田中菊栄ほか六名です』といって笑っていた。乗船名簿には田中角栄と確かに書いたのに、私の角をくずして書くと菊と読めるわけである。鼻ひげをはやしたとんだ娘子《じようし》部隊である」

『青年大臣奮起録』も同趣旨だ。

「乗艦名簿に、田中角栄他何名と書いたのであるが、その字がクズした字だったので、係官は、田中角栄を田中菊栄——即《すなわ》ち女性と早合点して乗艦が許可された」

つまり、角栄は、まず婦女子から帰すという状況下において、女性に間違われたおかげで帰国できたというのである。

そのようなことがあり得るのだろうか。女性に間違えられやすい名前はたくさんあるはずだが、「菊栄」だけが誤認されたのであろうか。誤読されたのが本当だとして、その場で降ろされずに済むものなのか。

『青年大臣奮起録』には、先に引用した文に続いて、妙な御託が並ぶ。

「いよいよ乗艦のときに、相当の政治力を発揮したけれども、とにかく乗艦できた」

「政治力」とは何なのか。この頃角栄はまだ土建屋であるはずだ。政治家ではないはずだ。それなのに、「政治力」とは――。

女性と間違えられて帰国したという「逸話」を嘘とみなす評論家の立花隆は、将校宿舎に泊まり兵隊の案内で船に乗ったくだりに注目し、「軍部の力をバックにした」と推定している。そして一介の若手土建屋にすぎない角栄が軍部に厚遇された理由を「金の力」ではないかと推論する。

また立花は、角栄が船中で子供を亡くした母親に現金で三百円出したという機関長の話を引用している。この当時三百円出すというのは現在では百万円を出すような感覚であり、敗戦日本に帰るという状況でポンと百万円出すのは巨額の金を持っていたからではないかと結論づけている。

さらに星野一也によると、日本に帰還した角栄が訪ねてきた際、「釜山で海防艦を五万円で買った」と話していたという。

しかも帰国の三カ月後、角栄は政党に多額の献金をしたと自著で書いている。朝鮮における全財産を寄付したのが本当なら、日本に残っていた資産の中から工面したのだろうか。田中土建は成長株の企業ではあったが、多額の献金を可能にするほど資財を持っていたのだろうか。仮に十分な資金を持っていたとしても、敗戦で日本も田中土建もどうなるかわからなかった御時世だ。角栄だって経営者である。いくら気前がよく、かつ政治的野心があろうと、金が唸っているのでなければそう簡単に資金の供与などするはずがない。

やはり、角栄は朝鮮で巨額の現金を手中にし、その金を使って日本へ帰り、そのうえ政党に献金までしたと考えるのが自然だろう。少しは寄付したかもしれないが、おそらく微々たる額であり、まして全額とは考えられない。星野の話すように船ごと買ったくらいの、ないし簡単に買えるくらいの金を持っていたことは覆《おお》うべくもない。

そして立花の書く通り、金の力で軍部に渡りをつけ、いち早く帰国の途についたのだろう。『青年大臣奮起録』にある「政治力」とはまさに「金の力」を指し、その「政治力」を「相当に発揮」して婦女子専用船舶に紛れ込んだのであろう。星野の話と照合すれば、五万円で船ごと買った、あるいは乗艦許可を買ったことが、「相当の政治力」の中身だと按ぜられる。

体裁を取り繕うため軍部との談合の場で「以前『菊栄』と誤読されたことがあるからそれで行きましょう」と提案したのか、あるいは後から捏造したのか知らないが、女子供ばかりの乗船者の中で、名前を読み間違えられて搭乗できたというのは、すんなりと合点がいく話ではない。たとえ間違えられたところで、実は男だとわかったら、その場で降ろされてしまうのではないか。「相当の政治力を発揮した」からこそ降ろされず、すみやかに帰国できたはずだ。帰国後たんまり献金ができたのも、朝鮮で稼いだ金を持ち帰ったからであろう。日本における財産だけなら、政党に資金を提供するほどの余力は無かったはずである。

しかしおそらく角栄は、金の力で帰還したのではないか、と問われれば、「何が悪い」と居直るだろう。

きちんと仕事を受注して、正当な対価を受け取ったのだ。その金をどう使おうと俺の勝手だ。軍部に少し握らせたのは事実だし、全財産寄付したというのは大袈裟だが、犯罪行為をしたわけではない。「相当の政治力を発揮した」だけだ。俺は法律には詳しいのだ。「金で帰還してはいけない」なんていう法律は無いんだ。「悪いことをしなければ住めないようになったら郷里へ帰ること」という母の教えを俺は守っているのだ。

金だって独り占めしていない。子供を亡くして悲しむ親に、三百円も出したではないか。俺が船に乗っていなければ、金だって出せなかったのだ。慰みの言葉より金の方が嬉しいし助かるのは分かりきった話だ。俺は感謝されたのだ。

それにあのときはみんな我先にと帰ろうとしていた。他の奴だって金があれば同じことをしたに決まっている。俺には家庭がある。二人の子供が待っている。妻も待っている。故郷の家族も俺の帰りを首を長くして待っている。亡くなった妹たちの人生だって俺が背負っているのだ。

俺には会社もある。社員もいる。社員の家族だっている。そいつらの生活は俺の双肩にかかっているのだ。主人を失った坂本組を大きくしたのはこの俺だ。俺の手腕でここまで来たのだ。この朝鮮での大仕事だって俺の力でもぎ取ったのではないか。俺のおかげで会社が儲かり、社員たちも生活しているのではないか。俺がいなくなったら会社はどうなるのか。俺の代りはいないではないか。

——俺は俺一人の体ではない。「政治力」で帰って何が悪い。

角栄にこう反論されたら、抗うことは難しいのではないか。終戦ともなれば真っ先に家族のもとに帰りたくなるのが人情だ。いわんや本土でない朝鮮である。立花も書く如く、「全員が他人を押しのけてもと思っている」状況だったはずだ。そうした異常な空気の中では、金力で優先的に帰国した行為を、そう易々と非難できるものではない。陳腐な言い方だが、角栄と同じように金があれば、誰でも同じように金を使って帰国しただろう。余人と違い角栄は、現実にそれができたというだけの話だ。粉飾報告はともかくとして、札束で頬を叩いて帰還したことを責めるのは酷な気がする。

焦土のなか、無傷だった事業

もうひとつ、角栄の帰還にまつわる話が星野一也の口から語られている。角栄は帰国二カ月後の十月に、星野の許《もと》へ挨拶に行っている。その際「船を買った」と洩らしているのは前述の通りだが、「工場長以下赤子まで一人残らず、全員東京に届けて参りました」とも申告しているのだ。この話を聞いた星野は角栄に恩義を感じ、のちに角栄の選挙を手伝う要因の一つになったと語っている。実際、応援演説にも「角栄帰国譚」を織り込み、「人情味のある、宰相になりうる人物である」とブチ上げているほどだ。

ところが星野は昭和二十四、五年になって、角栄と一緒に朝鮮へ行った理研の元鋳造課長に会い、予期せぬ話を聞かされる。星野が「田中のおかげで帰還できたらしいな」と水を向けると、元課長は憤然として、「とんでもない。田中と一緒に帰ったのは一人だけで、後は私が引率してやっとの思いで引き揚げてきた」と明かしたのだ。軍からの特別なはからいなど無く、船中立ったままの大変な帰路だったらしい。星野は「田中に半分騙された」と苦笑しているが、角栄はなぜこんな嘘をついたのか。おそらく田中土建の仕事のため、理研を繋ぎ止めておきたかったのではないだろうか。

田中土建にとって理研は神様である。創業以来のお得意として多大な恩恵を受けてきた。工場移転の大事業も回してくれた。しかし戦争が終わり進駐軍もやってきて、軍需産業でもある理研のスタンスが変わるかもしれない。

……理研がどんな体制になろうと仕事を回してもらえるよう手を打たねばならぬ。社員を連れて戻ったことにすれば、理研は俺に恩義を感じ、今後も変わらず仕事をくれるだろう。

角栄はこう考え、幹部である星野にいわば「営業活動」を行ったのではないか。

立花隆は「選挙で勝つためには理研の応援が必要だから、理研幹部の心証を良くしておこうと思ったのかもしれない」と推測しているが、そうした下心もあった可能性はある。

ただ、選挙が主眼であったわけではないだろう。

角栄が星野に面会したのは十月だ。他方、大麻唯男に呼びかけられ選挙に出る話が持ち上がってきたのは十一月以降である。政界への野心を抱いていたとしても、十月はまだ具体的な出馬話は無い頃だ。

しかも十月の段階では角栄に被選挙権は無い。男子の被選挙権を二十五歳とする新選挙法が衆議院に提出されたのは十一月二十六日で、公布されたのは十二月十六日である。被選挙権はそれまで三十歳だったから、十月の時点では二十七歳の角栄は、どうあがいても立候補できなかったのだ。

時の幣原喜重郎《しではらきじゅうろう》内閣が選挙法の改正に着手したのは十月十日である。永田町ではすでに十月中から被選挙権の年齢引き下げが話題にのぼっていたのは間違いない。政治家の関心事は何といっても自身の選挙だ。政策なんか上の空でも選挙がらみとなれば話は別で、熱い眼差しで成り行きを見守る。被選挙権の年齢が下がり得ることが話の種にならなかったはずはない。ましてや選挙法の改正は、前内閣から考慮され、幣原内閣もこれに熱心と見られていたのである。古強者の大麻唯男あたりは引き下げを見越していたに決まっているし、だからこそ法案提出前と思われる時期に、角栄に出馬を勧めたのだろう。現に大麻は角栄を口説くとき、「今度二十五歳で立候補できるようになる」と発言している。

幣原内閣が選挙法の改正に取り組んでいることは当時の新聞でも報道されている。小学生から新聞を読み、政治に関心のあった角栄が、事の次第を追っていたとしてもおかしくない。

とはいうものの角栄は、『現代』のインタビューの中で、大麻から政界入りを誘われた際に初めて選挙権の引き下げを知らされたと話している。立候補を促された日付について、『私の履歴書』では「十一月のある日」とぼかしているが、『現代』においては「十一月三日」と明言している。明治節だからよく憶えていたという。

つまり、十月に星野を訪れたときの角栄は、自分がまだ立候補できない年齢であると思っていたはずなのだ。

新聞を読んで被選挙権引き下げを予測していたかもしれないが、昭和二十年十月の田中角栄は政界関係者でなく土建屋の社長だ。経営を差し置き予測だけで出馬を念頭に動くとは思えない。新聞記事以上の政界情報は大麻を通じて仕入れていた公算大だから、十一月三日に初めて引き下げが既定路線だと知ったと見るのが自然だろう。

よしんば他から何か小耳に挟んでいたとしても、大麻に確かめないはずがない。政界の重鎮たる大麻以上に情報を持ち、先読みのできる人物が、一介の土建業者の周辺にいたとは思えないからだ。別の線から選挙法改正は確実と聞いたところで、必ず大麻に確認するはずである。

星野に法螺《ほら》を吹いたのは、やはり主眼は田中土建の仕事のためであろう。三十歳未満でも立候補できると確定したわけでもなく、確信したわけでもないのに、選挙を主要な目的として挨拶に行ったとは考えにくい。

県内四つの理研工場長を務めた星野が、新潟に強い影響力を持っていたことは事実である。いずれは政治家にと夢見ていた角栄は、あるいは将来の出馬のため、星野を訪れ伏線を張ったのかもしれない。

さりとてまだ見ぬ未来の選挙戦より、まずは目の前の商売だ。理研も世上も不可測の時勢で、足元を固めなければ政界進出だって心許ない。仕事の営業が第一で、選挙の布石は行き掛けの駄賃だったのではないだろうか。

角栄を乗せた海防艦は舞鶴《まいづる》港へと向かったが、台風に見舞われたため青森港へと漂着した。角栄は砂利貨車に乗り青森を発ち、八月二十五日の未明に東京へ戻った。帝都は焼け野原であった。

角栄は自宅も会社も焼けていることを覚悟した。だが製材工場が一つ被害にあっていただけで、十ヶ所余りの事務所や住宅などは全て無傷で残っていた。角栄は神様の思し召しだと思ったそうだが、己の強運を確信したのではないか。

終戦で移転工事は中断したが、金は手に入れた。日本の財産も諦めていたが、ほとんど無事に残っていた。俺はツイている。この勢いで進めば、俺はさらに大きくなれるはずだ。

角福戦争の際、福田赳夫を推していたといわれる佐藤栄作首相の下で官房長官をしていた竹下登は、角栄支持で積極的に動かなかった。その竹下に、角栄は次のように断言したという。

「俺はツイている。ツイている俺に従うのが賢明だ。例えばここに腐った橋があるとする。俺が渡った後、その橋は崩れ落ちる。俺と一緒に橋を渡った奴は落ちないのだ」

焦土の中生き延びた我が資産たちを見たときも、角栄は同じことを思ったであろう。

角栄には運命論者の面がある。郵政大臣退任後に書かれた『青年大臣奮起録』において、「人生は力と運が、五分と五分だと思っていたが、近頃は、運が八分、これから先は九分までが運だと思う」と述べ、総理になる二、三年前にはしばしば「大臣は与党の政治家なら努力すればなれる。しかし総理総裁は運だ」と語っている。幹事長時代には、「努力と根気、勉強が運をとらえるきっかけだ」とも喝破している。

運とツキは大政治家になるための「十分条件」だ。例えばチャーチルは稀な強運を持っていた。従軍記者として赴いたオランダ系移民との南アフリカ戦争で捕虜となり、銃殺を恐れ仲間と脱走を図ったが、「大脱走」できたのはチャーチルただ一人だった。しかも逃亡途中でイギリス同胞に巡り合い、まんまと生還するのである。

あるいは佐藤栄作が長期政権を築けた一因は、政敵の大野伴睦《おおのばんぼく》、河野一郎《こうのいちろう》が相次ぎ急逝したからだ。自分と同格の実力者がいなくなったことで、連続では最長の七年八カ月も総理の座に居座れたのである。その佐藤の後を襲った角栄は、努力と根気、勉強によって、「政界の団十郎」から幸運の女神を奪い取ったのだろう。

奇しくも文豪幸田露伴は、「好〔ママ〕運を牽《ひ》き出す人は常に自己を責め、（中略）終《つい》に重大なる体躯の好運の神を招き致すのである」（「努力論」）と運命論を開陳している。常に鍛錬する者が、大きな運を掴めるという趣旨に解されよう。運をとらえるのは努力と根気と勉強だとする角栄の発言を、古風にしたような見解ではないか。軍の病床でも勉学を重ね自己を責めた角栄は、若年より好運を引き出していたのである。

戦争で国土も国民も疲弊し、進駐軍に占領されてしまった日本。しかし田中角栄は、命を落とすこともなく、戦争を経てむしろ一回り大きくなった。戦前の零細事務所長が、戦後の資産家社長である。これを強運と言わずして何と言うのか。

これから新たな時代が始まる。そして俺も、新たな段階へと進むのだ。俺はまだ若い。やれることはいくらでもある。

焼け残った建物を見渡しながら、角栄は野心を燃やした。

角栄が星野一也を訪れた昭和二十年十月、巷では並木路子の「リンゴの唄」が流行していた。「赤いリンゴに口びるよせて」というあのメロディーは、世代を問わず誰もが耳にしたことがあるだろう。東久邇宮内閣もこの唄の「赤い」に触発されたのか、内務大臣が「反皇室宣伝する共産主義者は逮捕する」云々発言した。この発言はGHQを刺激し、すぐさま内相らの罷免等を要求する指令が出た。東久邇宮首相はこれに応じず内閣総辞職、十月九日幣原喜重郎内閣が成立した。

外務省出身で三菱の女婿でもある幣原は、戦前に外相を歴任した外交の専門家である。親英米派であり戦争にも加担していなかったため、久々の表舞台復帰となった。政界入り後の角栄は、この幣原を師と仰ぐことになる。

マッカーサーは新総理を呼びつけて、婦人参政権の付与等「五大改革」を言い渡し、財閥解体も指図した。地主の農地保有を五町歩に制限する第一次農地改革も行われ、「戦犯容疑者」も続々と逮捕された。占領軍の手によって日本は目まぐるしく変化していったのである。

さらにマッカーサーは憲法の改正を示唆、これを受けて幣原内閣は改憲作業に着手した。幣原は改正作業中に退陣し、後任の吉田茂内閣のもと日本国憲法は公布、施行されることになる。

また幣原内閣期には政党が相次いで結成された。十一月に日本社会党、日本自由党、日本進歩党が結党。十二月には日本協同党が誕生し、合法化された日本共産党が党大会を開いた。

政党政治再興への動きは終戦と前後して始まっている。

軽井沢で隠棲していた旧政友会の鳩山一郎は、敗戦が濃厚となるにつれ、戦後を睨んで元同僚らと密かに連絡を取り合った。戦争が終わると芦田均らと新党結成協議を開始、無産系をも含む一大政党を構想した。

しかし無産系との合流は不調に終わり、旧民政党系の政治家たちも離れていった。鳩山の初一念は現実の中で掻き消され、新党は旧政友会色が濃くなっていった。幣原内閣が発足すると、芦田が厚生大臣として一本釣りされるというハプニングも起こった。

資金の問題もあった。鳩山はブリヂストンの親族であり、ある程度の資金力は持っていた。しかし、政党をつくるとなれば、金はいくらあっても足りないものだ。そのため鳩山側近の河野一郎が、戦前から政界の黒幕と目されていた辻嘉六《つじかろく》を介し、上海で軍需物資調達機関を主宰していた児玉誉士夫《こだまよしお》の資金提供を受けた。児玉は上海で巨額の資産を蓄えており、終戦となるやそれらを日本へ持ち帰っていたのである。ダイヤモンドや金の延べ棒などの財宝は朝日新聞の社機で運ばれたが、車輪が折れると心配されるほど積み込まれていたという。自動車を持っていた河野は宝の山の換金に回り、新党の資金調達に尽力した。弱冠三十四歳の児玉はこの資金提供により政界のフィクサーとなっていくのである。

初協議から約三カ月を経た十一月九日、鳩山新党は日本自由党として結実した。総裁に鳩山、幹事長に河野、総務会長には十月下旬より動きに加わった旧民政党の練達の士、三木武吉が選ばれた。所属議員は四十三名であった。

日本自由党の滑り出しは難航したが、日本進歩党結成への道も険しかった。翼賛政治会から衣替えした大日本政治会を母体としていたからだ。

終戦時三百七十名以上の議員を擁していた大日本政治会は九月半ばに解散し、いくつかのグループへと分裂した。元民政党総裁の町田忠治《まちだちゅうじ》ら長老一派、大麻唯男ら大日本政治会の幹部連、犬養健《いぬかいたける》ら若手がそれぞれ徒党を組み、各派入り乱れて主導権を争った。総裁候補には町田、宇垣一成、さらには近衛文麿の名前まで挙がり、党内情勢は混沌としていた。

ようやく十月下旬になって、若手を中核とした布陣でいくことで折り合いがつき、十一月十六日の日本進歩党結成にこぎつけた。現職議員二百七十名以上を数える大政党である。しかし総裁は空席のままだった。町田忠治が総裁に選出されたのは結党から約一カ月後、十二月十八日のことである。そして町田が総裁に選ばれる過程で一肌脱いだのが、田中土建社長の田中角栄であった。

日本社会党もまた党首を決められなかった。戦前の社会主義運動は右派から左派まで四分五裂していたからである。

主流とみられた右派の西尾末広は、玉音放送を聞くや平野力三《ひらのりきぞう》らと戦後の行き方を相談し、左派の鈴木茂三郎《すずきもさぶろう》とも会談した。けれど、各派の議論は紛糾し、大団円を迎えることはなかった。十一月二日、呉越同舟の党内事情を反映するかのように、委員長空席のまま結党式を迎えた。のちに社会党は左右両派に分裂するが、出だしから深刻な内部対立を抱えていたのである。

所属議員は初め十五名だった。

合法化された日本共産党は十二月一日に大正十五年以来の党大会を開いた。十月に出獄した「獄中十八年」の徳田球一《とくだきゅういち》が書記長に就任し、翌年一月には「愛される共産党」を唱えた「亡命十六年」の野坂参三《のさかさんぞう》が帰国、表舞台での政治活動をスタートさせた。

保革各陣営が揃う中、日本協同党はやや遅れて登場した。元農相の千石興太郎《せんごくこうたろう》らが軸となり、旧護国同志会の面々も加わって、十二月十八日に「中道政治」を掲げて結党した。所属議員は二十三名である。

その後千石が公職追放されたため、委員長には改造社の山本実彦《やまもとさねひこ》が迎えられた。山本は鹿児島へ講演に出向いたとき一人の薩摩隼人をスカウトする。田中角栄の腹心として活躍する未来が待つ二階堂進である。二階堂は戦前翼賛選挙で落選していたが、戦後第一回目の総選挙において、日本協同党の一員として議席を得ることになる。

「運」と「ツキ」は人に添う

昭和二十年八月下旬に帰京した角栄は、牛込南町の洋館に引越し、今後のことを考えていた。祖国は惨憺《さんたん》たる状態であった。食べ物も住む家も無い。人々は米や野菜の配給を受けるため列をなし、疲れ果てた復員兵が次から次へと帰還してくる。瓦礫の中にバラックが建てられ、大型金庫を「住居」にした人までいる。九月一日の段階で、焼け跡の壕舎や仮小屋に住む戦災者は三十万人を超えていた。ほどなくＧＨＱがやってきて、占領統治し始める。日本はこれからどうなってしまうのだろうか。

角栄は今後に不安も抱いたが、しかし反面チャンスだとも考えた。辺り一面焼け野原である。まずは食料、次に住居だ。いつまでも壕の中に住むわけにはいかない。建物の需要は増してくる。進駐軍がどう出てくるかわからぬが、土建業者の仕事はいくらでもあるはずだ。

「今が好機なんだ」角栄は焦土を舞台に早くも業務をスタートさせた。毎朝七時半には出社し、自ら木材を担いで回った。いち早く復活したモーレッツ社長に社員は戸惑い、はな夫人の諫《いさ》めで一階にあった社長室が二階に移された。社長より遅く社員が出社してきても気にならないようにとの配慮である。

そして角栄には、もうひとつ大事な「仕事」があった。久しく会っていない入内島金一の消息を尋ねるのだ。できればまた一緒に働きたいと思っていた。

入内島が支那事変で応召されたことは知っていた。井上工業時代に角栄は入内島からわずかばかりの金を借りていたが、急に会社を辞めたことで返せないままになっていた。そのことが気にかかっていた角栄は、入内島の実家に友の行方を問い合わせた。すると北支に出征しているとわかった。独立して懐に余裕のできていた元土建屋の小僧は、借りた金の何倍もの額を戦地の元同僚に送った。だが、その後の安否はわからなかった。あれから何年も経っている。自分は運よく助かったが、戦死していてもおかしくない。角栄は友の身を案じながら居場所を探した。

やがて入内島は前橋で兄の工場を手伝っているとわかった。角栄はすぐに前橋へ飛び、木造社屋で起居を共にした東京での友人第一号と再会した。しばらくぶりの対面であり、かつての小僧どもも片や土建屋の社長、片や工場経営者となっていた。しかし二人は会するなり即座に小僧時代へ舞い戻った。

「久しぶり！　無事でよかった！」

「おお田中！　何年ぶりだ？　寸志ありがたく受け取ったぞ！　お互い無事でよかった、よかった！」

刎頸の友同士は思い出話から互いの近況まで語り合った。

入内島は支那事変に出征した後一旦帰国し、再び満州へと応召されていた。満州から帰還後は結婚し、前橋で兄と軍需工場を経営していた。兵器を入れる木箱やベッドをつくる木工の仕事である。軍需の増加で経営は軌道に乗っていたが、終戦間際に前橋が空襲に襲われ入内島の工場も焼けてしまった。角栄が訪ねた頃、入内島は工場の再建に走り回っていたのである。

角栄は入内島を田中土建に誘った。日本はこれから復興していく。田中土建も乗り遅れてはならない。友と手を携えて、焼け跡の中を驀進したいと思ったのだ。

工場の復旧に腐心していた入内島は、少し考えた末、角栄の誘いに乗ることにした。

田中は昔の田中ではない。一回りも二回りも大きくなっている。青白い文学青年でもなければ癇癪玉を炸裂させる小僧でもない。事業家として成功し、何やらオーラまで感じられる。しかも偉くなったのに、態度は昔と少しも変わらない。北支にいたときもわざわざ金を送ってくれた。そのままにしておけばうやむやにできた金だ。それなのに田中は恩義を忘れず何倍にもして返してくれた。なかなかできることではない。工場の復興はひとまず置いて、ここは田中に賭けてみよう。

入内島は常務として田中土建に入社し、再び角栄と轡《くつわ》を並べることになった。大喜びした角栄は、九月の半ば、会社の監査役塚田十一郎も誘い、神楽坂の料亭で入内島歓迎の祝宴を開いた。芸者をあげて陽気に騒いでいたチョビ髭社長は、新常務と監査役を前に気炎をあげた。

「俺は運が強いんだ。兵隊も病気で除隊できたし、東京が空襲されても俺の家は焼けなかった。会社の不動産もほとんど無傷だった。俺は本当にツイている。この調子で会社もでっかくしていくんだ！」

角栄の演説を聞いた入内島は巨体を揺さぶりながら口を開いた。

「いやぁ運も実力のうちだよ……会社も田中もドンドン大きくなっていきそうだな……本当に昔と見違えたよ……」

入内島の言葉に得意満面となった角栄は、再びオダをあげた。

「将来俺たち三人で、日本の土建業界を、いや新生日本を牛耳ろうじゃないか！」

芸者たちもチョビ髭客の熱気に目を白黒させていた。塚田だけはなぜか興ざめの体を覗かせていたが、生来の地味な性格ゆえと、角栄は気にも留めなかった。

角栄はもう一人の親友中西正光も訪ねた。ソ連が朝鮮を攻めたので、中西も角栄の安否を心配していたが、互いに前と変わらぬ姿を見て一安心した。

「おお！　元気だったか！」

「田中！　ソ連が朝鮮に攻めて来たっていうから心配したぞ！」

「いやいや、俺は悪運が強いんだよ。家や会社もほとんど無事だったんだよ」

「いや、それで、いきなりだけど、会わせたい男がいるんだ。ちょっくら熱海まで来てくれないか」

「熱海？　今から？」

せっかちな角栄はその場で中西を車に乗せ、熱海の温泉旅館へと連れて行った。

中西が旅館の一室に入ると、大柄な男が待っていた。

「俺の友達の入内島金一だ」

角栄は田中土建の常務となった親友を中西に紹介し、その後三人で酒を飲んだ。

「乾杯！　三人とも無事でよかった！　これからの日本は俺たちで動かしていこう！」

「うん、だけどあんまりせっかちになりすぎないようにな」

「……（笑）」

この宴は角栄にとって二人と契りを結んだ「桃園《とうえん》の誓《ちか》い」だったのかもしれない。

三十年近く経って、田中角栄首相が「日中国交正常化」を成し遂げた後、目白の田中邸で三人の男がマオタイ酒を酌み交わした。一人はもちろん主人の角栄、残る二人は入内島と中西である。熱海で「桃園の誓い」を謳歌した晩、入内島も中西も、まさか総理の私邸で飲む日が待っていようとは思わなかったに違いない。

さて、入内島を迎えますます意気盛んな角栄であったが、十一月に入り、人生を変える大きな話が舞い込んできた。会社の顧問をしていた大麻唯男代議士から衆議院議員選挙への出馬を勧められたのである。

『私の履歴書』で角栄は次のように書いている。

「占領軍は大日本政治会を解散した。しかし、この十二月三十一日には占領軍の命令で衆議院が解散されて、来年の一月三十日には投票が行われる予定である。選挙に間に合わせるように新しい政党として進歩党を結成したが党首問題で困っている。宇垣一成と町田忠治の二人が総裁の候補者だが、二人とも譲らないのだ。そこで、選挙も目の前なので早く三百万円つくってくれた人を総裁にするとこの二人に提案したのだが、自分（筆者注・大麻）は町田を推している、ということであった。結論をいうと『君、いくらか出してくれんか』ということであった。私は快く承諾した。それから半月ほどして大麻さんから『こんどの選挙に立候補しないか』という話があった。（中略）『いくらくらい金が必要ですか』ときいたら『十五万円出して、黙って一カ月間おみこしに乗っていなさい。きっと当選するよ』」。

これを読むと、初めは献金の話があり、しばらく経ってから立候補の話が来たことになっている。『我ら大正っ子』でも、「塚田を通して」となってはいるが、同様に三百万円の献金を頼まれ、その後に出馬話が出たとある。

しかし角栄は、『現代』のインタビューでは次の通り語っている。

「大麻さんに、『どうだ、選挙があるから君出ないか』といわれた。今度、三十歳の制限だったのが二十五歳で被選挙権があるようになった、という。（中略）昭和二十年十一月三日の日ですよ、明治節だからよく憶えてるんだ。（中略）『目をつむって一カ月、お神輿に乗ってれば当選するよ』って話だ。『十五万円出して乗っとれば当選すると思うよ』というんだ」。

このインタビューではいきなり出馬を勧められたとある。献金話は登場しない。子供向けだからか、『わたくしの少年時代』も献金の件は触れられておらず、十一月初めに立候補を勧められた、とだけ書かれている。

符合するのは「十五万円出して神輿《みこし》に乗っていれば当選する」というくだりである。ここから推測すると、大麻はまず角栄に献金を頼み、角栄がその場で快諾したのを見て、ついでに立候補を持ちかけたのではないかと考えられる。資金力も見極めず唐突に出馬を促すのはやや不自然だからだ。

総裁選びのため資金源を探していた大麻は、顧問をしていた田中土建に声をかけた。すると若社長は二つ返事で応諾した。

大麻はこの瞬間、角栄の予想以上の財力に息を呑んだはずだ。しかも社長がその場で決められる。会社によっては、やれ役員会だの何だのと時間がかかる。多額の政治献金を言下に用意できる会社などあまり無い。大麻は田中土建、否、角栄の「価値」を再認識したに相違ない。同時にこの「打出の小槌」を手放してはならないと思ったはずだ。

そこで、名にし負う海千山千は、立候補を餌に、角栄を当事者として巻き込んでいこうと企んだのではないだろうか。

大麻のような老練な政治家は、総じて猜疑心の塊である。微々たる確率でも考慮し危惧し休まらない。大麻は角栄の出しっぷりに驚くと共に、ともすればこの調子で他の政治家にも献金するかもしれないと考えた可能性がある。だがそれは大麻にとって我慢のならないことだ。政治家は「金づる」を独り占めしたがる。支持者を共有する系列の国会議員・地方議員同士でも、献金が分散されるのを好まない。たとえ「仲間」であろうと、あいつに出す金があるならその分全部俺に寄越せと思うのが政治家だ。大麻も角栄というドル箱を独占したがったと見るのが理にかなう。

折よく被選挙権も引き下げられる。いっそのこと立候補させてしまえば、角栄は進歩党の関係者となり、総裁選びも他人事ではなくなってくる。他党に献金することは無くなるし、大麻は後見人として存分に角栄を利用できる。

大麻は角栄の政治的野心も見抜いていたはずだ。自分を顧問に据えたことといい、多額の献金を快諾することといい、この若造は政治に色気があると思ったはずだ。十五万円程度は簡単に出せるし、出すとも思っただろう。「総裁選出に貢献した議員として重宝される」くらいの巧言を弄した可能性だってある。

立花隆も書いているが、この当時進歩党は二百七十名以上の議員を擁し、新人発掘に迫られているわけではなかった。翌年一月の公職追放で進歩党は大打撃を受けるが、十一月の時点では大掛かりな追放など夢想だにされていない。だからこそ総裁候補に戦前派の町田や宇垣一成、近衛文麿の名前まで挙げられたのである。

大麻は角栄の資金力を知り、食らいつこうと思ったのだろう。初めからタマを探していたわけではなく、角栄を金のなる木と見て出馬を勧めたと考える方が自然だ。事は思うままには進まず、大麻は公職追放され、復帰後も角栄とは別の道を歩むことになるが、このときは野心的な若者を利用してやろうという腹積もりだったのではないか。目の前の男が持つ底知れぬエネルギーに魅入られてしまった部分もあるかもしれない。

ここで問題になるのは献金の金額だ。これには諸説あり、三百万円全額出したという説まであるが、角栄自身は『我ら大正っ子』の中で「五十万円」と書き、『週刊朝日』のインタビューでは「百万円か出した」（昭和四十年二月十二日号）と話している。おそらくこのいずれかが正しいと思われる。

角栄が大麻から献金話を聞いたのが十一月三日だ。実際に用意したのはもう少し後としても、町田の総裁就任は十二月十八日である。全額献金したのならもう少し早く総裁になれたはずだ。まして十一月十六日には総裁空席で進歩党の結党式が開かれている。角栄が全額かそれに近い金額を出していたなら、党首不在という体裁の悪い結党式を迎えずに済んだであろう。大麻以外にも金策に走った政治家はいたはずだから、角栄の献金は本人の申告通り五十万または百万円程度だったのではないだろうか。

ときに大麻の元側近は、角栄の言い分とは正反対の説を披露している。それによると、代議士になりたがっていた角栄は、塚田十一郎を介し大麻に売り込んだ。大麻は角栄を試すため、腹心政治家の佐藤芳男に命じ内政問題等のテストをさせ、晴れて「合格」となって立候補したというのである。

この「秘話」は佐藤の息子が元側近に明かしたものだが、「大麻と角栄はそのとき初めて会った」「(角栄が政治家になった後)田中土建の顧問をやったことがあるかもしれない」等々信憑性に欠けるきらいがある。大麻は戦前から田中土建の顧問であり、顧問が社長と一面識も無かったとは考えられない。大麻がつとに角栄を見知っていたことは別の大麻元側近による「大麻邸の防空壕を角栄が三日で造った」との証言からも明らかだ。

「内政問題等のテストをして合格した」というのも解せない。不合格なら立候補を了承しなかったのだろうか。角栄は出馬を決めた後、佐藤芳男から選挙のノウハウを学んでいるが、その話が故意か誤解か誇張され、「立候補のテスト」へと変貌を遂げたのではないか。大麻から佐藤、佐藤から息子、そして息子から元側近へと伝播するうち、話が湾曲したのだと思える。

また、角栄は、政界入りの事情に触れた際は必ず「大麻さんから誘われた」と述べている。見てきたように金の話も出し、詳細だ。角栄の方から売り込んだとするなら、仲介を担ったとされる塚田が「真相」を漏らす危険性を案じなかったのだろうか。塚田ものちに政治家となり、しばらくは角栄の先を走っていた。『我ら大正っ子』が書かれる少し前、ようやく角栄が抜き去った次第だ。およそ政治家は人の噂が三度の飯より好きである。後塵《こうじん》を拝《はい》する塚田の口から「自薦の秘密」が漏洩し、つまらぬ恥をかいてしまう恐れだってありうるはずだ。そうした懸念を角栄が抱かなかったとは思えない。本当の話だからそのまま記したのであろう。確認した限り塚田も角栄の主張に異を唱えていない。

初歩的な事実関係に誤謬《ごびゅう》があるうえ、誤伝の疑いも残る点、角栄が具体的な金額まで挙げ他薦としていることなどを鑑みて、「売り込み説」には首をかしげざるを得ない。大麻が周囲にどう話していたかは確かめようもないが、口から口へと伝わる過程で話が転化したものではないだろうか。

十五万円出せば当選できる

話を戻す。大麻から立候補を持ちかけられた角栄は、一旦断り、代わりに会社の監査役塚田十一郎を推薦している。このことは当時の事情に言及した自伝やインタビュー全てに共通する。浦和にいた塚田を呼び出して、出馬をけしかけたが拒まれたとするものだ。「政治家になる気は無かった」というのも表現の差異はあるが一致している。

だが、「売り込み説」はさておいて、政治家になる気は無かったというのは本心ではないだろう。確認できる記録だけで判断しても、角栄はすでに十五歳の頃、初恋の人「三番くん」に、「いつか政治家になりたい」と語っていたようだ。軍隊時代にはしばしば政治的野心を語っており、政治家になるんだという角栄の夢を聞いた戦友が何人もいる。

ただ、十代の頃はおぼろげな夢で、はっきりした意志というわけではなかったであろう。小説家になりたいという気持ちを持ち続けていたし、海軍、弁護士、新聞記者等色々な夢を思い描いている。

政治家もそうした夢の中の一つだったはずだ。小学校の頃から政治に関心があったという角栄が、自分も政治家になってみたいと考えるのは順当である。長じて政治家への思いは高まり、一本立ちして軍隊に入る頃になると、ぼんやりとした夢がくっきりとした志望へと変わってきた。事業に成功して資金もでき、政界とのつながりもできた。いつかチャンスが来るとは思っていただろう。

しかしなお明確な意志ではなく、そのうちに、いずれはという心境だったのではないか。塚田を推挙したあたりには、心の準備が出来ていなかった当時の角栄の境地が表れていると思う。

政治家志望の動機というのも明瞭なものでは無かったはずだ。

角栄は、『わたくしの少年時代』の中で、政治家になった動機を

「社会のために、わたくしなりのおてつだいをしなければならない」

などとぼかしている。

また、郵政相時代のインタビューでは、ドモりと戦った日々に読んだ花井弁護士の伝記が動機だと答えている。出馬を勧められた後、この伝記を反芻したことがきっかけだという。

「政治の道は、無実の罪に泣く貧しい被告を救う弁護士の道と、相通ずると確信することができた。政治の道を歩むキッカケをつくってくれたのは、花井先生の伝記です」(「若人」昭和三十二年十二月号)

これも漠然としているが、つづめていえば同様に、「社会のためにお手伝いしたい」との趣意だろう。

では、社会のためにまず何をしたかといえば——政党への献金である。献金が社会のため

にならないとは言わないが、あまりに迂遠《うえん》な方法だし、政党は「無実の罪に泣く貧しい被告」のような存在ではない。金も力も地位もある存在だ。

しかも進歩党は、戦時中に「与党」だった政治家が集まってできた政党である。冤罪とも徴兵とも無縁な権力者の集まりだ。そんな「強者」に寄付する余裕があるのなら、一杯のぞうすいを求め列をなしていた本物の弱者たちに寄付すればよいではないか。詮ずるところ「社会のため」とは方便で、明確な動機が無かったからこそ曖昧な表現になったと見るほかない。

政治家田中角栄の原点とは、「雪国新潟」と「焼け跡東京」だとよくいわれる。それは間違いではないだろう。雪の被害を解消したいとか、焼け跡を復興させたいとか、そういう気持ちはもちろんあっただろう。特に雪に関しては、子供の頃から何とかしたいと思い続け、雪国でも都会並みの生活を送れるようにと考えていたに違いない。

とはいえ、そこに政治家志望の真の動機があったとは思えない。

出世願望の果てに政治家になりたくなったというのが本当のところではないか。雪や復興はあくまでも二の次で、何よりのし上がりたかったというのが第一の動機だったと思うのだ。角栄の言動や足跡を見ると、公益よりもまず私益だ。小僧を皮切りに独立し、軍隊はすぐに抜け、土建屋の社長となり、終戦後は一足先に帰国してきた。そこから感じられるのは私欲を満たそうとするエネルギーである。

急な話に尻込みしながら立候補したのも、好機逸《いっ》すべきではないと決断したからだ。

だが明快な動機無しに政治家になろうとするのは何も角栄に限ったことではない。自分の

「政策」を理解していない豪傑だっているし、予算がいくらか知らないで立つ者だっている。多くの政治家志望者は何かをやるためというより、「議員」という立場が欲しくて政治家になりたがるのだ。政治家は何をしたかが重要であって、志望動機が立派であろうと何もなさなければ意味が無い。

角栄は当選するや立て続けに議員立法を通し、日本の復興に貢献する。雪国と都会の格差是正にも勤しんだ。私利私欲のため政治家になったのだとしても、日本再興や雪国の生活改善に殊勲を立てた角栄は、結果として公益を追っていたといえば言い過ぎだろうか。

塚田が立候補を拒絶した後、角栄は再び大麻と会う。このときは大麻の側近議員も何人か同席している。

大麻は雑談で一呼吸置いてから、はたと角栄を睨んだ。

「――で、あーた、決心はついたかね。これからの日本は、あーたのようなシェーネン（筆者注・大麻は「青年」を「シェーネン」と発音した）が担っていかねばならん。あーたならやれる。あーたならやれるよ」

しかし角栄はなお躊躇した。

「けど先生、新潟の選挙区のことだってよくわからんから……そりゃ、大体の地名なんかはわかりますよ。しかし選挙っていったら、細かい事情もわかってないといけないんでしょう? そこまではちょっと……」

つと、左右の側近たちに目をやった大麻は、目を角栄に戻して二の矢を放った。

「大丈夫だ。専門家に聞けばいい。しょれに今度は大選挙区で連記投票になる。二人名前を書けるんだ。一人じゃないよ、二人選べるんだから。他の候補を推してる人もついでにあーたの名前を書いてもらえばいいんだから。あーたに有利だよ。十五万出して、目をつむって一カ月もお神輿に乗ってたら、当選しゅるよ」

角栄は、目を逸らし、唸った。

「ウ〜ン……」

脈を五感で捉えていた大麻は、畳み掛けた。

「あーた、政治家はいいもんよ。力がある。あーたはカネはあるけど力が無い。戦争中のことを思えば、あーたも政治の力はわかるだろう。役所だって思いのままだよ。事業の足しにもなるよ。もっと儲かるよ。しょれに国だよ。会社じゃなくて国だよ、国を動かせるんよ。みんながあーたの言うこと聞くようになるんだよ。十五万、十五万出しぇば当選できるんよ」

角栄はなお唸っていた。

「ウ〜ン……」

大麻の波状攻撃は未来の角栄にまで及んだ。

「あーた、今だよ、今。今なら当選できるんよ。十五万で政治家になれるんよ。こういうのは時期が大切だよ。今がしょの時期なんだよ。今みたいな時代の変わり目はあーたのようなシェーネンに有利なんだよ。こんな機会滅多に来ないよ。今回逃せばもう機会は無いかもしれんよ。後で政治家になりたくなってももう遅いかもしらんよ。今だよ、今。今が政治家になる絶好の機会なんだよ」

しばらく沈黙していた角栄は、大麻に目を向け、逡巡しながら念を押した。

「本当に十五万出せば当選できるのですね？」

獲物が毛ばりにかかったと、内心快哉を叫んだ大麻は、あらためて言明した。

「十五万円出して神輿に乗っていれば当選しゅると思うよ」

角栄はこの一言を聞き、一瞬迷うと、ついに毛ばりをぱくついた。

「わかりました、やらせていただきましょう！」

食らいついた獲物に満足した釣り師は、まず右手を差し出して握手を求めた。しっかりと握り合った瞬間、大麻は左手を角栄の右手の甲に重ねた。角栄の左手もまた大麻の右手の甲に重ねられた。側近議員たちも手を差し出し、さながら握手大会となった。

田中角栄は、進歩党公認候補として新潟二区から衆議院選挙に立候補することを決断したのである。

角栄から見れば、大麻は迷う自分の背中を押してくれた存在だったであろう。推す側と推される側は得てして同床異夢《どうしょういむ》であったりする。互いに思惑を持ちながら、対立と妥協を繰り返していくのである。

出馬が決定した日付は判然としないが、角栄は『私の履歴書』に「その年の暮れ、十二月」だと書いている。田中土建の元社員の話では、角栄は雪の降った日に大麻に呼び出されたことがあるという。当時の天候を見ると、東京で雪が降ったのは十二月二十三日である。十一月以降、東京で降雪があった日は他に無いから、元社員の記憶が正しければ、角栄が立候補を決めたのは昭和二十年十二月二十三日という可能性が出てくる。

十二月二十三日だとすると、最初に話が出た十一月三日から二カ月近くが経っている。やや長い感じもするが、角栄が新潟へ飛び本格始動するのは年明けだ。決定から約十日で動いたと見れば不自然ではない。雪の日の一週間前には「町田総裁」が誕生しているが、その首謀者であった大麻は、事が成就してから第二の仕事に取り掛かったと見ることも可能だ。

大麻は解散日を大晦日だと目算していたが、現実には少し早まり、衆議院は十二月十八日に解散された。翌二十一年の一月二十一日、もしくは二十二日に投票と決められたが、十二月二十日、GHQから選挙期日を延期せよとの指令が出る。角栄の立候補決意が雪の日だとしたら、衆議院は解散されたが、投票日はまだ不確定という、宙ぶらりんの時期だったわけである。

そして出馬話で騒がしい師走の角栄の身辺には、もうひとつ重大な事件が起きていた。恩師である大河内正敏が「戦犯容疑者」に指定されたのだ。理研という「軍需産業」のトップであり、東条内閣の顧問でもあったため、占領軍から目を付けられたらしい。

新潟の柏崎にいた星野一也は、悲報を聞くや理研の関係者に手当たり次第電話をかけた。皆で「先生」にお別れをしようと誘ったのだ。

ところが、誰一人として来なかった。「先生」とエレベーターに同乗するのをうやうやしく遠慮した連中は、最後の別れになるかもしれぬ送別も、また「遠慮」したのである。

単身上京した星野は理研本社に飛び込んだ。収監間際の大河内はまだ仕事をしていた。

「先生！」

涙を抑えた星野が叫ぶと、

「わざわざ来てくれたのか……いや、心配いらん。すぐ帰ってくるから、それまでに農村工業の会社を創っておいてくれないか」

「先生」は弟子に「遺言」を託した。

涙の止まらぬ星野が所長室を出ると、廊下に見覚えのある男が立っていた。

「あ、田中君！」

田中土建工業社長の田中角栄である。

星野は目をこすり、手の甲を濡らしながら言った。

「田中君！　来てくれたのか！」

元書生候補は大河内に酒を届けに来たのだ。

「星野さん、これ、先生の家に持ち込みたいんだけど……」

悲痛一転、嬉しくなってしまった星野は部屋を向いた。

「先生は中にいる。喜ぶぞ！」

しかし角栄は柄にもなく遠慮気味に呟いた。

「いや、俺が言うとアレだから……星野さんから伝えてください」

「わかった、じゃ、ちょっと待っててくれ」

星野は所長室へ戻り、笑顔を抑えず叫ぶように切り出した。

「先生！　チョビ髭の田中君が先生のお宅に酒を届けたいそうです！」

「田中」とは一杯いるが、「チョビ髭」ですぐに角栄だとわかった大河内は、

「そうか……彼は朝鮮から戻って来たそうだね。無事でよかった。せっかくだからそうしてもらおうか」

入牢の日は朝からこの酒を殿様の屋敷で酌み交わした。

社長となった書生候補は大河内が警察の車で護送されるのを悲痛に思い、自らの車で送りたいと哀願までしている。

大河内は翌昭和二十一年四月に釈放されたが、このときも角栄は出迎えに参上した。さらには二十七年八月大河内が亡くなったとき、結果は不首尾に終わったが、勲二等を勲一等に格上げするよう吉田首相に掛け合っている。かつての書生候補は己を引き上げてくれた「先生」への恩を最後まで忘れなかったのだ。

大河内が投獄される頃はすでに出馬の話が出ていたから、あるいは選挙に向け、理研幹部の心証を良くしようとする意図もあったかもしれない。が、それだけではないだろう。

角栄は少年時代一時お世話になった高砂商会社長の法事に出続け、入院中は家族に内緒で病院にお願いもしている。政治家になった後も、選挙区のライバル三宅正一が落選すると、本人には知らせず生活費を送っている。当選した途端、偉そうになる政治家も多い中、落選した対立候補の家計を心配するとはほとんど信じ難いことである。「情」をアピールしたがるのは政治家の病いともいえるが、打算を「情」で包み隠している場合も少なくない。しかし角栄には

打算もあろうが、本物の情があったのだ。それゆえ人もついてきたのだろう。「先生」の苦境に手の平を返したコウモリたちをよそに、大河内を見送る角栄の姿は、なかなか壮観である。

企業ぐるみ選挙の序章

立候補を決めた角栄は、年が明けた昭和二十一年一月二日、参謀役に決まった塚田ともう二人の男を連れ新潟へ乗り込んだ。書生になるため故郷を後にしてから十二年。今度は政治家になるためのお里帰りである。

新潟には進歩党新潟県連幹部で衆議院議員の佐藤芳男が待っていた。大麻が付けた世話人である。佐藤から選挙のイロハを授けられた角栄は、十一名の衆議院議員、貴族院議員から推薦を受けた。これも大麻の力である。角栄いわく、この頃の大麻は、「自民党の総裁と幹事長を二倍、三倍したような力を持っていた」という。

その大麻の庇護の下、角栄丸は快調に船出したかに見えた。

しかしながら一月四日、角栄も大麻も仰天する一大事が起きた。

GHQから公職追放令が出されたのである。戦時中の指導者らが公職から追放されることになったのだ。

進歩党は総裁の町田をはじめ所属議員二百七十四名のうち実に二百六十名が追放を受けた。もちろん翼賛政治会の幹部だった大麻も追放された。自由党は四十三人中三十人が追放され、社会党も十人が追放され七人しか残らなかった。悲惨なのは協同党で、創立から二週間と少しだというのに、二十三名中二十一名が追放されてしまった。不確定だった選挙の期日も三月十五日以降に先送りされ、結局四月十日に戦後初の衆議院総選挙が行われることになった。追放の嵐はこの後も続き、昭和二十三年までに政財界の要人等二十万人以上が公職から排除されることになる。

後ろ盾の大麻が追放されて角栄は焦ったが、持ち前の切り替えの早さを発揮して、「『みんなしろうとばかりか。それなら、おれにだってやれそうだ』と思うようになった」と『我ら大正っ子』に綴っている。政治家になりたいという思いは、今や確固たる信念になっていたのである。

田中家にとっては、嫡男が選挙に出ることは公職追放以上の衝撃だった。父の角次は大反対し、姉たちも反対した。当時、政治家になるのは余程の大家か名門だ。ウチのような名も無い家柄から出てどうなるのか、と心配したのだ。

しかし、母のフメだけが賛成した。反対する夫をとりなし、「世の中のため、人のためになることをするというのだから、思ったとおりにさせてやろう」と説得した。学校にもやれなかった息子が自分の力でここまで来たのだ。大それたことだが私も精一杯協力してあげよう。母は息子の思わぬ挑戦を聞き、いよいよ花が咲き始めたと思ったのではないか。

角栄の初出馬は昭和二十一年だ。米どころの新潟であろうとも食糧難の時代だった。「金権候補」の田中事務所も兵糧不足は免れ得ない。そんな腹を空かせた運動員たちのため、フメは毎日おにぎりをつくり、風呂敷に背負って届け続けた。六十キロの米俵を運んでいたフメが、今度は握り飯を運ぶことになったのだ。大きな荷物を背に這うような格好で歩いていたというフメからしたら、おにぎりは花を咲かせるための肥料だったのかもしれない。フメの兵糧運びはその後の選挙でも続き、田中事務所の恒例となった。

七草粥の一月七日、進歩党新人は選挙区の柏崎市に住む星野一也を訪れた。新年の挨拶を済ませ献が重なる。角栄はなかなか主題を切り出さない。泊る段となってようやく腹の一物を取り出した。

「星野さん、俺、今度選挙に出ることにした」

「は？」

星野はその場で猛反対した。「先生」である大河内正敏より「政治に関与するな」と教えられていたからだ。

「いや、衆議院選挙に出るんだ。進歩党から。あの大麻唯男さんもついてるんだ。星野さんにも手伝ってもらいたいんだ」

「やめれ、やめれ！」

だが、理研の関係者は新潟県内で数万を数え、柏崎の工場だけで一万人以上の従業員がいる。理研農工の社長である星野を口説かなければ選挙戦など始まらない。進歩党公認候補者は食い下がった。

「いや、もう決めたんだ。応援してほしいんだ」

「やめれ、やめれ！」

収拾がつかず一夜が明け、星野が工場に行こうとすると、チョビ髭の宿泊客は再び支援を懇願した。

「昨日の話だけど、手伝って欲しいんだ」

「またか。やめれっつったらやめれや」

呆れた星野はかまわず出勤しようとしたが、そこへ星野の母親が現れた。

「これ！　こんなに頼んでんだから、何とかしてあげんか」

「……」

息子の客から米や野菜の付け届けを受けていた御母堂は、「隠れ田中派」だった。

母親からも頼まれた星野はついに折れ、角栄を応援することになった。大河内の代理人として推薦状を書き、事務所を貸した。角栄の戦いに強い味方が加わった。

そして新人候補にはもう一人、忘れてはならない人物がいた。小学校時代の恩師、草間道之輔先生である。

角栄は草間先生へ二、三の私信を送り、立候補を考えている旨告げた。思いがけぬ話に草間先生は困惑し、反対することを決めた。角栄はまだ二十代、若すぎるというのである。後輩教師に「教え子でバカみたいなのが代議士に立つというのだよ。とめなくちゃなあ」と洩らしてもいる。

そのうち教え子から先生へ電報が届いた。「ソウダンシタイ　スグキテクダサイ」。

田中は優秀な人間だ。教え子の中でも一番かもしれない。親孝行な子でもあった。それは間違いない。将来は政治家を目指してもいいだろう。しかし、早い。大人になっても頼ってくれるのは嬉しいし可愛い。力になりたい。しかし、若い。若すぎる。草間先生は、赤紙を握りしめ、「反戦」の意を強くした。

草間先生に宿舎に来てもらった角栄は、出馬話の口を切った。

「先生、俺、選挙に出ようと思うんだ」

「田中君、手紙は読んだ。でも君はまだ二十代だ。歴戦のつわものでも選挙に勝つのは難しいのに、飛躍に過ぎはしないか」

草間先生は早まる教え子にブレーキをかけた。けれど、もはや政治家への思いが止められなくなっていた角栄は、冷静に進んだ。

「先生の話もわかります。だけど、聞いてください」

いつになく真剣な表情で、角栄は続けた。

「応召されて満州に行ったとき、生死を誓った三人の親友がいたんです。でも一人はノモンハンで死んでしまった。俺が病気で戻って来て、会社をやってたら、もう一人の親友が訪ねてきたんです。それで、亡くなった奴を偲んで、『これからの世の中は俺たち若いもんが出なきゃならんのだ、引っ込んでる場合じゃない』ってネ。誓ったんだ」

草間先生は神妙な色で聞き入っていた。

「そのためには議席を持つのが近道だと確信したんだ。見栄や名誉なんていう浮ついた考えは毛頭ないんだ。戦友が死んだのに自分だけ安泰な生活に満足しているわけにいかねえんだ」

そう言って教え子は涙を流し、恩師の手をしっかり握った。

溢れんばかりの私利私欲に塗れていた角栄は、少しばかりの愛国心と経綸を持っていた。恩師の前ではそれが逆さまになった。しかも無意識のうちに。角栄は、自分でもわからないままに、愛国心と経綸の涙を流していた。

——山が動いた。

角栄の熱い涙に打たれた草間先生は、「反戦」をかなぐり捨て、教え子のために労を執ることになったのである。

出身の刈羽だけでなく、西蒲原郡吉田町《にしかんばらぐんよしだまち》や中蒲原郡亀田町《なかかんばらぐんかめだまち》などでも校長を歴任していた草間先生は、地元の名士として知られた存在だった。しかも新潟師範のOB組織である「常磐会」の有力者であり、教育界に広く影響力を持っていた。中学にも高校にも行っていない角栄にとって、草間先生の教育人脈が大きなものだったことは言うまでもない。理研の星野に続き教育の草間も歩調を揃え、田中選対の屋台骨が固まってきた。

一月半ばには、柏崎市内に「田中土建工業新潟支店」なる謎のどでかい看板が出現した。看板は街中で評判となり、噂が瞬く間に広がった。未知の会社は十人ほどの社員を雇い、長岡市の復興関連工事に取り掛かる。しかるに選挙戦が始まると、社員たちはポスター貼りや演説会場の準備へと配転した。首相時代の角栄は、参議院選挙で「企業ぐるみ選挙」を展開し、良識ある方々の顰蹙《ひんしゅく》を買ったが、その序章は昭和二十一年一月の田中土建工業新潟支店開設にあったのだ。

順々と形作られてきた田中陣営には、将来角栄の周辺を固めることになる顔ぶれも集ってきた。中でも異彩を放っていたのが曳田照治《ひきたてるじ》である。

曳田は黎明期の政治家田中角栄を語る上で欠かすことのできない人物だ。角栄より一歳年長の曳田は終戦後所在無く過ごしていたが、戦友の紹介で東京の田中土建に就職する。ところが入社後間を置かず、社長の角栄の立候補が決定。社員の曳田も新潟へ飛んで選挙に駆り出される羽目となったのである。

当時は大選挙区であり選挙区が広かった。角栄が出馬した新潟二区も、新潟県のほぼ南半分を占める広大な選挙区だ。投票日までに角栄一人で回りきることは難しい。そのため魚沼《うおぬま》地方は南魚沼郡出身の曳田が主として受け持つ次第になった。

角栄の代理人となった曳田は眠っていた政治的才能を開花させる。魚沼地方を回り歩き、人々の脳に無名の新人「田中角栄」の名を刻んでいったのだ。時には角栄本人を引き回し、有力者への顔つなぎをした。角栄は魚沼に足がかりが無かったが、曳田の力で徐々に支持の輪を広げていったのである。

実際に選挙運動に携わってみればわかるが、保守系候補の選挙というのは、まず地元の有力者に渡りをつけないと始まらない。票の面だけで考えれば、現代の選挙では彼らの力はさほど大きなものではないだろう。特に都市郡の選挙においては、地域の顔役の動かせる票など、有権者全体で見ればごく一部でしかない。各種団体にもいえることだが、何百票何千票持っていると豪語しても、大方白髪三千丈の域を出ない話である。

しかしほとんどの有権者は、名前を書いてくれるだけで、選挙運動を手伝ってくれるわけではない。集会で椅子など並べてくれない。その点、多くの場合自営業である有力者は、日頃から地域に根を下ろし、手伝う人間を動員する力を持っているのだ。地元での集会、事務所の設営など、有力者の力なくしては滞りなく運営できない。手足となって動いてくれる人物を押さえることで、選挙運動の土台が固まるのである。

しかも角栄が初出馬した昭和二十一年の新潟は、現在以上に地元ボスの力が強かった。マスコミも今ほど発展しておらず、彼らの意見が投票行動を左右していた部分もある。選挙運動の下支えだけでなく、票集めにおいても力を持っていたのである。

裏切り

有力者は「重立《おもだ》ち」と呼ばれ、選挙になると各候補者は支援を受けようと躍起になった。角栄のような、新潟で何か活動していたわけでもない「落下傘候補」にとって、地域に根差し保守政治を支える彼らの支持を得ることは、とりわけ重要だった。

曳田は先陣を切って「重立ち」の壁へ突進した。押し出しのよい曳田は存在感がある。「田中角栄記念館」に残る往年の国会見学写真では、一人明るいスーツを纏《まと》い白黒写真を潤している。まるで見学者に主張するかの風情だ。田中選対の核弾頭は、票田を統《す》べる「重立ち」に対しても、何者かわからぬ「田中角栄」を主張した。及び自分自身をも売り込んだ。

秘書が地元を回っていると、「候補者本人は知らないが、秘書が頑張っているから応援する」

と必ず言われる。それもあちこちで言われる。が、おもしろうてやがてかなしきカバン持ち。そんな社交辞令に浮かれたところで、相手候補が自ら来れば、あっさり宗旨変えされてしまうことも少なくない。有権者だってしたたかだ。転向したことなどおくびにも出さないが、天網《てんもう》恢恢《かいかい》疎《そ》にして漏らさず、というようにその種の情報はいつの間にか耳に入るものである。

それでも秘書は素知らぬ顔で足を運ぶ。人の心は秋の空だ。心変わりはやむを得ない。あちらに行ってしまったのならまたこちらに引き寄せればいい。お百度を踏んで節目には本人をお披露目する。曳田も唇を噛みながら、峨々たる古豪に立ち向かっていったのだろう。

無論角栄当人も、議員を含む「重立ち」に挨拶して回ったが、どこの馬の骨か分からぬ新人に彼らの多くは冷淡だった。足繁く姿を見せれば変わるかもしれぬが、候補者には演説も集会もある。遊説もある。戸別訪問だけをしているわけにはいかない。魔境のような「重立ち」の森に、臆することなく分け入る曳田は、地元に基盤の無い落下傘候補の目に心強く映ったに違いない。

曳田はまた角栄に演説の内容を伝授した。この当時、選挙の演説といえば、候補者が自分の経歴を並べる程度のものであった。曳田は一歩先を行き、角栄に新潟の展望について抱負を述べよと提案した。「冬でも車の走れる道路をつくれ」「東京へ日帰りできる鉄道を走らせろ」といったアイデアをブチ上げ、候補者となった社長に説いたのだ。

都会と雪国との格差を打開したいと考えていた角栄は曳田の進言に飛びついた。有名な「三国峠を切り崩せば越後に雪は降らなくなる」という大演説は、曳田のアドバイスを角栄流にアレンジしたものだと思われる。角栄が当選すると曳田は秘書となり、地元回りや陳情に八面六臂の活躍を見せる。そして獅子身中の虫となっていくのだが、政治活動を始めた頃の角栄にとっては片腕とも見込む存在だった。

のちに角栄の金庫番となり、「越山会の女王」と呼ばれることになる佐藤昭も、この選挙で角栄と運命の出会いをした。佐藤の家は洋品店を経営しており、そこへ元柏崎警察署長が角栄を連れて挨拶に来たのである。誰か応援弁士の務まる人間はいないかという元署長の呼びかけに応じ、未来の女王はある人物を紹介した。佐藤の婚約者である男性だった。彼は学生時代に弁論部で、演説はお手のものだったのである。フィアンセは角栄の応援弁士を引き受け、佐藤も選挙運動を手伝うことになった。後年のように金を扱ったわけではもちろん無く、選挙ハガキの宛名書きが主だったが、達筆の佐藤は黙々とペンを走らせ続けた。

佐藤の婚約者は友人を選挙運動に引き入れた。高校の同級生だった本間幸一である。仕事を辞めて手もちぶさただった痩身の男は、誘われるままに田中選対へと身を投じ、選挙運動の日程作りに腕を振るった。真面目で気が利く性格通り、細かいことまでよく気付いた。地元有権者が田中御殿を訪れる「目白詣で」は「越山会」の名物だったが、これは本間が考え出したアイデアである。選挙後本間は田中土建に就職し、社長が衆議院議員になると社員の身のまま地元秘書となった。爾来《じらい》数十年に渡って角栄、というより田中家を支え、「選挙期間中は布団で寝ない」などの伝説を持つ「国家老」となっていく。

理研、教育界を得て、角栄は意気揚々となっていた。

馴染みのなかった魚沼では曳田が動いている。戦友や同級生もいる。父も最初は反対していたが、牛馬商仲間には声かけしてくれているようだ。もちろん母は頭を下げてお願いに回っている。それに進歩党は旧民政党出身者が多く集まって結成された政党だ。旧民政党の票もあるだろう。公職追放で議員はいなくなっても組織は残っているはずだ。金はあるし、この分ならいけるだろう。

選挙の公示日は三月十一日だった。前日に立会演説会が行われた。しかし鼻息荒い進歩党の新人は、そこで最初につまずいた。

角栄はモーニングに身を包み威儀を正して出席したが、他の面々は泥だらけの長靴を履きネクタイなど誰も締めていなかった。正装した落下傘候補はやや気後れしたが、登壇者たちの演説を聞いてさらに驚いてしまった。労務者風の格好をした候補者たちが、

「憲法は！」

「農民と労働者は！」

などと絶叫しているのである。野次も凄い。

完全に雰囲気に呑まれてしまった角栄は、子供の頃に逆戻りして「ドモ角」となってしまった。

〈か、神様！〉

そして、進歩党新人の番が来た。

角栄の頭の中は真っ白だった。やっと演壇に辿り着いた。

会場を見回した。人、ひと、ヒトだった。全身から熱湯が溢れて来た。

「わ、わたくしは、た、た、たなか、か、かくえい……」

名前だけはどうにか言えたが、後が続かない。言葉が澱みなく出てこない。

「コラァ！　どしたァ！」

会場内は野次ばかりが響き渡る。

「ア、ア、ワ、ワタクシは……」

そこから先は誰も聞き取れなかった。本人も何を言っているのかわからなかった。とどのつまり進歩党新人はまともに政見も述べられず壇上を後にすることになった。

うなだれて宿へ戻った敗残兵のもとに、追い打ちをかける一通の手紙が届けられた。「戦死者の門牌《もんぱい》がある家が三軒あったのに、あなたは二軒にしか頭を下げなかった」とあった。角栄はこれを読んで考え込んでしまった。

この種の苦悩は多くの政治家が味わうことだ。有権者や会合は必ず公平に対応しなければならない。一部を優先しようものなら、向こうに行ってなぜこちらに来ない、という話に必ずなる。今も昔も変わらぬ真理だ。だから政治家やその手駒らは、挨拶に行く順番、会合出席の有無、果てはポスターやハガキを持っていく順序まで、とっくりと気を配る。時には手落ちが生じるが、そうなれば平謝りするしかない。角栄も悪気は無かったというか気付かなかっただけだろうが、この手の洗礼は多くの立候補者が浴びるのだ。角栄が手紙を読んで悩んでいたとき、長靴を履いたライバルたちも同じ悩みで苦悶していたかもしれない。

明日公示日だというのに、その夜角栄はなかなか寝付けなかった。演説会での失態と不慮の手紙が頭の中を駆け巡るのだ。

〈本当に立候補してよかったのだろうか。俺の「演説」、あの野次、あの手紙……本当に当選できるのだろうか〉

何やら言い知れぬ不安を感じた。底から湧いてくるような不安だった。ふと、前から手が伸びてくるような幻覚に襲われた。

――力平の手だ！

いたずらっ子の力平の手に机を揺らされた、あの「習字事件」まで思い出した。スレート、ビンタ、フリージアの手紙……過去の不快な出来事が走馬灯のように浮かんできた。懊悩《おうのう》に懊悩を重ねた。そのうち焦燥しすぎて疲れて眠くなってきた。

明日から選挙戦が始まるのだ。やるべきことはやってある、はずだ。とにかく今は休むことだ。

角栄は逸《はや》る心に蓋をして、そっと目を閉じた。

昭和二十一年三月十一日、戦後第一回目の衆議院総選挙が公示された。女性に選挙権、被選挙権が与えられた初めての選挙である。有権者数は男子一千六百三十二万人、女子二千五十五万人を数えた。選挙期間は三十日間。選挙制度は大選挙区制限連記制が採用され、東京、大阪、北海道、兵庫、福岡、愛知、新潟が二つの選挙区、それ以外の府県が全県一区に分けられた。

全国五十三選挙区で四百六十六議席を争うのである。立候補者は二千七百七十人にも達し、政党数も三百六十三にのぼった。

日本自由党は四百八十五名が立候補、日本進歩党からは三百七十六名が出馬した。日本社会党は三百三十一名、日本協同党は九十二名がそれぞれ立候補者に名を連ね、合法化された日本共産党からも百四十三名が名乗りを上げた。

進歩党公認候補者田中角栄は新潟二区からの立候補である。定数は八人。ルビコン川を渡った角栄は、ちょっぴり眠かったが気持ちは切り替わっていた。いよいよスタートした選挙戦に向け、あらためて闘志を燃やしていた。

〈やるぞ、やってやるぞ！　絶対当選して政治家になるんだ！〉

ところが新人候補者のもとに、寝耳に水の凶報が突き刺さった。

「大変だッ！　塚田さんが自分で立候補した！」

運動員の咆哮が田中選対に鳴り響いた。塚田が自ら立候補してしまったのである。選挙参謀であったはずの、張良とも官兵衛とも恃《たの》んでいたはずの、あの塚田十一郎がだ。

どよめく田中選対に、二の矢三の矢が放たれてきた。

「吉沢さんも出馬したらしい！」

「古田島さんもだ！」

長岡地区の責任者だった吉沢仁太郎《よしざわにたろう》と魚沼地区担当の古田島和太郎《こたじまわたろう》も立候補したというのである。

三条地区の責任者も吉沢選対へと寝返り、その上塚田と共に来ていた連中も東京に帰ってしまった。田中事務所は早々に、足元から先制攻撃を食らったのである。

遊説の確認や支持者の応対に追われていた選対は、悪い意味で活気づき、裏切り者の話題で持ちきりとなった。

怒る者、悲しむ者、奮起する者が三割くらいいた。

「ひでェ奴らだ！」

「そんな……。昨日まで塚田さんたちと『頑張ろう』って言ってたのに……田中さんが可哀想……」

「いいじゃないか！　望むところだよ！　逆に結束固くなったよ！」

ハプニングに興奮して、そのことばかり考えている者も三割くらいいた。

「塚田さん、自分で出ちゃったんですって！」

「まあ！　そう見えなかったけどねえ」

「奥さんはどうしたのかしら、いい家のひとだっていうけど」

「最初から出る気でいたのかしらねえ」

会話という会話に聞き耳を立てる者、面白がって目配せしている者も三割くらいいた。

「……」

「……（笑）」

残りの一割は、鼻で笑う者、金の心配をする者、早くも次の選挙を心配する者どもだった。

「フン、これであのヒゲ成り金も終わりだな」

「とりあえず、金は大丈夫なんだろうな、俺たちの分け前は」

「ヒゲは今回で終わるとして……次回は誰だ？　俺らで絵を描くべか？」

「いや、東京の方もまたうるせぇから……ただタマは何人か絞っとけや」

「とりあえず、塚田たちの方にも顔出しとくわ」

「それがいい。上手くやっとけ。俺も後で行く」

角栄の五臓六腑には電流が走っていた。それも痕が残るような嫌らしい走り方だった。

〈あいつら仲間ではなかったのか。俺を応援してくれるのではなかったのか。それとも端から裏切る気でいたのか。塚田は俺が勧めたとき断ったくせにどういうことだ。会社でも立ててやってきたのにどういうわけだ。あの野郎！　俺が使ってやったのに！　俺に使われてた男のくせに！　社長であるこの俺を後ろから斬りやがって！

残っている選対の連中も信用できるのか？　参謀の塚田さえ裏切ったんだ。あいつらに通じている奴もいるのではないか？　一体信用できるのは誰だ？　誰が信用できて誰が信用できないんだ？　まさか寄ってたかって俺を利用しようとしているのか？　会社では怠ける奴はいても後ろから弾を撃つ奴はいなかった……〉

――これが選挙か！　これが政治か！

今まで何度も不愉快な思いをしてきたが、次元の違う忌わしさだった。昨晩蘇った古傷など比では無かった。五尺四寸一分を怒りと焦りと疑心暗鬼が駆けずり回った。

あまつさえ塚田らは角栄の金を懐に入れ、己の選挙資金にしたという噂が流れた。実際、「選挙のプロ」たちは角栄の無知に付け込み次々と金を引き出したらしい。有力者に十万円渡したが、その男は運動など何もせず芸者買いばかりしていたとの話まである。

選挙になると「プロ」が現れ、金だけ巻き上げ何もしないというのはいつの時代も変わらぬ図式だ。選挙中に飲み屋や寿司屋のノレンをくぐれば、候補者からせしめた金で乾杯をする「プロ」や議員が簡単に見つかる。

「活動費」は酒や大トロに代わって彼らの胃袋へ消えていくのだ。通常の候補者でさえカモにされるのが選挙であるから、潤沢な資金を持つ土建屋社長がしゃぶり尽くされたのは至極当然の成り行きともいえる。ちなみに塚田は「大麻さんから角栄と二人とも立てと言われた」と証言しているが、自由党から立候補しているのだから何をか言わんやである。

身内の裏切りに出鼻を挫かれた田中陣営に、またしても悪いニュースが飛び込んできた。理研柏崎工場長の弟である佐藤三千三郎が立候補を決めたのだ。角栄が最も頼りにしていた票田は、星野一也を先頭にした万単位の理研関係者である。その理研の票が、佐藤の出馬で割れてしまうことになったのだ。

おまけに佐藤は角栄と同じ柏崎を中心とした地区からの出馬である。柏崎は四人が乱立する「無法地帯」と化し、当てにしていた地元の票も分裂する公算が大きくなった。帰するところ新潟二区は、八つの議席を目がけて三十七名がなだれ込む大激戦となったのである。

満二十七歳、演題「若き血の叫び」

度重なる災難に見舞われた角栄は、本当に立候補するか公示日から四日間迷ったという。参謀役だったのに背信した塚田への怒りは無論のこと、「十五万円出して神輿に乗っていれば当選する」と明言した大麻唯男への不信も芽生えただろう。

なにしろ担ぎ手がどんどん裏切っていくのだ。しかも吉沢と古田島は角栄と同じ進歩党から出馬している。大麻にしろ進歩党にしろ、一体どうなっているのだと思ったに違いない。

このとき角栄が立候補を断念していたら、児玉誉士夫や小佐野賢治のような黒幕的存在になったのではないかという論考がある。

角栄自身、「俺は政治家にならなきゃ、小佐野の上をいっていたかもしれないな」と語ったことがある。当時小佐野は東急の五島慶太《ごとうけいた》から強羅ホテルを買収し、「表舞台」へと登場していた。直後にバス会社も始めており、田中土建の数段上を行く事業を展開している。角栄が事業家として小佐野より上だとは思えないし、あの陽性なキャラクターで黒幕というのも違和感があるが、フィクサー田中角栄を想像するのは面白い。

貫目に劣る福田赳夫や中曽根康弘らを私兵とし、目立ちすぎる「裏の人物」として選挙や総裁選の度に姿を露にしたかもしれない。あるいは選挙でむしり取られたのを悔い、あまり浪費はせず特定の政治家に入れあげるタイプの政商となったであろうか。

しかし田中角栄は、政治への道を断念せず、立候補することをあらためて決意した。金も使い人も使い、今更後に引けないというのもあっただろう。だが、それ以上に、政治家への思いというのがもう止められなくなっていたのではないか。

政治家になりたいという気持ちを、角栄は「マラリアにかかったようなものだ」と表現したことがある。治ったと思ったらまた再発する、という意味だ。これは立候補に迷い、しかれども諦め切れなかった初出馬のときの心境に基づいて発せられた言葉ではないだろうか。

政治家への夢はもはや曖昧なものでなく、執念となっていたと思うのである。戦況が不利になり、金銭的にも損をして、やはり断念しようかと思っても、すぐに政治家への切望が頭をもたげる。やめられないという以上に、やめたくないのだ。「マラリア」に罹患した角栄は、利害損得でなく感情の問題として、立候補の決断を下したのではないだろうか。

進歩党新人田中角栄の謳い文句は「至誠の人、真の勇者」である。二田小学校の校訓だ。選挙事務所は柏崎に置いた。理研の事務所を借りたのである。

ポスターも街中に張り巡らせた。電車の乗客からも見えるように、越後線沿線にある電柱にも大量に貼った。知名度の低い新人候補者の戦術としてはなかなか上手いやり方だろう。

郵送物も大量に用意した。当時は紙不足の御時世である。されど「金権候補」の角栄は、東京から膨大な量の紙を取り寄せて、自身の略歴と星野一也の推薦状を刷り理研関係者に郵送した。発送物は四万枚にも及んだそうだが、紙を調達できない他の候補者には脅威だったらしい。

新潟二区はだだっ広い選挙区なうえ、交通も不便な時代である。残雪もある。候補者が回りきれない地域もあっただろうから、文書は一定の効果を発揮したはずだ。

また、四万枚もの文書を送れたということは、名簿も相応に揃っていたことを意味している。

理研関係者のみで四万なら、それ以外の名簿を加えると、かなりの数に上っていたはずである。そうなると、塚田らは角栄の金だけでなく、田中事務所の持つ名簿も持ち出していたのではないかという疑いが出てくる。

わけても塚田は田中土建や鹿島の仕事をしていたため、生活基盤を首都圏に置いていた。出身地という以外、新潟に下地は無く、角栄の持つ名簿はノドから手が出るほど欲しかったはずである。しかも塚田は田中選対の参謀役を務めていたから、名簿の入手など赤子の手をひねるようなたやすい作業だったと思われる。

名簿は選挙運動の命だ。名簿が無ければハガキも送れないし、電話もかけられない。訪ねて行くこともできない。金があっても名簿が無ければ、効率の良い選挙運動など不可能である。

憶測だが、塚田は金と名簿の目処がついたからこそ立候補に踏み切ったのではないか。

費用対効果を別とすれば、ポスターや郵送物の作戦は拙劣なものではないと思う。名簿も集められている。そのあたりだけで見定めれば、角栄は世話人の佐藤芳男から選挙の基本を学び取っていたとも感じられる。しかし塚田らが金に加えて名簿まで持ち出していたとすると、事務所の体制が杜撰《ずさん》であったと言わざるを得ない。

名簿を着服しようとする「プロ」や秘書の暗躍は選挙の因習である。自分が出るためや売買のため、別の選対への贈答のためなどそれぞれ「事情」があるそうな。各地の名簿をため込んでおけば、それが御自身の「力」になると錯覚している「策士」までいるらしい。「信用」と「名簿」を天秤に掛ければどちらが重くなるのか気になるが、初陣の田中事務所も当たり前の如く煮え湯を飲まされたのだろうか。

そして新人候補者の通弊だが、角栄には照れくさがる面があったようだ。佐藤昭によると、当時の候補者たちはトラックの荷台に乗って回るのが通例だったが、角栄は一度も乗ろうとせず、握手をして回ることも無かったという。

候補者本人が全面に出る遊説や演説の部分では、やはり経験則がモノをいう。「マラリア」にかかった新人も、当然のことながら経験不足は否めなかったのだろう。殊に演説は酷かったと伝えられる。

照れ屋の新人候補の演題は「若き血の叫び」。満二十七歳、数えで二十九歳の角栄に相応しいタイトルである。三十七名を数えた立候補者のうち、二十代は角栄ともう一人だけだった。ところが威勢がいいのは演題だけで、内容は惨憺たるものだった。

「に、日本進歩党公認の、た、田中角栄でありますッ！」

進歩党新人はドモリ気味に名を名乗ったかと思えば、次の言葉が出てこない。

「ア、……」

絶句するのみだ。上気した面差しの角栄に向かって無遠慮な野次が吹き荒れる。

「オイ黙ってちゃわかんねーよ！　何か言ってみろや！」

「何だそのヒゲは！　オメェ本当に二十代か！」

公示前の立会演説会と全く変わらぬ光景だ。いざ本番を迎えても、復活してしまったドモ角の舌はなめらかに回らなかったのだ。振り絞ってようやく叫んだ「政見」が、

「に、新潟と群馬の境に三国峠がありますですッ！　ア、アソコを切り崩してしまえば、越後に雪は降らなくなるのでありますッ！　大雪で苦しむこともなくなるのでありますっ」

あの伝説の決め台詞だった。

聴衆は一瞬目を丸くし、野次も止まった。

が、すぐに前にも増して半畳が入れられてきた。

「何言ってんだオメーは！」

「本当にそんなことできんのか！　バカタレが！」

「じゃあ今すぐやってみろや！　ボケッ！」

チョビ髭の候補者は逃げるように壇上を去り、野次の主は勝ち誇る。

万事がこの調子だったようで、決め台詞も言えずただよろしくと頭を下げ、むざむざ降壇してしまうこともあった。佐藤昭は野次り倒される角栄を見て、マントの襟に顔をうずめ下を向いていたという。公報を見て演説会に参加した「三番くん」も、立ち往生する「一番さん」を目の当たりにし、身につまされる思いをしたのだろう。

頼りない新人候補者には応援弁士が必要だった。幣原喜重郎総理が応援に来るという話もあったが案の定単なる絵空事で、結局は陣営の中から弁士を選んだ。特に草間先生と星野一也という田中選対の二本柱は演説会でも奮闘した。

草間先生は涙もろい。訥弁《とつべん》な候補者に成り代わって角栄少年のエピソードを涙ながらに演説した。

「この田中君は、親孝行で優秀な子供だったけれども、吃音に苦しんでいて……」

主役が登場した場面と打って変わって野次が聞こえてこない。観客席の目と耳が助演の好演に釘付けとなっていた。迫真の熱弁を振るう恩師を教え子は離さず、共に自転車をこいで演説会場を回った。

星野は草間先生のように熱い訴えというわけではなかったが、従業員への訓示のつもりで演説した。

「これからの日本に希望を与えるのは青年の力です。この田中君は二十代の青年です。しかも、終戦のとき、我が理研の社員を朝鮮から全員引き連れて帰国した人情味のある男です」

例の美談を交えながら、角栄の若さと人情味をアピールした。

一人しか連れ帰らなかったという「真相」を星野はこの頃まだ知らない。ともあれ無名の新人にとっては「理研農工社長」が応援演説をすること自体に意味があった。理研農工社長は自家用車を持っており、時には雪の中エンストした車を押しながら演説会場をハシゴした。

しかし、演説の方は心強い援軍が助けてくれたが、肝心の人の集まりが悪かった。小学校で演説会を開いても、聴衆は十数人しかやって来ない。わずか七人しか集まらず、しかもそのうち四人は田中事務所の運動員と対立候補の夫人ということもあった。演説会の時間に手違いが生じ、聴衆が帰ってしまう事態まで起きたが、これも新人候補の事務所によくある不手際である。候補者も事務所も混乱していた様子が窺える。

閑古鳥が鳴く演説会には角栄も堪えたようだ。そこで聴衆を集めるため、他の候補者と一座を組んで演説会を開いた。北越社会党を主宰していた小林進、後年県会議員となる内山大三の二人に声をかけ、幅広い層に演説会への参加を促したのである。小林によると、遊説も一緒、宿も同じで、食事を分け合って食べたこともあるという。

角栄は『現代』のインタビューの中で、この作戦を以下の通り語っている。

「ぼくは一人で演説やったわけだ。そうすると人が入る。毎日三百人、五百人と入る。そこへ合流してきたのが小林進君だ、社会党の。もう一人、のちに県会議員をつとめた内山大三。(中略)人はぼくが集める。演説は三人でやる」

だが、角栄一人で三百人も五百人も動員できたのなら、わざわざライバル候補者を呼ぶ必要など全く無い。一人でも多く集めるための、窮余の一策だったことは明白である。

角栄は農民層にも触手を伸ばした。戦前より新潟は、無産系の衆議院議員である三宅正一らが農民運動を牽引し、革新的な農民が多かった。

いくつもの小作争議が発生し、地主と小作人の乱闘事件まで起きている。角栄初出馬のとき三宅は公職追放されていたが、革新的農民は社会党系の「日本農民組合」に組織され、農地改革の激流の中で気勢をあげていたのである。

米の産地新潟で、農家を押さえなければ話にならぬと、角栄は農民層への浸透を図った。だが時流に乗る日農が制していた農民層の壁は厚かった。

農村近くで演説会を開いても、顔を出す農民は数人しかいなかった。一軒一軒訪ね歩いても、やはり反応はつれなかった。候補者の宿命ともいえる嫌がらせも受け、回っていた角栄に手を振った農民が、直後にアカンベーをしたこともあった。

日農はその後分裂し、農村での影響力を徐々に低下させていく。しかも農地改革が終わると、改革後の展望を描けなかった社会党への不満が高まり、革新系農民の意識も現実志向へと変化していった。そこへ角栄が食い込んでいき、社会党に飽き足りない革新層を取り込んで、難攻不落の選挙体制を築いていくのである。とはいえ初立候補の段階では、農地改革の上げ潮に乗った農民は、成金の進歩党候補者に目もくれなかったようだ。

演説会では醜態を晒し、空回り気味の選挙運動ではあったが、角栄自身は案外活気があった様子だ。本領を遺憾なく発揮して、初日の絶望も日に増し切り替わっていたのである。特に夜が更けてくると、たちまち精気に満ちてくる。

柏崎駅の裏手に女郎部屋があり、ここが田中陣営の裏事務所となっていた。夜ごとに選対幹部が集まって、反省会を開くのである。

場所を別にすれば、そこまではありふれた選挙の一コマにすぎないが、将来宰相になる人物というのは常人とどこか違うらしい。

反省会が終わると、候補者はさっさと運動員を追い返し、ご当人は女郎部屋に泊まっていくのだ。しかも翌朝一番には選挙事務所に馳せ参じ、乾いた顔に油を塗って街頭演説へと出かけていく。そこでまた惨めな姿を演じるのだが、夜になると再び精彩を放ち始めるというのである。

星野一也を従えて、遊郭総揚げで豪遊したことまであった。候補者本人がご馳走すると供応に問われる。だから星野を主人役に仕立て上げ、女郎を接待したというのだ。神楽坂仕込みの遊びっぷりを見せつける角栄を尻目に星野はいち早く退散したが、角栄の遊興には選挙運動の意味合いもあった。

このときの選挙から、女性にも参政権が与えられていたからだ。深窓の令嬢だからといって二票持っているわけではなく、二十歳以上の女性は皆平等に一票である。女郎であろうと悪女であろうと一票は一票だ。しかも他の候補者があまり手を伸ばさない層でもあるだろう。

後年目白御殿には、連日数百人の陳情客が列をなした。それだけ人数がいると、中には「有力」でない者もいる。お粗末なお願いをしてくる者も出てくる。けれど、角栄はどんな陳情であってもおろそかにせず対応した。

相手の地位や職業に関係無く接する角栄に大量の票が集まったのも必然といえるが、初出馬の頃から区別無く「有権者」と触れ合っていたのである。しかし付き合わされた星野には、連座制の緩い時代だったのがまことに幸いであった。

投票日が近づくにつれ、角栄は最後の力を振り絞った。演説会で立ち往生することもやや減って、得意の決め台詞を言える回数も増えてきた。新聞の論説を拝借して喋ることも少し覚えた。柏崎工場長の弟が出たことで理研の票は割れていたが、星野は粉骨砕身動いてくれて、党派を問わず様々な人を紹介してくれた。草間先生は教育界に働きかけ、曳田も縦横無尽に動いていた。出馬にいい顔をしなかった父の角次も仕事仲間に息子を売り込み、母のフメも近所に頭を下げて回っていた。

投票日前夜、角栄は布団の中で選挙戦を振り返った。疲れた。しかし悔いが残ることが多かった。今更考えてもしょうがないが、予定通りには進まなかった。身内に裏切られたし演説もそつなくできなかった。何か恐ろしい世界に足を踏み入れてしまったのだろうか。でも、当選すれば天下の衆議院議員なのだ。進学もままならなかった俺がここまで来たのだ。

女郎で伸ばした鼻の下も縮こまり、不安と期待がないまぜになった角栄は、議員バッジを付けた自分の姿をぼんやりと想像していた。

憤怒

昭和二十一年四月十日、戦後第一回目の衆議院総選挙が実施された。投票率は七二・〇八％だった。

開票の結果、第一党は百四十一名の当選者を出した日本自由党であった。次いで日本進歩党が九十四議席を獲得し、日本社会党は九十三議席でこれに続いた。日本協同党は十四名が当選となり、日本共産党からは五名が当選した。諸派は三十八議席、無所属の当選者も八十一名に及んだ。新人が総議席の八一・三％を占め、女性議員は一挙に三十九名誕生した。

八議席を争う新潟二区の選挙結果も明らかになった。

日本進歩党公認の新人候補者田中角栄は三万四千六十票。

三十七名の立候補者中十一位。

落選であった。最下位の当選者まで七千票あまり届かなかった。

やはり、理研の票が割れてしまったのが大きかった。同じく理研の票を頼りにした佐藤三千三郎も十位で落選したが、角栄とほぼ同数の票を獲得している。一人に絞れば、結末は違ったものになったはずだった。地元柏崎から立候補者が乱立し、票が分裂したことも響いた。柏崎から出た四人はいずれも落選している。

また、当時の新聞は、「農民層とのつながりが薄かった」と伝えている。日農が首根っこを押さえていた農村に食い込めなかったということだ。

加えて進歩党の前身とも言い得る旧民政党の票にもあまり浸透できていなかったと考えられる。

前回の選挙まで新潟は四つの選挙区に分けられており、今回の新潟二区は旧新潟三区と四区にあたる地域であった。旧三区と四区の旧民政党票を合計すると、昭和十一年の選挙では約七万、十二年選挙は約五万六千、大東亜戦争下で行われた翼賛選挙《よくさんせんきょ》の十七年では約六万七千となる。平均すると約六万五千票は出していたということだ。

全国平均の投票率はそれぞれ七九％、七三％、八三％である。

角栄初出馬の選挙において進歩党が新潟二区で出した票は約十五万票。旧民政党が旧三区と四区で持っていた票の二倍と少しになる。これは旧民政党の基礎票六万五千に、同程度の女性の票が加わった数字と推し量れる。そうだとすれば、旧民政党支持層の票は、比較的すんなり進歩党に投票されていたと按ずることができる。投票率は七二％と低めだが、誤差の範囲内とみなしてよいだろう。

進歩党の候補者は五人いたから、単純に割れば一人あたり約三万票ということになる。角栄の票は三万四千強だから、平均以上に旧民政党票を獲得できていたようにも見える。

しかしまとめきれなかったとはいえ角栄には理研の票も相当に入っていたはずである。四万もの文書を送っているし、星野一也もついている。理研関係者は数万にも及ぶから、佐藤の出馬で票が割れても一定の票は出ていたはずだ。理研票が一万以上としたら残りの角栄票は二万台前半以下となり、数千と見ても三万を切る。旧民政党支持で理研関係者という重複層もあろうが、理研は旧民政党の支持基盤であったわけではないから、多く被っていたことはないだろう。現に佐藤は自由党から出馬しているのだ。

草間人脈その他諸々の票も角栄には入っていたはずだし、その全てが旧民政党票と重なるはずもないから、角栄が旧民政党支持層から獲得した票は、おそらく三万を大きく下回っていたのではないだろうか。

角栄本人は旧民政党票を一万票台だと読んでいたフシがあり、自らの秘書に雇ったこともある衆議院議員の高鳥修に、

「初出馬のとき君の祖父の力で一万数千票もらえた。海のものとも山のものともわからぬ俺を助けてくれた」

と語ったという。戦前、高鳥の祖父順作は、新潟四区選出の民政党代議士を務めていた。恩人の孫へのリップサービスもあろうが、高鳥以外の旧民政党票がほとんど来ていなかったと見

ていた様子が窺える。

旧民政党票を取りこぼしていたとすれば、地方議員とも重なり合う「重立ち」の支援が薄かったことが原因だろう。保守政治を支える「重立ち」の多くは、「海のものとも山のものともわからぬ」角栄に背を向けていた。角栄は彼らの支援を受けようと血眼になり、曳田も刻苦していたが、やはり一部の支持にとどまったということだ。旧民政党を支えていた「重立ち」の票の相当数は、角栄ではなく他の候補者に流れてしまったのだと思われる。

塚田十一郎は五万九千票近くを獲得し四位で当選、吉沢仁太郎も約四万三千票で七位に入り議席を得た。古田島和太郎は二万票台前半で落選、角栄と共に演説行脚した小林進も三万票余りで議席は得られなかった。塚田らが角栄の資金で出馬したという「定説」が正しいなら、落選した角栄が二人の当選者の台所をまかなったことになる。無念極まりない思いだったであろう。

〈――塚田の野郎！　吉沢の野郎！　……古田島の野郎！〉

田中角栄候補は支持者を前に敗戦の弁を語った。

「自分の力がまだ足りない。不徳のいたすところだが捲土重来《けんどちょうらい》を期したい……」

ユダたちの名前は出さなかった。天性の勘で、とうに支持者の真贋も見抜いていたが、満遍なく握手して、労をねぎらった。

落選候補者の事務所は雑談も憚《はばか》られるような佇まいとなる。会話は自然と小声になり、次第に人影が消えていく。

「……」

「……」

「田中さん、次も出るのかしら?」

「さあねえ……裏切られちゃったしねえ……」

けれど、少しだけ、不届き者もいた。

「……(笑)」

「……(オイ!　顔に出すな(笑))」

初日から次期選挙の算段を練っていた者どもは、相も変わらずヒソヒソと話していた。

「で、次のタマは絞ったか?」

「何人かね。ただ、ヒゲみたいにあっさり金出すかはまだわかんねえな。東京からまた押し付けてくるかもしれねえし」

「ま、大丈夫だろ。議員の座に目がくらんで裸になっても出す馬鹿はどこにもいるさ。けどヒゲにも一応唾つけとけや。懲りずにまたやるとか言い出すかもしれねえから」

「だな。おい、それより塚田と吉沢のとこ行かねえと」

「おっ、そうだ。早く行かねえとな」

角栄は一旦東京へと戻り、ひとまず会社に顔を出した。入内島金一や中西正光にも会い、花柳界に繰り出して鬱憤《うっぷん》を晴らした。選挙後すぐに大河内正敏が出所したため、そのお祝いにも出席した。しかし「マラリア」に感染している角栄の頭は、宴の最中も選挙のことで一杯だったであろう。そして次なる戦いへ向けて気持ちを切り替えていたはずである。というのも、「落選」の二文字を突きつけられた角栄は、怒りや落胆と同時に手応えも感じていたと思えるからだ。

〈裏切った奴らは許せん！　古田島はいい気味だが塚田と吉沢はちゃっかり当選しやがって！特に塚田だ！　あれほど頼りにしていたのに……一緒に仕事してきたのに！　俺の参謀役だったのに！　畜生！〉

しかし当選できなかったとはいえ最下位当選者との票差は七千票余りしかない。四千票行ったり来たりすればひっくり返せる数字だ。理研や地元柏崎の票が割れたのは痛かったが、佐藤も柏崎の他の二人も皆落選した。俺は資金があるからまた出られるが、あいつらは出ない可能性もある。農村に食い込めなかったのは悔しいが急な話で時間も無かった。時間をかければ農民層の支持も広がっていくだろう。

それに旧民政党の票も掘り起こせるはずだ。俺以外の進歩党落選者は二人だが、古田島は二万票と少しだし、もう一人はたった六千票だ。奴らはもう出ないだろうからその票丸々頂くのだ。俺に冷たい「重立ち」の連中も一人、二人と引っくり返していくのだ。今回は何もわからず手探りだったが選挙の要領は掴めた。どうすれば勝てるかよく考えよう。俺は若いのだ。まだ機会はある。大麻は滅多に来ないといったが俺にはまた機会が来る！

落選候補者は仮定の話を都合よく考えたがるものだが、角栄もおそらくこう考え、再挑戦への思いを強くしたのではないか。捲土重来の機会は意外に早く来て、一年後には再び総選挙を迎えることになる。

第五章

たち雲《ぐも》

――総理への助走――

選挙の極意

昭和二十一年四月に行われた衆議院選挙で第一党を得たのは日本自由党であった。それゆえ一般には幣原喜重郎総理が退陣し、自由党が政権を担当するものと思われていた。

だが幣原は居座りを画策した。改憲作業が継続中であり、自由党も過半数に及ばず比較第一党にすぎないとして、幣原首班の挙国連立内閣を目論んだのである。腹を合わせた進歩党は幣原を総裁に迎えたが、その他各党は猛反発、結局四月二十二日に幣原内閣は総辞職となった。

四月三十日になって、鳩山首班の自由党単独内閣でいくことが固まるが、組閣作業中の五月四日、鳩山が公職追放されてしまった。この後三木武吉と河野一郎も追放され鳩山周辺は揃って政治の表舞台から退場することになった。

鳩山後継には何人かの名前が挙がったが、いずれも消えて外相の吉田茂に絞られる。吉田は初め固辞したが、鳩山と会談した結果、総裁就任含みで自由党に入党し、次期首相に就くことが決まる。吉田はこのとき鳩山に、金はつくらない、閣僚人事に口を出させない、嫌になったらいつでも辞めるという三つの条件を突きつけた。鳩山らによれば、もうひとつ「鳩山が追放解除になったら総裁を譲る」との項目もあったとされる。

自由、進歩の連立内閣という枠組みが決まって吉田は組閣に着手した。が、農地改革を抱える農相に、農政局長の和田博雄を抜擢したことで波風が立った。和田は戦時下に社会主義者として逮捕された前歴を持ち、のちに左派社会党の書記長となる人物である。農村の地主を後ろ盾にした議員の多い自由党は、「左翼」の和田農相では農地改革が過酷になると警戒し、この人事に反発した。だが閣僚人事一任という「条件」をタテにとった吉田は譲らない。党内の不満はその後も燻《くすぶ》り続けたが、五月二十二日に第一次吉田茂内閣は発足した。幣原内閣の総辞職から一カ月が経っていた。

吉田は帝国憲法下で選ばれた最後の総理大臣だ。土佐の自由党志士の息子に生まれ、岳父は大久保利通の次男牧野《まきの》伸顕《のぶあき》である。外交官として主要ポストを歴任したが、「親英米派」のため軍部に睨まれ憲兵隊に拘束されたこともある。しかし怪我の功名か、おかげで「戦犯」の矢から狙われず、それどころか総理の椅子が転がり込んできたのである。

吉田は傍若無人な面があり、人の好き嫌いも激しかった。与党であろうと側近議員しか問題にせず、大平正芳の応援演説をしたときなど「オオダイラ君」とのたまった。しかし高橋是清のように政策にしか関心が無いというわけでは全く無く、池田勇人、佐藤栄作ら官僚を続々と立候補させ、一部党人政治家も引き込んで「吉田学校」を形成した。無念の落選をした角栄も、当選後に「吉田学校」の末端に連なることになる。

第一次吉田内閣は新憲法を制定させた。幣原内閣が取り組んでいた改憲作業は吉田内閣へと引き継がれ、審議の帰結は十一月三日公布、翌昭和二十二年五月三日施行となった。

吉田はGHQの勧告に基づいて、農相の和田と共に第二次農地改革にも取り組んだ。その中身は地主の保有農地を内地では一町歩、北海道では四町歩に限定するという大胆なもので、昭和二十五年までに約二百万町歩の土地が払い下げられた。農村における地主と小作人の「階級闘争」は解消され、土地を得て自立心の強まった農民は、期せずして保守派の支持基盤へと変容していった。角栄が四苦八苦していた新潟の農村も、じわじわと保守色に染められていくのである。

第一次吉田内閣期には労働争議も頻発し、二月一日には数百万人参加の大規模なゼネラルストライキが計画された。共産党が導くこのストは成功するかに見えたがマッカーサーは「中止」を宣告。GHQを「解放軍」と位置づけていた共産党は衝撃を受け、労働運動も一旦沈静化されることになった。

「二・一ゼネスト」中止後の二月七日、マッカーサーは吉田に議会終了後の解散を指示した。新憲法施行を前に政界を刷新しろというわけである。それに伴い自由、進歩両党の間で新党運動が活発になってきた。

特に進歩党内部では古色蒼然《こしょくそうぜん》とした総裁の幣原への不満が高まり、前年暮れ頃から若手議員を核として新党結成への動きが胎動していた。自由党の芦田均もこの動きに策応し、三月三十一日に進歩党の全百十四名、自由党からの十名を中心に、民主党が結成された。計百四十五名を擁する衆議院第一党である。しかし実態は党内に雑多な思想、思惑を抱えた寄り合い所帯で、進歩党と等しく総裁を決められず、七人の最高委員が党運営にあたる合議制でスタートした。

進歩党が結党された三月三十一日、帝国議会最後の衆議院が解散された。これに先立って選挙法の改正も審議され、選挙制度は前回の大選挙区制限連記制から中選挙区単記制に戻された。法案が成立したのは解散当日、選挙の公示もその日という慌しさであった。

昭和二十二年三月三十一日、日本国憲法施行に向けての衆議院総選挙が公示された。

捲土重来を期す角栄は、新たに結成された民主党の新人候補者として立つことになった。選挙制度の改正に伴い新潟県は四つの選挙区に分けられた。民主党新人の田中角栄は新潟三区からの立候補である。

新潟三区は定数五名。立候補者は十二名であった。

落選してからの角栄は寝る間も惜しんで選挙区を回った。わけても選挙区の「辺境の地」を重視して、天気が悪くても山の中まで足を運び支持を訴えた。中心地は他の政治家に押さえられていたため、いわば「未開の地」に目をつけたのである。「川上から川下へ」という角栄流選挙戦術は愛弟子の小沢一郎に引き継がれているが、角栄は落選を機にこの方法を編み出したのだ。他の候補者が一度も入ったことのないような「陸の孤島」に足を踏み入れ、数人を前に熱弁を振るったこともある。

有権者とのスキンシップにも力を入れた。昼飯時に農家を訪れ、軒下を借りて握り飯を食う。

お茶の一杯くらいは出てくるから、その機会を逃さず自分を訴え、見てもらう。要望も聞く。こうして地道に一票一票積み上げていったのである。後年角栄が新人候補者に語っていた「戸別訪問三万軒、辻説法五万回」という選挙の極意は、この頃の体験に裏打ちされた経験則だろう。

全身全霊をかけて回る熱意に打たれ、辺境の「重立ち」らの間に角栄支持が広がってきた。対面を重ねるごとに人は変わる。最初は何だと思っても、会う度に不思議と親近感が湧いてきて、邪険に扱うわけにはいかなくなる。そうしていつの間にか「一票くらい」となっていく。それが人情だ。強い思想や信条があるわけでなければ、有権者の多くは熱意にほだされていくのである。

殊に「重立ち」のような気位の高い人々は、頭を下げられるのが好きであろう。他の候補者が僻地だからといって避ける中、チョビ髭を生やしたダミ声の男は何度も足を運んでくる。どこの馬の骨か分からなかった角栄が、どんな男なのかも分かってくる。これで支持が広がらないはずが無い。

また角栄は、地域担当者が次々と裏切り出馬してしまった前回の反省から、自前の運動員を足腰とする選挙運動を心がけた。田中土建の出張所を柏崎と長岡に設け、百人近い社員を雇ったのである。真の狙いは言うまでも無く選挙だが、復興関連の仕事もした。当時はインフレが昂進しており、百万円で契約した工事が実際には五倍もかかったと角栄は振り返る。「マラリア」に冒された政治家の卵は、いくら損をしても背に腹は変えられない思いだったのだ。

この選挙では早大雄弁会の学生が角栄の応援に駆けつけているが、そのきっかけになったのも、田中土建が早大校舎の仮建築を当初の契約通りに仕上げたことにあった。激しいインフレにもかかわらず、値上げせずに工事をし遂げた社長に対し、大学職員が恩義を感じ学生を派遣したのである。

そして大選挙区制から中選挙区制に移行したことは、角栄にとって有利に作用した。「田中陣営」から立候補した塚田十一郎が隣の四区に移り、民主党候補者も角栄ともう一人に絞られたのだ。前回進歩党は定数八名のところに五名立てているから、定数が五名なら三名公認してもおかしくない。民主党サイドが乱立による共倒れを危惧したのかどうか不明だが、公認が二名になったことで角栄が旧民政党票を得やすくなったのは事実だろう。

さらに理研の票を食い合っていた佐藤三千三郎が立候補を断念し、佐藤の他に柏崎から出ていた二人も一人は四区に移り、もう一人は出馬を辞退した。地元柏崎から立候補するのは角栄一人という状況になったのである。

地元から一人しか出ないというのは、候補者にとって票の面はもとより活動の面でも実にやり易い状態だ。会合などでひっきりなしに政治家や秘書が徘徊すると、場合によっては収拾がつかなくなる。入れ替わり立ち替わり酒を注いで回られると、出席者の方も混乱してくる。名刺やビラも散乱する。しかし一人ならば候補者は安心して政見を述べられ、参加者も冷静に対応できる。別してこの時代の新潟において、「おらが先生」の金看板を我が手に独占できたとは、地の利を得たこと歴然である。

星野一也や草間先生などは無論のこと今回も運動している。理研の一本化は星野にとっても朗報で、前回と同じく理研をはじめ多様な層に角栄への投票を呼びかけた。曳田も魚沼を駆け回り、今度こそと角栄の支持を訴えていた。

角栄は今回「民族愛に訴う」と掲げていたが、前回の演題「若き血の叫び」を覚えている人も多かった。子供たちが「オーイ、若き血の叫びが来たよっ」と叫びながら車の後をつけてきたのを見て、角栄は十分な手応えを感じたという。

候補者の浸透度を測るには、実は子供の存在が重要だ。子供だからもちろん選挙権は無いし、政治に関心も無いだろうが、そんな子供たちにさえ名前が知られている候補者は、大人にも当然知られているものである。名前やらスローガンやらを子供に揶揄される候補というのは多くの場合当選している。子供にもわかる平易な名前やスローガンが、選挙に有利であることを示す証左といえるだろう。角栄は最初の選挙で落選したが、「若き血の叫び」なるフレーズに関しては、子供の間にも伝播していた秀逸なものだったということだ。このフレーズの考案者は柏崎詰めの新聞記者らしいが、角栄は後々までその記者を「先生」と呼んでいたとのことである。

演説も前回よりはマシになり、お得意の決め台詞も余裕をもって発せられるほどになった。当時の新聞は田中候補の奮闘ぶりを、

「若さが誇る熱と意気にものをいわせ、言論戦九十余回。ある時は一日九会場も駆けずり回った」

と伝えている。一つの会場の時間割りは判然としないが、それぞれ三十分以下としても九箇所回れば四時間はかかる。前回より狭くなったとはいえ新潟三区は比較的広い選挙区だ。しかも交通事情が悪かった当時のことゆえ、移動にもはなはだ手こずったであろう。他に遊説や街頭演説もやっていたはずだから、文字通り寝食を忘れて戦っていた武者の像が浮かび上がる。「マラリア」に蝕まれていた角栄は、溢れ出てくる政治家への思いを選挙戦にぶつけていたのである。

そして四月二十四日、長くも短くもあった選挙期間が終わった。

〈星野さん……草間先生……〉

投票日を迎えた角栄は、実家で泥のように眠りこけていた。星野と草間先生の顔が夢の中に浮かんでは消えた。寝る前も不思議と当落のことは考えなかった。ただ、眠りたいだけだった。

総理への助走

昭和二十二年四月二十五日、戦後第二回目の衆議院総選挙の投票が行われた。投票率は六七・九五％だった。

第一党は百四十三議席を獲得した日本社会党だった。日本自由党がこれに次いで百三十一名の当選者を出し、民主党は百二十四議席を獲得。日本協同党の流れをくむ国民協同党は三十一名、日本共産党は四名の当選者を出した。諸派、無所属の当選者は三十三名だった。

五議席を争う新潟三区の選挙結果も出た。

民主党公認の新人候補者田中角栄は三万九千四十三票。

立候補者十二人中三位。

当選だった。

理研の票が一本化したのに加え、地元柏崎から一人しか立たなかったことが案に違わず大きかった。角栄の新潟三区全体での得票率は一四％であったが、柏崎における得票率は六〇％近くに達している。

「辺境の地」を回った効果もはっきり数字に表れていた。当時の新潟三区は三十二の市町村で構成されていて、角栄はそのうち十四地区で三区全体の一四％を上回る得票率を出している。その中で「市」は二つしか無く、残りの十二は「町」と「村」だ。山の中へと足を運び、「重立ち」や農民たちを訪ね歩いた作戦が奏効したのである。

いぎたなく眠り込んでいた角栄の耳に、姉の声が響いてきた。

「オイ、お前さん……当選したよッ……代議士というんのになったよッ……」

角栄には、それが夢かうつつかわからなかった。ただ、「当選」「代議士」という言葉だけが、頭脳の印画紙に感光された。

……当選……代議士……。

出来立てホヤホヤの衆議院議員は、少しだけ微笑んで、再び高枕で眠った。

昭和二十二年四月の衆院選で第一党の座を占めたのは、日本社会党であった。このとき社会党書記長の西尾末広が「えらいこっちゃあ」と洩らしたことは語り草になっている。左右両派の内訌かしましきこの党は、政権担当の心構えなどできていなかったのである。

五月八日、社会党の片山哲委員長は「第一党として政局収拾に乗り出したい」と自由党総裁の吉田首相を訪れた。「第一党首班論」の吉田も応じ、一旦は社会、自由、民主、国協の四党連立内閣の線が決まった。しかし、その後自由党は社会党に対し左派を切ることを要求。社会党はこれを聞き入れず、結局自由党は抜けて大連立はならなかった。

民主党も党内は割れていた。民主党を旧民政党以来の保守政党と規定し、自由党との関係を重視する幣原喜重郎派、斎藤隆夫派と、民主党を中道政党と定め、社会党との連立に踏み切るべしという芦田均派が路線対立を繰り広げていたのである。しかも十八日の党大会へ向けて、幣原、斎藤、芦田の三人は各々総裁の椅子を狙っていた。路線で軌を一にする幣原派と斎藤派も、総裁選での対応は異なっていたのである。

船頭多き民主党は、党大会で芦田を総裁、幣原を名誉総裁、斎藤を最高顧問とする体制を決定したが、連立問題はなおけりがつかなかった。

体制定まらぬまま五月二十日、第一回特別国会が召集された。五月三日に施行された日本国憲法下における初めての特別国会である。

続々と国会議員たちが登院してくる。初々しい新人議員も多い。将来首相となる中曽根康弘、鈴木善幸《すずきぜんこう》もこの国会で初登院した。民主党の中曽根は白い自転車に乗って選挙区を回り、全国でも五番目の得票数で当選してきた。鈴木は当時社会党で、のちに社会革新党を経て民主自由党へと移っていく。吉田茂や幣原喜重郎も実はこのとき初当選で、一応は新人議員と呼べるのだが、首相経験者の彼らはさすがに新参らしからぬ貫禄を備えていた。

ところが、全く無名で、もちろん首相経験者でもないのに、あまり初々しくない新人議員がいた。

新潟三区選出の民主党新人代議士、田中角栄である。

チョビ髭を生やしダミ声でまくし立てる新人議員は、二週間と少し前に二十九歳になったばかりだった。

赤絨毯を踏んだ角栄は、議場の中を見渡しながら、それまでの来し方を思ったであろう。吃音に苦しんだ少年時代、進学を断念したあの日、上京してからの多事多難、軍隊時代の受難、最初の選挙での落選、苦難の道のりを振り返って、チョビ髭議員は感慨無量の面差しだったはずである。

様々な人々の顔も浮かんだであろう。妻、子供、祖父母、父、姉妹、亡くなった妹たち、草間先生、大河内正敏、星野一也……そして何より母のフメに、議員バッジを付けた自分の姿を見てもらいたかったに違いない。フメは投票日、当選した場合に備えて赤飯を炊く用意をしていた。角栄の当選が明らかになると、

「やった、やった！」

と小躍りし、

「モチ米が役に立ったなあ、埋めずにすんでよかったなあ」

と声を弾ませた。山伏のあの言葉を胸に刻んだフメの目には、赤飯をほおばる息子が花に見えていたかもしれない。

駆け出し時代の角栄が、「三十代で大臣、四十代で幹事長、五十代で総理大臣になる」と公言していたという伝説がある。「二十代で代議士」などの句が抜き差しされる場合もあり、宣言通りになったことで「角栄出世譚」は彩りを増した。

その手の大風呂敷をあちこちで広げていたようで、まだ議員になってもいない初陣の演説会で「俺は三十代で……」と大言しただの、「総理大臣になれなかったらくらっすけられ（叩かれ）てもいい」と壮語しただの、「伝説の証人」が何人もいる。「俺は一国の総理大臣になるんだ」と興奮した表情で語る角栄を覚えている記者もいる。まさか現実になろうとは、本人以外誰も信じていなかったであろう。

翻《ひるがえ》って佐藤昭は、「人前でそんな言葉を口にするような人ではなかった」と「伝説」に懐疑的だ。確かに、狼狽していた初戦の演壇において、本当にそれほどの怪気炎をあげられたのか等の疑いは残る。

ただ、三国峠切り崩し発言といい、若き角栄はダイナミックではあるが軽はずみな言動が目立ったのも事実だ。

佐藤が秘書になったのは昭和二十七年の師走である。代議士になって五年が経ち、逮捕も経験した後だから、とうに言動が慎重になっていたとも考えられる。「総理になる」程度ならまだしも、年代をも予告するなどという、枷にもなりかねない発言は慎んでいたはずだ。以前は無暗に言い回っていたが、政界の勝手が分かってきてからは伝説を封印したと見るのが適切ではないだろうか。

特別国会初日の二十日に吉田内閣は総辞職、新内閣成立まで政務を代行することになり、二十三日には社会党の片山哲が新憲法下初の首班指名を受けた。しかし組閣は難航した。民主党の連立問題への対応が決定していなかったのである。

幣原、斎藤は自由党を含めた四党連立、自由党不参加なら野党という立場で、幹部会も同様の意見が過半数を制していた。だが党内の多数派は、芦田の唱える三党連立論に与しており、幣原、斎藤らを突き上げていた。

新人の田中角栄は幣原に従い、四党連立派に属していた。自由主義、反社会主義を掲げて選挙を戦ったのに、政権に近づくため社会党と組むのはおかしいというわけだ。角栄は選挙で三人もの社会党候補と争っているし、保守色を貫いた方が選挙戦略上望ましいと思ったのかもしれない。意気の方もだいぶ盛んで、同じく民主党新人だった中曽根や根本龍太郎によると、幣原派の先頭に立って行動していたらしい。

党内の大勢を占める三党連立派の思惑通り、民主党は片山内閣との連立に加わる首尾となった。角栄の主張は敗れたが、一連の動きで幣原との結びつきができたことは財産となる。

元首相に添い世界情勢その他諸々教わった角栄は、のちに半生を振り返った際、草間道之輔、大河内正敏、そして幣原喜重郎を「三人の先生」と呼んでいる。この先吉田茂、池田勇人、佐藤栄作ら数多の大物と関係を深めていく角栄であるが、やはり最初の「先生」への思いは格段のものがあった様子だ。幣原の方も土建屋上がりの男を重宝し、民主自由党結党時には吉田茂に角栄を厚遇するよう求めている。角栄は幣原派の資金を担っていたとされるから、そちらの面での異能ぶりを買ったのであろう。加えて「アバンゲール」の幣原が、角栄の所作に「アプレゲール」の匂いを嗅ぎとり、物珍しさで珍重した部分もあるような気がする。

社会、民主、国協三党連立の枠組みが固まったことで、六月一日になり片山内閣はようやく組閣を完了した。初の社会党首班内閣である。

弁護士出身の片山は、キリスト教徒のためGHQの受けがよく、マッカーサーは片山内閣の誕生を歓迎する声明を出したほどである。しかし「グズ哲」と呼ばれた片山は決断力に欠け、芦田によれば組閣も書記長の西尾に任せようとしたという。人事は意のままにやった吉田茂と対照的である。

片山内閣が発足して一カ月が過ぎた七月十日、角栄は初めて衆議院本会議で演説した。当時の国会法は、二週間に一度「自由討議」の機会を設けるものと定めており、国会議員がその名の通り自由に発言できた。その場を使って角栄は国会にお目見えしたのである。

「自由討議」は間もなく二週間に一度が三週間に一度となり、昭和三十年には廃止されてしまう。だが角栄はこの制度を評価していたようで、

「本会議場において活発なる討議の展開ができますことは、明朗なる政治、すなわちガラス箱の中での民主政治の発達助長に資すること大なりと思うのであります」（『政治家田中角栄』）

と述べている。

国会議員の発言の重さにも言及しており、
「議員は一人というも、これが背後に十五万五千人の国民大衆があって、この発言は、まさに国民大衆の血の叫びなのであります」（同上）
と弁じている。十五万五千というのは、当時の日本の人口七千数百万を衆議院の定数四百六十六で割った数字だと思われる。角栄の得票は四万足らずであり、得票数でも全国民の数でも無く、頭数で割った数字を挙げた理由は不明だが、さりげなく「血の叫び」を入れているところが面白い。
九月の「自由討議」では、
「農村工業の発達により、農山漁村生活の合理化」（同上）
「大都市人口集中の排除」（同上）
とも述べており、「農村工業」の提唱者大河内正敏の門人らしいところも見せている。「血の叫び」の使用や中小企業重視もそうだが、角栄は実体験から物事を語る傾向が強い。少年時代も土木作業を契機に仕事好きになり、瓦運びをきっかけに人生何でも腰だと体得しているから、「現場」から学び取る精神は成人してからも変わらなかったのだろう。
「自由討議」を活用し、毅然として論陣を張る角栄は、民主党の六十名近い新人議員の中でも目立つ存在だったはずである。そして片山内閣が、ある法案を提出すると、角栄はさらに党内の耳目を集めるようになる。
九月末、「石炭鉱業管理法案」、通称「炭鉱国家管理法案」が国会に提出された。これは石炭を国家で管理するという統制的な法案で、社会党首班の片山内閣の目玉ともいえる政策だった。自由党は論なく反対したが、民主党からも反対論が噴出した。その中心は幣原派であり、わけても急先鋒として動いていたのが角栄である。

十一月二十五日の衆議院本会議で法案は修正可決されたが、民主党幣原派の二十四名は反対票を投じた。片山内閣に与する芦田主流派は造反者を除名・離党処分にしたが、幣原、角栄らは脱党し、二十九日に「同志クラブ」を結成した。

この同志クラブの兵糧は、角栄が受け持っていたといわれている。三菱の縁者であった幣原も、財閥解体が進行していたこの当時、政党の台所をまかなう資金力など無かったようだ。片や角栄の田中土建は、社長が代議士となったことで伸展し、四つの支社を持つまでになっていた。そこで窮状の幣原に代わり、潤沢な資金を持つ角栄が、党の会計を担当することになったのだろう。小なりとはいえ政党の資金の相当数を負担する新人議員に、多くの政治家は瞠目したと思われる。もっともこの頃は事業で儲けた金だけでなく、様々な筋からの献金もあった模様だ。その一端は一年後に疑獄事件として姿を現すことになる。

小佐野賢治と辻和子

当選から数カ月で早くも頭角を現してきた角栄だが、後年共にロッキード事件に連座する小佐野賢治と出会ったのもこの時分とされる。ただ、正確な時期は明瞭でなく、小佐野の謎めいた存在を物語っているようでもある。

角栄によると、小佐野と知り合ったのは昭和二十二、三年頃、田中土建の顧問をしていた弁護士の正木亮から引き合わされたとのことだ。角栄は昭和二十二年四月に初当選だから、議員になってから出会ったということだろうか。

一方小佐野は、正木亮の紹介という点では一致しているが、時期については昭和二十一年の秋だと言ったり、二十二年の春だと書いたりしている。二十一年秋だとすれば、角栄はまだ議員になっていない時期である。その際正木は御両人に、

「小佐野さんは事業家として、田中さんは政治家として、共に一筋の道を歩みなさい。同じような境遇だから仲良くやりなさい」

と激励したらしい。

もうひとつ、本当の初対面は留置場の中だとする説がある。小佐野は昭和二十三年三月にガソリンの不正使用で捕まっているが、その取調べの最中に、偶然同じ署で取調べを受けていた角栄を知り、正木の紹介であらためて顔を合わせたというのである。経済評論家の三鬼陽之助《みきようのすけ》が述べている説で、三鬼は小佐野の口からはっきり聞いたと語っている。三鬼が角栄と小佐野と三人で食事したときも、二人は留置所での巡り会いを懐かしそうに話していたという。

小佐野は昭和二十三年の三月に逮捕された後、いくつもの警察署をたらい回しにされている。留置所で対面していたとすればその頃であろうか。角栄はその年十二月に縄目の恥を受けるのだが、司直の手が入るのは十一月以降である。留置所での邂逅が本当だとすれば、角栄は別件で取調べを受けていたことになる。これは少し考えにくいが、隠された秘密があるのだろう

か。

小佐野は見方によっては角栄以上の立志伝中の人物だ。大正六年生まれで高等小学校卒業、軍隊は病気で除隊と経歴は似ているが、生家は田中家と違って山林など無く、八畳一間と土間だけの小屋であった。自動車部品会社を設立して軍部に食い込むが、その原資は元の勤務先を計画倒産させて得た金だという噂もある。軍部の資金を持ち出したという説まであり、戦後はGHQに取り入って物資の横流しで儲けたといわれている。角栄と出会う前後からはホテル経営など「正業」にも乗り出していたが、他方では「裏の世界」とも深いつながりを持っていた。とにかく謎の多い人物であるが、社員の首切り無しに多数の会社を再建させるなど経営手腕は比類が無い。

不可解な点の多い小佐野の半生そのままに、二人の出会いも角栄が政治家になる前なのか後なのか、留置所なのかそうでないのかよくわからない。小佐野は角栄最大のスポンサーだったとされるが、早坂茂三によれば角栄は小佐野をケチだと言っていたとのことだから、これも真相は詳らかでない。確かなのは二人が意気投合し、互いに組んで幾度も取引を行った事実のみである。

神楽坂の芸者だった辻和子の旦那になったのも初当選の年だ。角栄と辻和子は前年に神楽坂の待合「松ヶ枝」で知り合っていたが、あらためてわりない仲になったのである。なお「松ヶ枝」は三木武吉の牙城であり、女将は三木の選挙資金も出していたといわれるが、のちに店を畳み小佐野賢治に買収されることになる。

角栄は辻和子との間に三人の子供をもうけ、一人娘は早世してしまったが、二人の男子にはいずれも田中姓を名乗らせている。息子たちの躾は厳しかったようで、長男の京によれば「握手するときは相手の目を見ろ。そしてぐっと握れ。ぐっと握らない奴は信用するな」と教育していたという。選挙で苦労した角栄ならではの格言である。

この親子には昭和四十一年のビートルズ来日に関する逸話もある。来日の少し前、幹事長だった父親は、音楽好きの長男にビートルズの曲を聞かせろとせがんだ。当時ビートルズは不良の音楽と見る向きもあり、政府与党の間でも来日の是非を問う声があった。与党幹事長の機嫌を損ねて来日がご破算になったら大変だと、音楽通の長男は頭を絞ってバラード曲を親父に聞かせた。

幹事長は「いいじゃないか」と感想を述べ、ビートルズの来日は無事決まった。京は来日の陰の功労者と自負しているが、春秋の筆法をもってすれば、角栄と辻和子の「松ヶ枝」での出会いが、ビートルズの来日を実現させたということだろうか。

そして、初当選した昭和二十二年は、角栄に悲しみも与える年となった。嫡男がわずか四歳で夭折したのである。男子が育ちにくい田中家であったが、角栄の嫡男もあまりに早く逝ってしまった。

しかし角栄は、妹たちが急逝したとき誓ったように、嫡男の人生も生きようと思った。三人力、いや四人力となったせいなのか、嚢中《のうちゅう》の錐《きり》は突き出ていく。

保守本流「吉田学校」

炭鉱国家管理法案をめぐる難局と前後して、社会党の内紛も深刻になっていた。それもかねてから指摘されていた左右両派の対立ではなく、同じ右派の西尾官房長官と平野力三農相の反目である。そこへGHQの内部抗争もからんできた。内憂外患に頭を抱えた片山は、閣内不一致を理由に平野の辞任を求めたが、拒否されてしまい農相罷免を断行することになった。

平野派は翌昭和二十三年一月に離党し、やがて社会革新党を結成するが、当の平野は公職追放されてしまう。

平野らが脱党すると社会党は左派の力が増大し、「伝統の一戦」である左右の対立が激化した。二月五日に左派の領袖鈴木茂三郎は、自らが委員長を務める衆議院予算委員会において、政府追加予算案の撤回と組み替えの動議を可決。

憤激した民主党と国協党は左派切り捨てを要求し、泥仕合の果てに片山内閣は二月十日をもって総辞職することになった。

片山内閣の倒壊後、自由党は野党第一党に政権を渡すのが憲政の常道だと主張した。しかし社会、民主、国協の間では、「政権たらい回し論」が支配的となり、連立の枠組みはそのままに、首班だけ替える形で三月十日に芦田均内閣が発足した。

芦田は幣原、吉田と等しく外交官の出身である。設立に関与したがその後脱党した自由党への悪感情からか、「中道政治」を標榜した。しかるに芦田の嫌った「反動」自由党は、新内閣の発足直後、さらに勢力を増すことになった。

内閣出帆と前後して、斎藤隆夫らが民主党を離党。この民主離脱組と無所属議員、並びに幣原、角栄らの同志クラブが合わさって、「民主クラブ」を結成する。民主クラブは間もなく自由党と合流し、三月十五日に百五十名を超える「民主自由党」を結党したのである。

民主自由党は吉田があらためて総裁に選ばれ、角栄は選挙部長のポストに就いた。このとき角栄は全国の選挙区事情を綿密に調べ上げ、「選挙の神様」へと昇華する素地をつくっている。民自党だけでなく他党についても精査して、議員一人一人の選挙区事情に通ずるようになったのだ。吉田もこの調査に恐れ入り、路傍の石だった角栄を認識したとの説もある。

選挙部長といえばその後の選対委員長にあたる要職だ。追放によってベテランがあまりいなかった当時とはいえ、百五十人以上いる議員の中で一年生の角栄がなぜ選ばれたのか。

民自党結党に際し角栄が資金を提供したのではないか、その論功ではないかと見る向きもある。だが小党の同志クラブと異なり大所帯の民自党だ。資金豊富な議員は他にもいるから、それが決定的な要因というわけではないだろう。

しかも七カ月後に角栄は、第二次吉田内閣で法務政務次官に就任する。これも異例の抜擢といえる。大物官僚でもなかったやっと三十路の新人が、選挙部長、政務次官と累進できたのはなぜだろうか。

一つには幣原の存在があるだろう。吉田の秘書官を務めた松野頼三《まつのらいぞう》によると、なぜ田中を優遇するのかと問われた吉田は、「幣原が田中をかわいがっていて重用しろと言ってきた」と答えたという。

当選直後から行動を共にし、同志クラブでは党の資金もまかなった角栄を、幣原が推すのは頷ける話だ。民自党結成時のポスト配分において、幣原が角栄を推挙したというのは十分に考えられることである。

また松野は三井の池田成彬《いけだしげあき》も角栄を推薦したと明かしている。角栄と池田の関係は判然としない。幣原か、あるいは大麻唯男や大河内正敏の線だろうか。池田は三井の大番頭と呼ばれた財界の重鎮で、近衛内閣では大蔵大臣も務めている。松野の話が事実なら、三菱の女婿と三井の大番頭が角栄を推したことになる。途方も無い新参者である。

だが吉田が角栄を重用したのは幣原、池田が推したからという理由だけだろうか。吉田には他にも多方面から人材の推挙があったはずだが、なぜ角栄はすんなり登用されたのだろうか。幣原、池田に一目置いていたこともあろうが、やはり吉田本人も角栄を意識していたと見るのが自然だろう。

吉田が角栄を「刑務所の塀の上を歩いている男」と評したとの話がある。詳細は不明ながら、言い得て妙のこの評は「事実」として広く知られている。しかしそんな危うい角栄を、吉田は引退後も自由に出入りさせていた。池田勇人と佐藤栄作が争ったときは情勢報告もさせているが、そもそも吉田が角栄を知ったのはいつなのか。

その「なれそめ」については諸説ある。

前述の選挙区調査に感心したという説や、後述する「山崎首班」事件で角栄が活躍したからだとする説、松野が語る「幣原らが推したから重用しただけで、その頃吉田は角栄をまともに認識していなかった」との意見まである。

さらに異説がある。政治評論家の森田実が田中内閣成立直後にある政府高官から聞いた話で、官庁側がなぜ角栄のような人物が政権の中枢に入れたのか調べたところ、吉田時代から政権の中心に入り込んでいたと分かったというものだ。官僚機構が角栄の来歴を調べていたという背景も含めて注目に値する説なので、やや長いが以下に引用してみる。

「田中は初当選を果たして上京するやいなや、まず新橋の置屋に行った。置屋の女将は品のない貧相な男がやってきたと思ったそうだが、その貧相な男が『オレは新潟の人間だが、東京に出たらぜひ新橋で遊びたいと思っていた。（中略）暇なお姐さんがいたら全部集めてほしい』と口上を述べた。そこで、女将はあまりお座敷のかからない芸者衆を何人かその座敷に出した。田中は、やってきた芸者衆を上座に座らせ、きょうは三味線も踊りも結構といい、据え膳でご馳走し、自分は浪花節をうなって接待する。最後には手の切れるような札でチップをたっぷりはずんでお開きとなった。

翌日、ふたたび置屋を訪ねてきたその男は、『ワシの人生できのうくらい楽しいことはなかった。一度だけと思ったが今夜もお願いしたい』（中略）三日目も現れ、また同じことを繰り返す。

いまやこの貧相な男のことは新橋界隈に知れ渡っていた。（中略）ついに何日目かには新橋で最高クラスの芸者衆が田中の座敷についた。こうして田中は新橋の名物男になり、トップの芸者と知り合いになった。

じつはそのころ、新橋には吉田茂が通っていた。その吉田の耳に芸者衆を通じて田中の噂が入った。『おもしろい男だから会ってみたら』といわれて吉田は会ってみる気になった。かくして田中は時の権力者・吉田に近づくことに成功する」(『自民党世紀末の大乱』)

これは非常に興味深い話だが、疑問が残る点もある。角栄は民主党から初当選しているということだ。角栄が初当選したのは昭和二十二年四月二十五日である。

その後上京したのは四月末から五月初旬であろう。同じ民主党新顔だった中曽根康弘は、新人議員が党本部に呼ばれた会合において、ニッカボッカにハンチング帽の角栄と固い握手を交わしたことを記憶している。

また、その頃上野の精養軒で、民主党の最初の議員総会が開かれている。角栄も無論参加したはずだ。五月十八日には党大会が開かれており、角栄は「幣原総裁」で動いている。つまり、角栄は民主党議員として変哲もなく活動していたわけであり、連立相手とはいえ自由党の吉田に、当選早々接近を図るだろうかとの疑問が湧くのである。

角栄はその後民主党を離党し、同志クラブを経て自由党に合流するが、当選直後からそうした展開を見通し、あらかじめ吉田に近づいていたとはさすがに思えない。のちに角栄は佐藤栄作と池田勇人の間を巧みに泳いでいるから、幣原の懐に飛び込むと同時に吉田にも食い込もうとしたと考えられなくも無いが、当選してすぐにそうした行動をとるだろうか。民主党の集まりも複数回あったはずだから、連日新橋に顔を出していたとすれば、党内の会合を欠席もしくは中座していた可能性も出てくる。同僚議員すらよく知らない段階で、新橋行きを優先するだろうか。角栄のような目端の利く政治家が、党内事情の把握を後回しにして、いきなり他党のボスに接近を図ることは考えにくい。「全方位外交」で動くにしても、まずは党内の情勢を理解してからのことだろう。

吉田が「山口」「喜代竜」といった新橋の待合を根城にしていたのは有名で、大磯の邸宅で同居していた元芸者も新橋出身である。芸者の口から情報収集していたとの話もある。また吉田は巨体を揺るがせ面白おかしく日本舞踊を踊ってみせた福永健司を、当選一回で幹事長に据えようとしたことがある。芸者を通じて知り合ったチョビ髭の男を、面白がって側に置こうとしたとしても不思議ではない。

角栄の発想力や行動力、神楽坂で名を馳せた実績なども鑑みると、新橋で吉田の面識を得たとする説は荒唐無稽と片付けられない。官庁サイドが調査したという経緯も含め、他より説得力のある説だと思う。ただ、大筋でこういう話があったとしても、時期については当選直後ではなく、おそらく同志クラブを結成した以後のことではないだろうか。

角栄は同志クラブを結党する前後から、炭鉱国家管理法案反対で足並みを揃えた自由党に合流することを目論んでいたと思われる。小政党に安住する気は全く無かっただろうし、片山内閣の混乱ぶりを見て、今後は保守派が政権を担っていくとも考えていたはずだ。二十名以上の同志クラブと合併することは、自由党サイドにもメリットがあると読んでもいただろう。

角栄は秘書の早坂茂三に、

「偉くなるには大将のふところに入ることだ」(「早坂茂三の「田中角栄」回想録」)

と権力者に近づくことの重要性を語っている。多分角栄は政治家になる以前、理研の大河内正敏の下でこの真理を見抜いたのだと思う。角栄は零細事務所時代も土建屋時代も、理研のおかげで潤っている。理研が仕事を回したのは、角栄が「先生」の大河内にかわいがられていたからだ。何事も「現場」から学びたがる角栄は、大将に近づく効用をも学んでいたのではないか。政界入り後はまず幣原を「大将」と見定めた。元首相は理研における「先生」だ。しかして次に仕えるべき「大将」は、やがて政権を担当するであろう自由党の吉田茂だと考えたのではないか。

同志クラブで一定の地位を占め、永田町の事情も掴めてきた角栄が、近々首相になるはずの男に狙いを定め、接近を図った。吉田の方も、特異な形で知り合った新人議員に関心を示し、資金力や行動力など利用価値があることも発見した。そして民主自由党が結成されるや、吉田はかねてより注目していた角栄を、幣原らの推しもあって挙用した。こう考えれば、吉田が角栄を引き立てた所以が垣間見えてくるのではないだろうか。

幣原と吉田は当時の政界二大巨頭だ。両雄の知遇を得た足軽は角栄以外にいなかったであろう。なかんずく、後々まで羽振りを利かせた吉田に近づけたことは大きかったはずだ。角栄本人も語るように、「保守本流の真ん中」を歩む道を切り開いたからだ。

角栄は早坂に

「大将は権力そのものだ。だから、そのふところに入れば、あらゆる動きがすべて見える」(同上)

とも話している。それまで見えなかった全景が吉田の側からは全て見えたということだ。人の動き、金の動き、種々の動きが漏れなく飲み込めたのだろう。特に「人の動き」に見入っていたことは疑うべくもない。この件は誰が言い出して、誰が動いたか。あの発言は誰に向けて言ったのか、誰に配慮しているのか。一切の疑問が氷解したのではないか。

しかもその後の政界は、池田勇人、佐藤栄作、緒方竹虎、保利《ほり》茂《しげる》ら、元をただせば「吉田大将」の家の子郎等たちが重要な位置を占めていった。もちろん角栄もそこに入る。彼らの衣鉢《いはつ》を継《つ》ぐ政治家たちも数多い。「大将」の懐で目を凝らしていた角栄は、そうした吉田周辺の流れも全て見て、力をつけていったのである。

また角栄は、「吉田学校」の授業の中で、政治家と官僚の関係も学んだはずだ。表は金だが裏はドス黒いバッジを平然と弄《もてあそ》ぶ官僚たちの凄みを見て、彼らを味方につけること、かつ使うことがいかに重要かと看取したに違いない。角栄は多数の議員立法を成立させたが、第一弾は「吉田学校」入学後の昭和二十五年である。吉田の傍らで官僚の動かし方を会得した成果だろう。角栄が官僚を重用したことは周知だが、これも「吉田学校」以来の知見から来たものと思われる。

吉田は官僚を重視する反面、党人政治家も組み合わせて使っていた。先に挙げた緒方、保利、指南役といわれた松野鶴平はいずれも党人だ。「御三家」と呼ばれた林譲治《はやしじようじ》、大野伴睦、益谷《ますたに》秀次《しゆうじ》、一時勢力を得た広川弘禅も党人である。しかし官僚出身の池田、佐藤は頂上まで登れたが、党人派の面々は途上で刀折れ矢尽きた。同じく党人の角栄が天下人になれたのは、「奥の院」を単に散策していたのみならず、「政高党低」の実情を含め、権力の何たるかを骨の髄まで学び取ったからだろう。
角栄は吉田の門下生だったことを強調している。
「いろいろ口実を作って呼ばれた」(『現代』)
「孫みたいなもの」(同上)
と鼻が高い。一見、誇るというより他愛ない自慢話のようである。ところがどっこいその深奥には、「保守本流の真ん中」にいて、あらゆる動きを見聞し、一から十まで吸収してきたという強烈な自負が横たわっていたのではないか。

雑兵時代に作った人別帳

昭和二十三年は、田中角栄と並び昭和を代表する人物に挙げられる美空ひばりがデビューし、古橋広之進が水泳の世界新記録を樹立した年である。戦後復興への兆しが見えてきた時期といえるが、政治の方は混迷が続いた。

「政権たらい回し」の批判を浴びて登場した芦田内閣は成立早々労働攻勢に見舞われる。官公労が政府案の公務員給与ベースに反発し、三月末に一斉ストを計画したのだ。この目論見はGHQによって抑えられたが、今度は金銭スキャンダルが直撃した。

まずは副総理の西尾末広が土建業者からの献金問題で辞任、続いて復興資金融資にからみ昭和電工事件が発生した。

この事件はGHQの関与も囁かれ、大蔵省主計局長の福田赳夫、民自党顧問の大野伴睦、現職閣僚の栗栖《くるす》赳夫《たけお》など要人が続けざまに検挙される大疑獄となった。前副総理の西尾も逮捕となるに至って、芦田内閣は十月七日総辞職に追い込まれた。芦田自身も総辞職から二カ月後に逮捕されたが、福田、大野、西尾らと等しく裁判で無罪が確定している。

たらい回しによって誕生した芦田内閣が崩壊した以上、最大野党民自党の総裁吉田茂がすんなり首班になるかと思われた。が、百鬼夜行《ひやつきやこう》の永田町。そうは問屋が卸さなかった。「山崎首班事件」が起きたのである。

GHQの反吉田勢力が、民自党幹事長の山崎猛を首班とする挙国連立内閣の実現を画策し、民主党の一部がこれに飛びついた。社会党から民自党内の反吉田派にまで同調の動きが広がって、山崎本人も色気を見せた。風雲急を告げるうねりに慌てた吉田周辺は、「謀反」平定に動き出す。吉田御大も大磯から上京し、「どうして総裁の私でなく幹事長の山崎なのか」とマッカーサーに詰め寄った。最高司令官は「私の関知しないことだ」といなしたが、他方で国民協同党の三木武夫に首班を打診しているから、真意のほどは謎である。

首班を決める衆議院本会議が迫る中、民自党揺さぶりを策する民主党は、山崎を首班に推す意見が大勢となる。ところが当の山崎が、本会議前に民自党益谷秀次の説得を受け入れ議員辞職。これで騒動は決着し、「山崎首班」は幻に終わることになった。

この「山崎首班事件」に際し、民自党内で吉田擁立の旗振り役を務めたのが田中角栄だとする説がある。民自党総務会に総務として出席した角栄が、「吉田首班が憲政の常道だ」と発言し、「山崎首班」でまとまりかけた会場の空気を一変させたというものだ。

角栄本人もそう語っているし、総務会の部屋の外で聞き耳を立てていたと明かす政治評論家の戸川猪佐武《とがわいさむ》も同趣旨のことを書いている。より正確にいえば、角栄が総務会で発言する場面を面白おかしく描いた戸川の著書「小説吉田学校」と、同作品の映画化によって、「角栄が山崎首班を粉砕した」なる話が広まったといってよい。

事件後に成立した第二次吉田内閣において、角栄は法務政務次官に抜擢されるが、それは「山崎首班」潰しの論功だという見方もある。これも本人自らそう話している。

けれども、角栄が総務会で「山崎首班」の波をせき止めたという所見には、否定する声も多い。松野頼三、石田博英《いしだひろひで》らは「全く違う」と述べており、角栄は総務会に出席していなかったという証言まである。当事者である吉田の自著「回想十年」の「山崎首班」の項を見ても、角栄の名前は出てこない。

角栄が総務会で発言したのは事実だろう。角栄が吉田擁立を叫んでいたことを認める論者は戸川以外にも存在する。

ただ、本人や戸川の語る、角栄の発言が「山崎首班」の流れを変えたというのは疑わしい。角栄は吉田の謦咳に接していたとはいえ新兵だ。吉田御大は角栄の言葉に我が意を得たりと思ったかもしれないが、他の総務が一年坊主の口上に動かされるだろうか。総務会には山崎擁立派も多々いたが、彼らは説得されるどころかむしろ角栄に反感を抱いたと考えるのが自然である。松野は「角栄は勢子《せこ》の役割をしただけ」と語り、のちの池田勇人秘書官で当時記者の伊《い》藤昌哉《とうまさや》は「角栄にそんな力は無く、汚れ役、突撃隊の役割」と振り返っている。おそらくそのあたりが真相だろう。

だが「大将」の懐に入ることを肝に銘じていた角栄は、敢えて「汚れ役」を引き受けることで、吉田の信頼を勝ち取ろうと考えたはずだ。発言の影響云々より、吉田に認められることが重要なのだ。角栄が直後に政務次官になったのは、謀反平定の論功というより、忠実に「勢子」を務めたことへのご褒美だったといえるのではないか。

「山崎首班」が幻と消えた後、昭和二十三年十月十五日に本筋通り第二次吉田茂内閣が発足した。吉田は元運輸次官の佐藤栄作を非議員ながら官房長官に起用。「吉田学校」への息吹である。

そして既述のように田中角栄は法務政務次官に就任する。当選一回、弱冠三十歳の政務次官の誕生である。役所勤めは十五年前の新潟県土木派遣所以来だが、今度は一所員でなく政務次官だ。土建屋議員は歓喜したようで、田中土建顧問の白根松介は「大喜びした角栄が朝早く就任報告に来た」と話している。異例の出世に選挙区の方も沸きかえった。

政務次官への着任と前後して、角栄は「お中元」と称する金を周囲の議員に配っている。これも新人議員としては異例のことである。角栄はその後も「指導料」など色々な名目で金を配るが、一年生議員のときからの習慣だったのである。

金を配った意図ははっきりしている。総理大臣になるためだ。遥か高くに見上げる星を射落とすために、布石を打ったのである。今のうちから「実弾」を放ち、誰が受け取るか受け取らないか見極めて、将来の指針にしていたであろう。「総理になる」と豪語していた角栄は、本気でなれると思っていて、なるために行動していたのである。「政治家なら誰でも首相を目指す」とよくいわれるが、本気でそう思って動く政治家と、あわよくばなりたいでとどまる政治家とでは、やはり差が開くものだと感じる。

新米でありながら同志クラブの会計を担い、民自党に移るや選挙部長を務め、政務次官にも就き、金まで配る角栄を、党内はどう見ていたのだろうか。嫉妬や反発も渦巻いていただろうが、それ以上に得体の知れない印象を持っていたのではないか。高級官僚出身でもなく代々世襲の名門でもなく、土建屋から成り上がったにすぎない男が、政界を傍若無人に動いているのだ。影響力の面ではまだ小さいが、いずれどういう存在になるか畏怖する向きもあっただろう。角栄本人は嫉妬や反発など織り込み済みで、ひたすら吉田に忠勤を励むことを金科玉条としていたに違いない。

吉田に近づいたおかげで「お上」の仲間入りができた。陰口など金を渡しておけばそのうち静まる。同志クラブ時代がそうであったように、俺を頼らざるを得ない状況をつくるのだ。金を受け取った連中は俺の敵には回らなくなる。「大将」に一歩でも近づいて、あらゆる流れを掴むのだ。宰相になろうと燃えていた角栄は、「お中元」を前に手を拱くだけの同僚たちを、内心見下していたとすら思える。

ところで、総理というのはポストの一つだ。政治家にはポストと関係なく幾つかの種類がある。政策通から調整型、寝業師まで様々だ。どの議員も頭の中で理想像を描き、それを常に意識する。「あの役職に就きたい」という思いと並んで「こういう政治家になりたい」という願望を持つのだ。そうしたイメージはしばしば実在の政治家に模される。「田中角栄のようになりたい」と考えている政客も多いだろう。

池田勇人の秘書官だった伊藤昌哉によると、雑兵時代の角栄は、全国の代議士の経歴などを綴った人別帳をつくり、「俺は大麻唯男になるんだ」と話していたという。要は政局に強い政治家を目指していたのである。

政治家田中角栄の産婆である大麻唯男は名うての寝業師として通っていた。民政党陣笠の頃、幹部になるため一計を案じた大麻は、他の議員より一時間早く党本部へ行き、帰りは一時間遅く帰るよう心掛けた。乱は定時に起こらない。夜か早朝だ。一人党本部に詰める大麻は、その間に受けた電話を首脳へ取り次ぎ、情報通との評価を得た。その評価を背景に、党幹部たる情報部長に抜擢され、続いて幹事長に就任し、大政翼賛会でも幹部として君臨するのである。何やら角栄にも通ずるエピソードではないか。

角栄に限らず多くの政治家は、政策より政局に強いことを志向する。天下取りから不毛な争いに至るまで、「あらゆる動き」を知りたがり、「大将のふところ」に入りたがる。国会でも地方議会でも真の「最大党派」は「政局派」である。

そのことは政治家を持ち上げてみればよくわかる。政策に詳しいと称賛しても満更でもない顔はするが、「政局に強い」などと感嘆すれば、今度は破顔一笑するではないか。あるいは「謙虚」が売りの若手議員が、裏へ回れば自分がいかに狡く立ち回っているか得意げに自賛するではないか。たとえ政策通の議員であろうとそれは変わらない。同じ「通」なら政策通より情報通の方がいい。それも人間関係にまつわる情報だ。

議員の急所は選挙と周囲の人間関係である。政治家の頭はこの二つによって支配されているといっていい。同僚議員、傘下の地方議員、選挙民らがどんな人間か、どういう関係か、何を言ったか絶えずアンテナを張っている。政策に詳しくたって政局を上手く泳げないが、人脈や発言に通じていれば政局を切り回せるし重宝されて出世につながる。選挙区事情まで掴んでいれば完璧だ。内務官僚出身の大麻も政策通だったに違いないが、経綸ではなく政局情報を武器に出世の階段を駆け上っていったのである。

選挙部長として全国の選挙区事情に通暁し、人別帳を耽読して人物像の把握に努めていた角栄は、その点他を圧していたのではないか。他の政治家はおそらくそこまでやっていない。八方美人に掉さして、情報源を増やすことをするまでだ。地元の選挙区に忙殺され、他の選挙区に目を配る余裕は無い。第一、国会便覧も無い時代に、名鑑を自作していたのは角栄ぐらいのものであろう。

GHQの罠

だが好事魔多しである。昭和二十三年も秋の声を聞くようになると、不穏な空気が漂ってきた。好天を覆ったのは前年の炭鉱国家管理法案だった。法案反対派の政治家に炭鉱業者から金銭が渡されていた疑いで、当局が動き始めたのである。

反対派の切り込み隊長だった角栄にも矛先が向き、十一月二十三日には自宅と田中土建が家宅捜索されてしまう。法案阻止のため業者から百万円を受領したとの容疑である。

崖っぷちに立たされた角栄は、翌日弁明を行うが、二十九日には法務政務次官辞任に追い込まれた。このとき閣議で本人に通達無く辞任が決められ、怒った角栄は官房長官の佐藤のところへ抗議に行っている。

辞表を出してから辞職を決定するのが筋だという角栄の言い分を受け入れ、佐藤は辞任の発表を二日後に延ばした。マドロスパイプを持って院内を伸し歩く佐藤には、党内に拒否反応が溢れていたが、角栄はこの一件で非議員の官房長官を見直した。角栄と佐藤の関係はこれ以来始まったといわれている。

角栄は業者から百万円を受け取ったことは認めていたものの、炭鉱施設の工事をした際の事業代金だと主張していた。だが捜査の手は止まらない。政務次官辞任の日には、親友で田中土建九州出張所長だった入内島金一が逮捕され、角栄の不安と心痛は極限に達した。

昭和二十三年十二月十三日、ついにその時がやってきた。前法務政務次官田中角栄は塀の中に落ち、小菅の東京拘置所に収監された。続いて二十二日には起訴されるが、こともあろうに翌二十三日衆議院が解散されて選挙になってしまったのである。

角栄はこの事件の背後にGHQがいたと見ていたようで、

「同志クラブの会計で金庫番をやっていたから、それでぬれ衣をきせられたんだ。（中略）一年生議員の私が百万円としたら、（中略）党全体には千〔ママ〕万円以上いっていたはずだ

――（中略）占領軍の方では事実だと思い込んでいたらしい」（『田中角栄伝』）

と語り、

「占領軍のメモを日本人に居丈高になって読んでいた男がいたけれど、その男などがキーキーといってね、いわゆる第二次吉田内閣をつくったからといって、ぼくらやられたんだ」（『現代』）

とも述べている。事実、角栄が釈放される際、GHQは保釈取り消しを強硬に唱えている。また占領軍は公職追放を恣意的に行っていたフシもあるから、意に沿わぬ人物をあらゆる手段で葬ろうとしたとしても不思議ではない。

では炭管疑獄とは角栄らの失脚を狙った謀略事件だったのだろうか。とてもそうは思えない。田中角栄の醜聞といえば、ロッキード事件に関しても、首相時代の資源外交が要因だとする「アメリカ謀略説」が流れている。

しかし首相を経験した大物政治家であったロッキード事件の頃と違い、当時は目立っていたとはいえ新人議員だ。GHQが標的にするような大物とは言い難い。炭管疑獄で逮捕された政治家は八名いるが、いずれもさほど実力者ではない。一番の大物と見受けられるのは衆議院副議長であった田中万逸《たなかまんいつ》だが、GHQから見て策謀を張り巡らせてまで潰さなければならない存在とは思えない。

マッカーサーは炭鉱国家管理を示唆する覚書を出している。それゆえ反対派の尖兵だった角栄が、GHQの不興を買っていた可能性はある。けれども、炭鉱国管反対派は角栄の他にも多数いたし、自由党は党を挙げて反対している。一年生より潰しがいのある政治家が他にたくさんいたのである。GHQがいずれ邪魔になりそうな存在の芽を摘んでおこうと考えたにしても、当時の角栄には炭管反対以外に反米的言動は見られない。角栄本人が語る第二次吉田内閣をつくったからというのは「山崎首班」の件だろうが、これも前出のようにあくまで脇役にすぎなかったはずである。数多い若手議員の中で、わざわざ角栄を狙う必然性は見当たらない。

角栄の主張とは別に、炭管疑獄は吉田茂の失脚を図った占領軍の計略とする説がある。吉田はGHQの一方から強い反感をもたれていた。「山崎首班事件」まで仕掛けられたほどだ。白足袋を履いた「反動的分子」に一部の占領者は我慢がならなかったらしい。

吉田は娘婿である麻生多賀吉から資金の提供を受けていた。麻生は九州の炭鉱王である。GHQ内の反吉田勢力は、スポンサーを叩くことで、白足袋のワンマンを揺さぶろうとしたのではないかというわけだ。

実際、炭鉱業界は吉田が総裁の自由党に三千万円献金しており、当時の検察関係者も麻生の線を調べたことを匂わせている。

炭管疑獄の捜査が本格的に始まったのは七月だ。当時の芦田内閣は揺れていた時期である。副総理の西尾が献金問題で辞任し、昭和電工事件も進展していた。芦田が倒れれば次は「反動」になってしまうと、青い目の吉田嫌いたちは焦ったかもしれない。

内偵は前年の法案審議中からなされていたので、GHQもその動きを掴んでいたはずだ。いよいよ事件化という段になって膝を打ち、吉田失脚に使えると考えたとしても不自然ではない。

当局を焚きつけて、「山崎首班」と二段構えで吉田潰しに動いていた可能性も皆無ではないだろう。しかしいずれも蹉跌《さてつ》をきたし、大山鳴動して角栄一人に終わったということなのか。

吉田が炭管疑獄の本丸だったとすれば、角栄は巻き添えを食ったことになる。角栄は吉田と事件の関連性を語っていない。もしも、角栄が吉田のせいで泥をかぶった図式があるとしたら、二人の関係には少し違ったものが見えてくるような気もする。

裁判の結果、角栄は昭和二十五年四月の一審判決で有罪判決を受けた。直ちに控訴し、翌二十六年六月、無罪判決を勝ち取った。弁護人は小佐野賢治との仲を取り持った田中土建顧問の正木亮である。

この炭管疑獄において最終的に無罪になったことは、角栄にある種の「信念」を植えつけたと思われる。執念をもって取り組めば事は成就するという信念だ。のちに角栄はロッキード事件で凄まじい執念を見せた。大平、鈴木、中曽根と、傀儡政権をつくり出し、法務大臣に秦野章ら「隠れ田中派」を送り込んだ。これらは全てロッキード裁判で無罪判決をもぎ取るためだったといわれている。総理経験者のプライドと、再び首相になろうとする野心とが、角栄の妄執の源だとされた。加えて炭管疑獄に執念をもって臨み無罪になったという信念も根底に潜んでいたのではないか。仮にそうなら炭管疑獄は角栄の晩年の政治行動にも影響を及ぼした事件といえる。

入獄と金欠

昭和二十三年十二月二十三日衆議院は解散された。発足間もない第二次吉田内閣は、民自党単独の少数与党政権である。吉田は勢力の拡大を図るため、憲法七条によって早期解散を目論んだ。天皇の国事行為の一つとしての衆議院解散である。これに対しGHQの一方は、解散は憲法六十九条による場合に限られると強く主張、内閣不信任案が可決されない限り解散はできないとした。解散を先延ばししたい野党も追随するが、話し合いの末、野党が内閣不信任案を出し、これを可決して解散という形式が取られた。こうしたいきさつからこの解散は「馴れ合い解散」と呼ばれている。

十二月二十七日に選挙戦は公示され、翌昭和二十四年一月二十三日投票となった。戦後第三回目、日本国憲法施行後初の衆議院総選挙である。

解散気運が高まる中で入獄した角栄は煩悶していた。

〈……選挙になったら立候補すべきか、一回休むべきか〉

しかし政界を去ることは一切考えなかったに違いない。「マラリア」にかかり苦心の末に政治家となったのだ。当選してからは同期の中でもトップを切るほど出世している。年齢もまだ若い。ここで引退するわけにはいかない。ただ支持者がどう思うか。立候補したいが、地元が反対したら今回は断念しなければならなくなるかもしれない。

苦悩する前法務政務次官は面会に来た田中土建の幹部らに、理研の星野一也の意見を聞くようにと指示した。理研を握る星野の了解が得られれば出馬できると考えたのだ。星野は「獄中でも立候補できる。まず保釈の手続きをとれ」と話し、角栄の出馬に前向きだった。

星野の言葉に意を強くした角栄は、解散日の夜、地元支持者に電報を打った。

「ギカイ　カイサンス　タノム　タナカ　カクエイ」。

発信地は小菅の東京拘置所である。獄中から立候補を表明したのだ。正木亮弁護士、秘書の曳田照治らは早期保釈に向けて奔走した。だが保釈の許可はなかなか下りず、田中陣営は候補者不在のまま選挙戦に突入することになった。

定数五人の新潟三区は十二人が立候補していた。田中選対は民自党の公認を取り付けようと動いたが、結局推薦にとどまった。他候補は疑獄批判を展開し、角栄票の切り崩しを狙っていた。事件の影響はやはり大きく、草間先生が開拓した教育界の票は離れていった。

しかも「金権候補」といわれた角栄が、このときは金欠に悩まされていたというから驚きだ。炭管疑獄の表面化と前後して、田中土建の業績も急速に悪化していた様子なのだ。選挙のために社員を雇う余裕など無い。

星野によれば、田中土建の幹部が「三十万の金がある。これで選挙をやれば当選できるかもしれないが、使ってしまうと田中土建はどうにもならなくなる」と話したという。工事の際に労災保険を払えず差し押さえを食ったという話まであり、事実、田中土建は翌昭和二十五年に一旦解散している。

つい先日まで政党の台所をまかない、同僚に金を配っていた角栄が、短期間で金詰りになっていたとは俄《にわ》かに信じ難い。田中土建は支社を増やして順調だったはずである。政治の方に使い過ぎて火の車となっていたのだろうか。発射した「実弾」はなけなしの金だったのか。また稼げばいいと楽観していたら疑獄事件でつまずいたのであろうか。

拘束され、金も無い大ピンチの角栄に、待ちに待った保釈の日がやってきた。入獄してから一カ月が過ぎた昭和二十四年一月十三日である。投票日までわずかに十日しか残っていない。豪雪のため他の候補者もあまり運動できていなかったのがせめてもの救いだった。

出獄した角栄はまず金策に走った。資金が無ければ戦はできぬと、所有する土地建物を担保に借りられるだけの金を借りた。そのまま夜には夜行に飛び乗り選挙区へと向かった。「地元では評判が悪い。まず魚沼へ行け」という星野の忠告に従って、地元の柏崎ではなく南魚沼を訪れた。旅館で支持者と待ち合わせたが、先着した角栄はまどろんでしまった。不在の候補に代わって投票を呼びかけ、資金まで用意してきた支持者は怒り、枕を蹴った。角栄は飛び起きて頭を下げたが、拘置所暮らしで身も心もすり減らしていたのだろう。

心身共に疲弊していた角栄同様、母のフメも困憊していた。畑仕事の最中に息子の逮捕を知らされて以来、人目を憚り引きこもりがちの日々を送っていた。跡取りが釈放されるとフメは鎮守様にお参りに行き、百八本のロウソクに火を灯した。火影に彩られたお宮様を仰ぎ見て、母はお礼を捧げ息子の勝利を祈願した。ようやく咲いた花を枯れさせてはならないと、必死の思いで念じる情景が目の前に迫ってくる。

選挙区入りした角栄が真っ先に向かったのは魚沼だが、最初に訪れたのは小千谷《おじや》だとする人もいる。角栄自身が小千谷の支持者に「どこも寄らんでここに来た」と話しているからだ。

政治家はどの支持者にも「あなたが一番」という顔をする。「あちらが先だ」などと言おうものなら、俺は重視されていないと怒る御仁もいる。本当は二番でも一番だとすることで、支援者は気持ちよく応援できるし、政治家もトラブルを避けられる。「一番」「最初」といった美辞麗句《びじれいく》は、後援者の機嫌を損ねぬための知恵なのだ。最初の選挙で角栄は、門牌のある三軒のうち二軒しか挨拶しなかったとして抗議を受けた。選挙も三回目になって、有権者とは公平に、かつ重んじて接しなければならないと体得していたのだろう。

有力者への挨拶を終えた角栄は、厚い雪化粧に施された戦地へ猛然と斬り込んだ。雪の中を演説しながら歩き回り、有権者と見たら握手を求めた。息子の京に授けたように、相手の目を見てしっかり握った。そして今回もまた山の中へと入って行った。

大雪で車もまともに使えぬ選挙戦で、移動手段は自分の足とソリだけである。角栄は歩きながら滑りながら銀世界を駆け巡った。さなきだに冷たい越後の吹雪が頬を刺したが、そんなものは関係なかった。何が何でも勝ち抜かなければならないのだ。

火の玉となって選挙区を回った前法務政務次官には、次のような伝説も残っている。

――四人の候補者が演説会場へと向かっていたが、猛吹雪のためそのうち三人は中止した。勇敢な一人が線路伝いに歩いていたが、途中で列車が向かってきた。その候補は橋ゲタにぶら下がって危機一髪助かり、演説会に間に合った。

古い支持者は、この候補者こそ角栄であると口を揃える。

だが拘置所から出てきたばかりの獄中立候補者には厳しい反応も多かった。三条市《さんじょうし》の演説会では野次の嵐に襲われる。

「ぬけぬけとよく出てきたもんよのう！」

「ムショへ帰れッ！」

怒った角栄は
「三条の票は一票もいらない！」

と怒鳴りつけて退場した。しかも律儀な角栄は、事件のことを知らない有権者にまで逮捕の件を切り出していた。わざわざ経緯を説明し、言わずもがなの釈明をする。話さずにいられぬ角栄の性格を示す逸話である。

ドモってしまうのは相変わらずで、「石炭はどうしたッ」と野次られると、壇上で立ち往生してしまう。しかし選挙も三回目で、毎度の醜態に有権者も飽きたのか、「演説はもういい。浪花節をうなれ」と助け舟が出ることもあった。こうなると俄然元気を取り戻す角栄は、注文通りに浪曲をうなり、時には「田中角栄小菅日記」も披露した。

「獄にいてシベリアの未帰還の兵隊さんたちのことを思ったんです……同じ無実の罪で兵隊さんたちも苦しんでる……自分も負けてはならないと思いました……！」

と、拘置所での生活を悲哀まじりに語るのである。浪花節は喝采を浴び、「小菅報告」は同情を呼んだ。味を占めたのか、演説会の大半を浪花節で切り抜け胸を撫で下ろした夜もある。

ひたすら歩いて支持を訴え、苦手の演説は浪曲と「小菅報告」で何とか乗り切る。角栄の作戦は効き始め、投票日を迎える頃には有権者の反応も目に見えて良くなってきた。

第六章

彩雲《さいうん》

――王として――

俺はツイている。運がある

昭和二十四年一月二十三日、戦後第三回目の衆議院総選挙の投票日が来た。投票率は七四・〇四%だった。

結果は民主自由党の地滑り的大勝であった。解散前の百五十二議席から一挙に百名以上増やし、過半数の二百三十四を大きく上回る二百六十四議席を獲得したのである。民主党は九十議席から二十以上減らして六十九議席、前回第一党の日本社会党に至っては、四十八名しか当選できず第三党に転落した。国民協同党も十四議席と半減し、野党の凋落ぶりが目立ったが、その中で日本共産党が四議席から三十五議席に躍進したことが注目された。前回社会党に投票した層のかなりの部分が共産党へ流れたのである。

またこの選挙では、民自党から大量の官僚出身者が当選した。「吉田学校」の開校である。運輸次官から官房長官に転じた佐藤栄作、大蔵次官の池田勇人、外務次官の岡崎勝男、大蔵省主税局長だった前尾繁三郎《まえおしげさぶろう》らはいずれもこの選挙で議席を得て、吉田政治を支える屋台骨となっていく。

疑獄事件に連座した前議員のうち、前副総理の西尾末広は落選したが、前首相の芦田均は京都二区でトップ当選、大野伴睦も岐阜一区で二位当選を果たした。大野は「猿は木から落ちても猿だが、政治家は選挙に落ちればタダの人」という名言を残しているが、タダの人にならずに済んだのである。

同じく疑獄関係者の田中角栄は、投票日の夕方民自党幹事長室に顔を見せ、

「上手くいけば二番、まずくても四番。絶対当選するっ」

と啖呵を切った。幹事長の広川弘禅は
「お前は強いなあ。雑草みたいな奴だ」

と呆れたが、角栄は内心不安だった。やることはやった。しかし答えはどう出るか。事件の影響はどうなのだろうか……。角栄は神に祈る気持ちで開票を見守った。間を置かず情報が入ってくる。やがて答案が返ってきた。

四万二千五百三十六票。

二位で当選だった。上手くいったのだ。

前回より票も順位も伸ばしていた。特に出獄後最初に訪れた魚沼では、前回の二倍以上の票を出した。得票率も二倍である。

雪国新潟の中でもとりわけ雪深い魚沼地方は、戦前に上越線開通の立役者といわれた岡村《おかむら》貢《みつぎ》という代議士が出て以来、長く地元代表の議員が途絶えていた。地域を代表する政治家を待

望していた矢先に若き田中角栄が大雪をかき分けて登場してきたのである。

角栄は魚沼の寒村を丹念に歩き、時として民家に上がり話し込んだ。他にそんな議員はいなかった。魚沼の人々は「辺境の地」を訪ねてきた角栄を評価し、岡村以来の地元代表になぞらえる。国会に「おらが先生」を送ろうとする豪雪地帯の人々にとって、疑獄事件など二の次だったのだ。

魚沼での躍進は秘書の曳田の力も大きかった。南魚沼生まれの曳田は角栄の露払いとして地元を束ねた。しかも、裏方では満たされないこの右腕は、我が身も議場に躍り出んとの野心を胸に秘めていた。議員志望の秘書は比較的よく動く。自分の票を獲得する気で動くからだ。来るべき「決戦」への前哨戦として、曳田はこの選挙を戦った。臣下の二心が結果的に主君を助けたのである。

また選挙も三回目ということで、角栄の人となりが広く浸透してきたことも得票増の一因だと思われる。角栄は初出馬以来、選挙の際に泊まる宿舎を変えなかった。一度世話になった所はその後も使い続けるというわけだ。これは角栄の義理堅さを示すと同時に、戦術的にも優れたやり方だといえるだろう。

先述のように政治家は支持者と公平に接することが肝要だが、宿屋を平等に扱うことは難しい。一晩ごとに泊まり歩いても、選挙期間中に全ての宿を制覇することなど不可能だ。ならば一つに決めた方が、同業者の反発は最小限に食い止められる。三つ、四つ行ったりすると、「あちこちに泊まっているのにこちらには来ない」という話になりかねない。しかも常宿に選ばれた所は熱心な支持者となること請け合いだ。炭管疑獄に批判的な支持者に対し、角栄が贔屓にしていた宿の女将が食って掛かったとの話もある。一つに絞って商売敵の批判をどうにか抑え、強力な支持者も得られたということだ。

そして演説会で無様な姿を晒していた角栄は、聴衆はともかく会場として使った学校の関係者の間では評判が良かった。演説会が終了すると、小使室のドアを開け、お礼を言って帰るのである。そこまでやるのはチョビ髭の男だけだった。

当たり前に見えて、実はこうした気遣いはなかなかできない。むしろ反対に、演説会を終えた候補は、運動員や聴衆さえも無視することがたびたびある。何も悪気があるのではなく、次の予定で頭が一杯なのである。小使室に挨拶する候補者など滅多にいないといってよい。こうした小さな振る舞いも、逆境の中での角栄票増加に結びついていたのではないか。縁の下の力持ちを忘れぬ角栄の人柄が、ささやかに、されど着実に伝わって、監獄から天国への一助となったと考えられるのである。

のるかそるかの大一番を凌いだ角栄は、

「潔白との訴えが認められた！」

と勝どきをあげた。大野伴睦の金言通り、政治家は議席が無ければ話にならない。素晴らしい政策があろうと議席が無ければ実現できない。当選して初めて「政治家」となるのである。

波乱万丈の男角栄は、獄中選挙以降にも、二度ほど逆風下の選挙戦を強いられた。先に述べた昭和五十一年の「ロッキード選挙」と五十八年の「田中判決解散」である。

しかしその頃は角栄の地盤も磐石で、当落ではなく得票の多寡が問題であった。一票でも多く積み重ね、「議員辞職」の大合唱を封じるための戦いであった。翻って炭管疑獄の際の角栄は、やっと一回当選したばかりで、地盤もまだ固まっていなかった。落選してもおかしくなかった。

連続当選とまた落選の差はあまりに大きい。翌年角栄は長岡鉄道の社長となり、電化の成功を初の首位当選につなげるが、現職議員であることが新社長の前提だった。タダの人ならそもそも就任の話は無く、ひいては地盤を固められることも無かったのである。

政治家には総理コース、議長コース等々の出世街道が存在する。初めは総理を夢見るが、心ならずも途中で路線変更し、議長コース、それも無理ならせめて大臣の一回は、とハードルを下げていくのが現実だ。当落を繰り返し、一兵卒のままで終わる政治家も数多い。

「総理大臣になる」などと大風呂敷を広げていた角栄も、このとき苦杯をなめていたら、風呂敷を畳み一兵卒で黄昏れたかもしれない。あたら鬼才も埋没し、宰相の座など夢のまた夢、脆い足場に汲々とする半玉《はんぎょく》のまま終わった可能性もあるのだ。

〈俺はツイている。俺には運がある。このまま突き進んで一国の総理大臣になるんだ！〉

顧みて、獄中立候補の戦いが、政治家田中角栄の前途を決定づける天王山だったという気がする。

昭和二十四年一月の総選挙において、民自党は単独過半数を獲得した。吉田首相は保守結集の思惑等から民主党との連立を模索。これに対し民自党内からは単独政権を望む声が起き、民主党からも連立反対の意見が続出した。吉田が民主党連立派二名を入れて組閣すると、民主党は連立派と野党派に分裂することになった。

約一年後に連立派の多くは民自党に合流し、それを機に民自党は「自由党」へと改称。野党派も約一年二カ月後、国民協同党らと合併し、「国民民主党」を結成することになる。

二月十六日に成立した第三次吉田内閣は、前年末にＧＨＱから指令された「経済安定九原則」の実施に取り組んだ。このとき大蔵大臣だったのが池田勇人である。

池田は初当選で蔵相となったが、その実現の舞台回しを田中角栄が務めたとする説がある。角栄と根本龍太郎、そして吉田の女婿麻生太賀吉の三人が、池田蔵相実現への音頭を取ったというものだ。

この説の主たる発信地は角栄自身で、

「池田勇人を大蔵大臣にしたのはぼくと根本龍太郎、麻生太賀吉の三人のグループです」（『現代』）

「吉田さんにはまず麻生から入れ知恵させた」（同上）

と語っている。恩に着た池田がパーティーで

「政治家になって、一番最初に最大の恩を受けたのは田中だよ」（同上）

とぶったとも紹介し、戸川猪佐武も著書でそのように書いている。

角栄が政界入り後の池田やその周辺と関係を深めていったことは事実だ。角栄の連れ子は池

田の甥と結婚し、縁続きでもあった。そのため吉田茂一派が池田派と佐藤派に分かれた際、池田は角栄が自派に来ると思い込んでいたほどだ。角栄はまた池田の腹心大平正芳とは盟友の契りを結び、池田内閣では蔵相に起用されている。

しかし、池田の秘書官だった伊藤昌哉は別の説を述べている。

伊藤が池田本人から聞いた話によると、吉田はまず日清紡会長だった旧知の宮島清次郎に蔵相の人選を相談した。宮島は三井の向井忠晴を推した。が、向井は公職追放されていた。困った宮島が日清紡社長の桜田武に考えを聞いたら、桜田は池田を推挙したというのである。

また、のちに「財界四天王」の中心人物といわれ、吉田、池田と近い存在だった小林中《こばやしあたる》は、吉田が最初に声をかけたのは日銀総裁の一万田尚登《いちまだひさと》であったと証言している。が、一万田は「GHQに相談する」と言い出したので吉田は怒って宮島に相談し、そこで池田の名前が出たという。これらの説には角栄のカの字も出てこない。

何やら「山崎首班事件」と似ている。角栄本人が「秘話」を披露し、シンパの戸川が広めたという構図だ。

およそ政治に関する話には、一つの事柄に何人もの「推進役」が登場する。あれは俺が実現させた、奴は俺が当選させたと片腹痛い。自分が政治家になる前に計画された道路の立案者を自称する手合いから、擁立に反対しながら「立候補の仕掛け人」を僭称《せんしょう》する鉄面皮まで大行列だ。角栄譚のみならず、おしなべて政界情報には眉に唾をつけてかからねばならない。

とはいえ、角栄が「池田蔵相」の一翼を担ったのは「小説」ではないと思える。誰かに提案したとか助言したとか取ってつけたような話ではなく、実際に動いているからだ。角栄ら三人は組閣前、佐藤栄作も交え話し合い、池田邸にも行っている。角栄らが蔵相就任を持ちかけると、意外な話に池田はキョトンとしていたという。

問題は関与の仕方だ。角栄が主唱者だったことはないと思う。

角栄は吉田を囲む人士の中で最も若い人物だ。吉田の相談相手は前記の宮島らであって、それを飛び越え息子のような年端の若輩が「筆頭提案者」になるとは考えにくい。しかもせっかく吉田に近づけたというのに、人事に口を挟むことで不興を買ったら元も子もない。吉田は人事、特に閣僚の人選にはこだわっていた。そのことは角栄だって百も承知のはずである。吉田との関係を最も重視していた角栄が、機嫌を損ねる危険を冒してまで組閣に口を出すとは思えない。「我々はおやじ（吉田）に吹き込んである」と池田に伝えたと角栄は明かすが、「我々」の末席に名を連ねてはいても上席に座っていたわけではないだろう。

目に付くのは「まず麻生から入れ知恵させた」との発言だ。麻生は炭管疑獄に連座していたかもしれない人物である。事件に巻き込まれた角栄と、「逃げ切った」麻生との間には、腐縁めいた関係が生まれていたような気がしてならない。そうした関係の中で「池田蔵相」の話が出た可能性はあるように思われる。麻生から、池田が蔵相候補に挙がっていると耳にして、その流れに乗じたというのが実態ではないだろうか。

蔵相にノミネートされたのは池田のほか向井、一万田ら数名いるが経済人ばかりだ。議席を持つのも池田以外には一人しかいない。年齢も比較的若い元大蔵次官の衆議院議員こそ、未来を背負って立つホープと見て、先物買いの好機とばかり食らいついたということだ。

角栄は「（金の無い占領期には）税の専門家の池田をおいて他にいない」と吉田を説得したと振り返るが、率先して名前を出したのではなく、陳列棚を凝視して、池田の驥尾に付そうとしたと見るのが妥当だろう。伝書鳩と化して組閣の情報空間を駆け巡っていた角栄は、父角次の血をたぎらせながら「池田銘柄」の高騰に思いを馳せていたのではないか。

高度成長の華、角栄の議員立法

池田蔵相の下での次官は長沼弘毅《ながぬまこうき》である。角栄は長沼とも親しかったと語り、経歴も諳んじている。そこから察するに、角栄はおそらくこの時期から、官僚との関係に重点を置き始めたのではないだろうか。

昭和二十四年一月の選挙は「吉田学校」の開校といえる。その後の国会、組閣までの流れはいわば入学式であろう。入学式に出た角栄は、周囲の生徒が官僚だらけということに気付いたはずだ。院内を闊歩する彼らを見て、今後は官僚出身者が伸してくると見抜き、官僚との関係が大事だと考えたのではないか。

「池田蔵相」に動いたのもその一環だ。大蔵省に勢力を張る池田に貸しをつくって損は無い。そして「吉田学校」で活動するうちに官僚との接点も増えてきて、役所は人事が重要だということも分かってくる。誰がどんなポストに就いているか、どういう履歴の持ち主か。人物を把握することで、役所の仕組みを理解していく。

役人の経歴を諳んじていたとして角栄は名高い。年次から誕生日まで暗記していたとも伝えられる。いつ頃から覚え始めたのか詳らかでないが、長沼次官の経歴を暗唱していることからすると、池田の蔵相就任あたりからではないだろうか。

役所とのつながりが深まるにつれ、官僚は法律によって動くものだとも気付いたのだろう。角栄は最も多く議員立法を仕上げた政治家といわれるが、最初に立法作業に関与したのは「吉田学校」開校から数カ月を経た昭和二十四年後半である。翌二十五年には最初の議員立法である「首都建設法」を成立させ、続けて通した「建築士法」に基づき自ら一級建築士にもなっている。その後も角栄はのべつ幕なしに立法を成し遂げ、生涯で三十三件もの議員立法の提出者となっている。これらの実績は「吉田学校」の中で立法の重要性を体得した成果だと考えられるのだ。

角栄は

「役人は生きたコンピューターだ。政治家は方針を示すものだ。方針の決まらん政治家は役人以下だ。役人と一度、仕事をやれば（人間関係は）切れない。初めはケンカするんだ。すると〝何であんたのいうことを聞かねばならんのだ〟とくる。〝政党政治なんだよ。君が局長になればオレを利用するようになる〟といい返してやる。すると、あとでわかるんだね。〝やはり子供だった〟と役人は自分でいうもの。それだからまた役人は（自分のところへ）くる」（『早坂茂三の「田中角栄」回想録』）

と役人操縦のコツを語っている。角栄が政治家と官僚の関係を看破していたことがよくわかる発言である。

生きたコンピューターは法律の枠内で作動する。法律がデータなのである。政治家がコンピューターを操作するには、己の方針を法律にしなければならない。そのため角栄は立法作業に力を入れた。少年時代の吃音克服練習以来、法律には慣れ親しんでいる。今度は条文を読むのではなく、自分でつくるのだ。しかも角栄はコンピューターをよりスムーズに動かすために、役所の人事を頭に入れた。法律と人事という二本の柱で官僚を使いこなしたのである。こうしたノウハウは、「吉田学校」の中で揉まれるうちに身に付けたものだと思われる。

角栄は自身が成立させた議員立法について、

「わたしが総理大臣を務めたことに比べてみても、はるかに国家のために役立っていると思う」（同上）

と振り返っている。角栄が提出者となった三十三件の議員立法のうち、二十六件が昭和二十年代に成立したものだ。その中身は道路、住宅など国土開発や生活環境に関するものに集中しており、角栄の議員立法の意図が国民生活の改善にあったことを示している。早坂茂三が述べるように、角栄の立法作業は日本経済の復興と発展の原動力になったといえるだろう。

角栄が成立させた議員立法の中で目玉とされるのは「道路法」、「ガソリン税法」、「有料道路法」のいわゆる「道路三法」である。

雪国出身の角栄は、道路の整備を抜きにして、国民生活の向上は無いと考えていた。道路もトンネルも未整備のため、雪が降れば病院にも満足に行くことができない。そんな故郷の生活が頭にあったのだろう。角栄にとって道路整備は、単なる交通網の充実にとどまらず、「裏日本」と「表日本」の格差是正をも意味していたのである。

昭和二十七年六月、角栄はまず道路整備の骨格となる「道路法」を成立させた。しかし骨格が決まっても、予算の裏付けが無ければ道路の整備は実現できない。脳味噌を絞った角栄は、ガソリンの税金を道路に使えばいいと考えて、「ガソリン税法」を提案した。だがこの法案には大蔵省が猛烈に反対する。税を特定の目的に使う「目的税」が導入されると、予算の裁量権が狭められてしまうからだ。

「ガソリン税法」は大蔵省と野党の強い抵抗にあい一旦審議未了となるが、角栄は昭和二十八年六月、二十九名の議員と共にあらためて法案を提出する。共同提出者に社会党左派の議員もいるところが興味深い。道路網の拡充は超党派の重要案件だったことが窺える。

審議の過程において角栄はほとんど一人で答弁し、反対派の大蔵官僚を一人一人訪ねて説得して回った。院の内外を問わず動くという角栄流である。

建設大臣だった佐藤栄作もこの法案に理解を示し、「ガソリン税法」は翌七月に成立、公布の運びとなる。これで建設省は独自の財源を確保することになり、道路整備の長期計画が可能になった。道路整備に投ぜられた予算はこの後十年で十倍以上となっている。財源の裏付けができたことにより、道路の拡張は飛躍的に進み、「裏日本」と「表日本」の格差も徐々にではあるが縮まっていったのである。

それのみか、「道路三法」を仕上げたことで、角栄は建設省に絶大な影響力を持つことになった。財源をつくってくれた「恩人」の頼みを無下にはできない。建設省は角栄の陳情を歓待した。陳情を処理する以上の選挙運動は無い。

成功すれば支持者は代々離れないといわれるほどだ。「神通力」によって陳情を次々と実現し、角栄の土壌はますます肥沃になっていく。のちに建設省は「田中派の牙城」と呼ばれ、建設大臣は田中派の指定ポストとも見られたが、その起源は若き日の角栄が成立させた「道路三法」にあったのである。

「私が田中角栄だ」

国会では議員立法に勤しんでいた角栄に、地元ではひとつの転機が訪れた。昭和二十五年十一月、長岡鉄道の社長に就任するのである。大正四年に設立された「長鉄」こと長岡鉄道は、三島《さんとう》郡と西長岡を結ぶ地方鉄道だ。住民の利用だけでなく、農産物の出荷ルートなどにも使われていた長鉄は、三島郡にとって「生命線」でもあった。しかし長らく赤字が続き、戦後になると廃線の可能性が取り沙汰され始めていた。

あいにく石炭も高騰し、蒸気機関で走る長鉄の経営はさらに悪化。生命線の存続を望む三島郡の「重立ち」らは、経営再建のため電化を推進しようとする。電化達成のためには国の援助が不可欠だ。従って政治家を社長に迎えるべきだという話になったが、亘四郎《わたりしろう》、三宅正一といった地元選出議員は断った。そこで若いがやり手と評判で、会社経営の経験もある角栄に白羽の矢が立ったのである。

角栄も初め拒絶していたが、「電化に成功すれば三島郡の票が大量に出る」という口説き文句に折れ、結局引き受けることになった。角栄は社長就任の挨拶で
「昨日オヤジからおれの目の黒いうちは赤字会社の社長になぞなるな、と厳しくいわれた。しかし、私は社長を引き受けた。社長になったからには電化に力を尽くしたい。もし失敗したら男として二度と故郷の土は踏まないつもりだ」（『ザ・越山会』）

と大見得を切った。

角栄は就任挨拶に定評がある。四十四歳で大蔵大臣に就いたときには
「私が田中角栄だ。小学校高等科卒業である。諸君は日本中の秀才代表であり、財政金融の専門家揃いだ。私は素人だが、トゲの多い門松をたくさんくぐってきて、いささか仕事のコツを知っている。できることはやる。できないことはやらない。しかし、全ての責任は、この田中角栄が背負う。以上」（『早坂茂三の「田中角栄」回想録』）

と言ってのけ、大蔵官僚たちの度肝を抜いた。長鉄社員も新奇なリーダーに目を見張ったに違いない。

やると決めたら角栄は早かった。黒字になるまで社長以下の役員全員を無報酬にし、路線をくまなく視察した。そして新社長は翌昭和二十六年六月、懸案の電化費用を創立間もない日本開発銀行から引き出すことに成功する。工事費のほぼ全額にあたる一億二千八百万円の融資が決まったのだ。

これだけの資金を一年生議員の角栄がどうして引き出せたのかは判然としないが、作家の水《みず》

木暘《きよう》は「開発銀行総裁の小林中に頼んだのではないか」と推測している。小林は吉田茂、池田勇人と極めて近い関係にあり、開銀総裁に就いたのも吉田の依頼によるものだ。「吉田学校」に連なる角栄とも何らかの接点があった可能性はあるが、一方で小林は「政治家が融資を頼んできたら断る、という仕事だけをしていた」と証言している。実際には陰に陽に吉田派の政治資金をまかなっていたようだが、角栄の如き青二才の陳情を簡単に聞くような人物ではない気がする。角栄が小林に直接頼んだのではなく、蔵相就任以来親しくなっていた池田を介して融資を働きかけたというのが真相に近いのではないだろうか。

現に池田は

「国鉄、私鉄の電化をなさずして、交通機関の発達はあり得ない。政府は資金を放出すべきである。だいたい原子力時代を前にして、石炭をたいて汽車が走るなどはナンセンスだと、田中君に大演説をぶたれた」(『田中角栄伝』)

と当時を回顧しており、角栄から強い要望があったことを認めている。角栄から支援を依頼された池田が、融資元として開銀を選び、小林に口利きしたというのがより正確といえるかもしれない。

ところがいざ実行する段になって、開銀は融資が昭和二十七年にずれ込むと通告してきた。開銀は代わりに日本興業銀行など三行を紹介。しかしその三行は六千五百万円が融資限度だと伝えてきた。工事費の約半額しか出せないというのである。

「失敗したら二度と故郷の土を踏まない」と豪語した新社長の足が徳俵にかかった。昭和二十六年九月に工事の起工式を行い、三島郡の住民に「十二月一日には初電車を走らせる」と確約していたのだ。

だが、そこは「ブルドーザー」の角栄である。朝鮮大田のピストンリング移転工事さながらに、土建屋上がりの新社長は突貫工事を強行した。昼夜を問わず工事に取り組み、開通式前夜の十一月三十日に完成へとこぎつけた。

真新しい電車が試運転を開始する。電車は六両だ。角栄は食い入るように車両を見つめた。

一両目が出発した。

「ガタン、ゴトン、ガタン、ゴトン……ピィー！」

パンタグラフが故障した。角栄の顔が曇った。

二両目が発車した。

「ガタン、ゴトン、ガタン、ゴト……キ、キィー！」

またもパンタグラフが異常をきたした。角栄の背中に汗が滲んだ。

三両目以降も悉《ことごと》く失敗した。急ぎの工事のため架線の結合が粗雑になっていたのである。

角栄の全身が鼓動となって脈打っていた。

〈……残る一両、この一両が走らなければ、翌日の開通式は潰れてしまう。俺は嘘をついたことになり、三島郡の票も増えるどころかパーになる……そうすると、次の選挙もまた苦戦となる……〉

角栄には、車両が票田に見えていた。

現場が重苦しい雰囲気に包まれる中、角栄は本社へ重役を集めた。残り一両に賭けるか開通式を延期するかで意見が割れた。最後は社長の決断だった。

「走らせよう。これもダメなら明日は俺が土下座して謝る」

角栄は前者を選んだ。六度目の正直か、五度あることは六度あるのか。細長い鉄の箱が角栄の命運を握った。

最後の一両が発車した。

「ガタン、ゴトン、ガタン、ゴトン…」

〈……頼む！〉

「ガタン、ゴトン、ガタン、ゴトン…」

〈……やった！〉

角栄の思いが通じたのか、しんがり電車は走り出した。六度目の正直だった。

〈……何時だ？〉

肩の荷が下りた突貫工事の首謀者は時計を見た。時刻は午前零時を過ぎ、十二月一日となっていた。

〈……これで、三島郡の票はもらった！〉

社長と政治家の二面相だった角栄は、完全に政治家だけの顔となっていた。

数時間後、新社長の公約通り開通式が催された。沿線の全ての踏み切りに住民が立ち並び、日の丸を振って新生長鉄の電車を迎えた。

長鉄は電化によって営業時間と運行本数を拡張。新社長はバス部門の拡充も図り、小佐野賢治の国際興業から二十数台のバスを廉価《れんか》で譲り受けた。角栄と小佐野が組んで仕事をしたのはこのときが初めてとされている。

顧問には鉄道省出身の佐藤栄作を迎えた。佐藤は総理になるまで約十五年、年一万の顧問料を受け取っていたが、インフレが進むと「顧問料を上げないのか」と社長に「賃上げ交渉」をしていたという。

そして新生長鉄は、思惑通り角栄の選挙運動の柱にもなった。電化を実現させた新社長を落選させてはならないと、長鉄の社員は労使一丸となって角栄の選挙に尽力した。「田中杯争奪」と銘打った野球大会や釣り大会が長鉄主催で開かれる。労組も社長支持を機関決定する。電化によって「生命線」を奪われずに済んだ三島郡の「重立ち」らも、角栄支援の号令をかける。三島郡から出ていた同じ保守の亘四郎は角栄に地盤を切り崩されていった。

「国家老」と呼ばれた本間幸一も長鉄に入り、赤字減らしと選挙運動を兼ねる名案をひねり出す。目白の田中邸への団体旅行である。夜行列車で越後を発ち、都に着いたらまず銀座。東京温泉で一風呂浴びて身も心も温める。国際興業のバスに乗り込み目白へ行って主人と談笑、その後は国会や皇居などを見学する。

この団体旅行は昭和二十六年頃から始まっているが、地元民を旅行に連れて行く「作戦」は田中陣営が草分けといわれる。本間によれば、「裏日本」と「表日本」の地域格差を肌で知ってもらいたいとの意図もあったという。まさに一石二鳥にも三鳥にもなっている妙案である。

「田中角栄記念館」には昭和二十六年十一月十七日の国会見学記念写真が展示されている。もしかしたらこの写真が、日本最古の国会見学記念写真なのかもしれない。

昭和二十八年には軍隊時代の上官・片岡甚松が入社し、長鉄はますます角栄色を強めていく。ついには昭和三十五年、長鉄は栃尾鉄道、中越自動車と合併して「越後交通」となり、会長に田中角栄、社長に東急の田中勇が就任。角栄は地元の交通網を完全に握ることになるのである。

盟友、大平正芳の死

長岡鉄道電化工事の起工式が行われた昭和二十六年九月、第二次世界大戦の講和会議が開かれた。九月八日に調印された講和条約は、翌二十七年四月二十八日に発効となり、沖縄など未解決の問題が残されてはいたものの、ようやく日本は独立を回復することになったのである。

調印式を遡ること三週間前、角栄の「もうひとつの所帯」も門出を迎えた。神楽坂の辻和子が長男を授かったのである。願い通りの男子誕生に父の喜びも格別で、母の遠慮も意に介さず、勝手に「田中」の籍へ入れてしまった。辻和子との間には二年後に長女、六年後に次男をもうけることになる。

国際舞台では活躍していた吉田首相も、国内では足元がぐらついていた。公職追放が解除され始め、鳩山一郎派の政治家たちが続々と復帰してきたのである。昭和二十六年六月には三木武吉、河野一郎が追放解除となり、鳩山復活に向け役者は揃った。この直前に開かれた鳩山派の会議では、自由党に復党すべきか新党かと意見が割れた。鳩山は新党に傾いていたが、会議の最中に脳溢血で倒れてしまい、やむなく三木、河野らは自由党に復党する。

八月に追放解除となった病身の鳩山を引きずるように、三木、河野らは議席の無いまま反吉田運動を展開した。鳩山派の主張では、吉田は政権に就いた際、「鳩山が追放解除になったら総裁を譲る」と自筆で「約束」したとされる。巻紙に書かれていたというこの親書を鳩山は紛失してしまうが、見つかったところで何の効力も無かったであろう。

岸信介から大野伴睦への政権移譲が最たるものだが、文書が存在する密約ですら反故にされるのが政界だ。鳩山が巻紙を振り上げ勇躍しても、「状況が変わった」の一言で終わりである。自署の約束であろうと方便以上の意味をなさないところに永田町の面白さとデタラメさがある。

吉田は講和条約締結を花道として退陣するとも見られたが、結局はその後も総理の椅子に座り続ける。保利茂によると、鳩山が病気で倒れなければ吉田は引退する気だったというが、最後まで政権に固執した事実からして額面通りには受け取れない。最高権力者の地位を手放したくないとする執着心に加え、元々は親しかった鳩山への近親憎悪も芽生え禅譲など露ほども考えていなかったとみなすのが妥当だろう。

田中角栄を政界に招き入れた大麻唯男も追放が解除され、旧民政党出身者を中心に「新政クラブ」を結成した。新政クラブは昭和二十七年二月に国民民主党と合併し、「改進党」を結党する。当初は総裁不在で三木武夫の幹事長だけが決まっていたが、四カ月後に大麻らの推す重光葵《しげみつまもる》が総裁に就任した。しかし大麻は一方で自由党の吉田首相とも気脈を通じ、相談役になっていたとのことだから、さすがに寝業師の面目躍如である。

大麻の暗躍を角栄がどう見ていたか分明ではないが、現在の大将・吉田に党派を超えて近づく旧「大将」を、白眼視していたと思えてならない。大麻の方も、自分の「打出の小槌」だったはずの男が反対党で台頭してきた気配を感じ、小癪な奴だと思っていたのではないか。数年後、角栄と大麻は同じ自民党の屋根の下で暮らすことになるが、休戚を共にした形跡はない。しかも角栄は、『青年大臣奮起録』の中で、大麻を「君」付けしている。幣原や吉田を「君」呼ばわりしたことなどもちろん無い。

大麻の元側近らは「角栄は最後まで大麻に礼を尽くした」「大麻は角栄をたいしたものだと言っていた」と語ってはいるが、公の場で君付けしたことから察しても、上辺はともかく内実は微妙であった様子が窺える。

政治家の「師弟関係」とは儚いものだ。出藍《しゅつらん》の誉《ほま》れなど言語道断、あってはならぬ。師《し》は弟《てい》に肩入れしつつ目を光らせ、弟の方も師の名や力を利用したことなど忘却の彼方だ。互いに全ては自力と思い込み、時には「師弟」を演ずるのが煩わしくなってくる。弟の当選に眉をひそめる師もいれば、意味ありげな一言を支持者に発し師の失墜を謀る弟もいる。特に角栄と大麻は初めからビジネスライクな関係だ。大麻のような政治家になりたがっていたとしても、評価と感情はまた別である。

そして日に日に深まる吉田派と鳩山派の対立は、昭和二十七年七月の幹事長人事で沸点に達する。吉田は側近の一年生議員福永健司を起用しようとしたが、鳩山派を中心とした党内の猛反発で断念し、鳩山らの受けがよい林譲治を幹事長にせざるを得なくなった。

鳩山派の攻勢に対抗するため吉田は翌八月解散を打つ。「抜き打ち解散」と呼ばれるこの解散は吉田と一部側近の間で画策され、幹事長の林も知らされていなかった。自由党は完全に分裂選挙となり、吉田派と鳩山派は選対本部も別だった。しかも吉田は投票日の二日前、反吉田の急先鋒だった河野と石橋湛山《いしばしたんざん》を除名する。ただ林ら自由党執行部は切り崩しの意味も込め、鳩山派候補の資金の面倒はみていたという。

「抜き打ち解散」で始まった選挙は昭和二十七年十月一日に投票が行われた。日本が独立してから初めての衆議院総選挙である。投票率は七六・四三%だった。

自由党は過半数を六つ上回る二百四十議席を獲得し、第一党の座を確保した。しかし解散前より減らしたうえ、鳩山派の議員も五十名以上当選し、吉田支持勢力は選挙前より減退した。改進党は八十五議席、講和条約への対応をめぐり左右に分裂していた社会党は右派が五十七議席、左派が五十四議席と拮抗。前年より「軍事方針」を採り武装闘争を展開していた日本共産党は一人の当選者も出せなかった。また、追放解除者は、三百二十九名が立候補して百三十九名が当選している。鳩山らもこの選挙でいよいよ議場に復帰した。

新潟三区の田中角栄は六万二千七百八十八票で三回目の当選を果たした。

初のトップ当選である。

長岡鉄道電化の効果がはっきりと現れた。前回約二千六百票だった三島郡において、一挙に四倍近くの約九千八百票を獲得したのである。長鉄沿線の地域でも票を増やし、長鉄電化はトップ当選への原動力となった。「電化に成功すれば三島郡の票が大量に出る」という言葉通りになったのである。三島郡を地盤にしていた同じ自由党の亘四郎は最下位の五位当選にとどまった。角栄とは対照的に三島郡の票を四割も減らしたことが原因だった。地元の柏崎、出所後の第一歩を踏んだ魚沼に続いて、角栄は三島郡にも地盤を築くことになったのである。

四回目の選挙で余裕も出てきたのか、角栄はこの選挙で官僚出身の新人を主に、他の選挙区へ応援に行っている。「吉田学校」で官僚に近づくことの重要性を学び、「青田買い」を目論んだのであろう。中でも池田勇人の秘書官だった大平正芳の応援には力を入れた。互いの住居が近かった関係で、角栄は大平を秘書官になる前から知っていた。大平が池田の秘書官になると仕事上の接点も増え、懇意ともいえる間柄になった。その大平が郷里の香川二区から出馬する仕儀となり、角栄は四国まで駆けつけたのである。

大平の元秘書によると、角栄は選挙区をくまなく回り、街頭で演説をぶって歩いたという。新潟三区にいる時間より香川二区にいる時間の方が長かったとの声さえある。

長鉄電化成功で選挙は楽になっていたとはいえ、角栄の地盤はまだ強固なわけではない。にもかかわらず応援に精を出したのは、個人的に親しいこと以上に、大平の将来性を殊のほか高く評価していたためだろう。

大平は単なる大蔵官僚ではなく、池田勇人の幕僚である。池田が将来の首相候補なら、大平もいずれ伸びていくと考えたはずだ。現に大平は池田が首相になるや官房長官となり、第二次池田内閣では外務大臣に就いている。このとき角栄も大蔵大臣に就任し、大野伴睦が「これでは田中、大平内閣ではないか」と憤慨した話はよく知られているが、渋る池田を説得して「田中蔵相」を実現させたのは大平といわれる。角栄が首相になるときも大平とは連合し、逆に大平が総理になるときは田中派挙げて支援している。「青田買い」は大成功したのである。

「大角」は盟友関係と見られたが、角栄が大平を利用していただけという見方もある。池田勇人秘書官から大平の参謀役に転じた伊藤昌哉は、角栄ではなく福田赳夫との連携を軸にすべきだと大平に説いている。大平は角栄に到底かなわず、手玉に取られるだけと見ていたのだ。事実、角栄は肝心な場面で決して大平に譲っていない。

総裁選出馬の際は「君は幹事長と蔵相をやっていない。だから俺が先にやる」と理詰めで大平を説得し、自分が先に総理になるといって折れなかった。また、田中政権発足時、大平は幹事長ポストを希望したが、角栄はこれを退け自派の橋本登美三郎《はしもととみさぶろう》を幹事長に起用。大平は外相にまわされている。大平自身も角栄には遠く及ばないことを自覚していたようで、「角栄と会うと全部言うことを聞かされる」と洩らしている。

だが、「大角」を利害という観点で見れば、大平の方も採算は取れていたであろう。大平は池田派を始祖とする「宏池会」の幹部である。佐藤派幹部だった角栄とのパイプが力になったことは明白で、総裁選はじめ政局の節目には、陰に陽に盟友の後方支援を受けている。何より大平が勝利した総裁選では田中派の獅子奮迅《ししふんじん》の活躍があったのである。

角栄は大平を政治生活の中で優秀だと思った五人の議員の中に挙げており、「友達としては得がたい人でした。助けもし、助けられもした」(『現代』)

とも語っている。大平については事あるごとに触れているから、本当に盟友だと思っていたのは間違いないだろう。

しかし角栄は一方で

「大平はぼくを百パーセント使ったな」（同上）

とも話している。どちらが使ったか使われたかをしっかり意識しているのである。

昭和五十五年六月、選挙の最中に倒れ入院していた大平は、首相在任のまま永眠する。亡くなる前日、大平は角栄に会いたいと連絡した。選挙区にいた角栄は即座に帰京の途につくが、報道陣が殺到する事態を恐れ翌朝一番に見舞うことにした。ところが大平の容体が急変し、盟友との最期の会話はかなわなかった。角栄は人目も憚らず号泣したが、その直後、生前の大平から不興を買っていた鈴木善幸を総理の座に就けている。鈴木は大平派の番頭だが、「隠れ田中派」の一番手とも目されていた人物である。追悼と利害はまた別というわけだ。

平成期の首相小泉純一郎は、「ＹＫＫ」と呼ばれ盟友関係にあった加藤紘一、山崎拓との交わりを「友情と打算の二重構造」と表現した。政治家同士というより人間関係の本質を喝破した台詞とも思えるが、「大角」も同様に二重構造だったのだろう。

角栄の応援の甲斐あって大平は無事当選したが、この選挙では福田赳夫も群馬三区から無所属で初当選している。将来角栄のライバルとなる元大蔵官僚である。高等小卒の「角どん」が井上工業の小僧をしていた昭和九年、東大卒の福田は大蔵省の税務署長、主計官だった。その後も栄進を重ねるが、次官目前に昭和電工事件で退官し、決意を新たに「福田経済研究会会長」を名乗り政界に進出してきたのである。「角どん」はすでに当選三回、本道と間道を行き来し永田町での地歩を固めている最中だ。接点など無かったはずの小僧と大蔵官僚が、二十年近くの時を経て、同じ土俵に上がることになったのだ。

福田と大平の当選には別の意味合いもあった。先に議席を得ていた角栄、三木武夫、中曽根康弘を加え、後年の「三角大福中」が揃い踏みしたのだ。昭和四十七年から六十年までの政界は、この五人が主軸となっていくのである。

そして選挙後、角栄は一人の官僚と出会っている。ゆくゆく角栄の「懐刀」となる後藤田正晴である。国家地方警察本部の警邏《けいら》課長をしていた後藤田が、交通予算の陳情で角栄を訪れたのだ。角栄は「道路法」を立法し終えた時期だから、交通関係の予算にも影響力を持っていたのだろう。二十年後、警察庁長官となっていた後藤田は、退任するや田中内閣の官房副長官に就任し、角栄を支える官僚群の中でも一際目を引く存在として畏怖されることになる。

「抜き打ち解散」に揺れた昭和二十七年は、大平、福田、後藤田と、この先角栄の周囲を彩る名優たちが揃い始めた年でもあった。

角栄王国

昭和二十七年十月三十日、総選挙で過半数を獲得した自由党の吉田首相は第四次内閣を発足させた。新聞記者時代に「大正」の元号をスクープし、今回の選挙で初当選した緒方竹虎が官房長官を拝命。しかしこの内閣は出だしから波乱含みでスタートした。

組閣前に吉田は鳩山一郎と会談し、河野一郎、石橋湛山の除名取り消しなどで合意したが、内閣が発足するとこれを無視。党内に「民主化同盟」を結成していた鳩山派は激高し、通産相の池田勇人が舌禍で不信任案を出されると、欠席戦術を採り可決させてしまう。窮した吉田は河野と石橋の除名を取り消し、翌昭和二十八年一月には鳩山派の意見を聞き入れ党人事に着手した。

「福永幹事長」で紛糾した前回に続き、今回の人事も再び幹事長ポストが焦点となった。吉田は佐藤栄作を指名したが、幹事長の椅子を熱望していた農相の広川弘禅が頑強に楯突いた。吉田派党人の筆頭をもって任じていた広川は、吉田が緒方を重用し始めたことにも警戒心をつのらせていた。ここで幹事長を逃せば緒方や佐藤と差がつくばかりと、坊主くずれで「和尚」と呼ばれた広川は引き下がらない。

三木武吉の総務会長就任を最優先としていた鳩山派は、はじめ様子見していたが、やがて吉田揺さぶりの好機と見たか広川に乗る。倒閣も辞さぬ勢いで人事の撤回を強訴する広川に振り回され、連日に渡って総務会、両院議員総会が開かれた。もつれにもつれた末、幹事長には吉田の指名通り佐藤が選ばれ、総務会長には三木が決定した。

このとき総務だった角栄は、佐藤を支持して奮闘し、広川派と激しく応酬した。当時の毎日新聞は伝えている。

「田中（角）氏　総裁は特別の意図をもって佐藤氏を指名したのではなく党の団結ができると思ったものと思う。このさい幹事長には佐藤氏を承認し、総務会長は民同派（筆者注・鳩山派）から、政調会長は他派からとったらよいではないか。

木村氏　黙れ、今ごろ何をいう。

（と広川派だった田中氏の発言を野次る）

田中氏　黙れ、おれは男にかけても信じている。

（中略）つづいて田中氏から民同派の解消を問いただしたので再び騒然」（昭和二十八年一月二十九日夕刊）


金や駆け引きだけでなく、こうした弁論でも勝負できるのが角栄の強みだ。この頃角栄は議員立法に励んでいたが、答弁を一人でこなす弁舌力は党務でも発揮されていたのである。広川には角栄も一時期接近し、骨董趣味の「和尚」に古美術や春画を献上したことがある。資金の面倒も見ていたが、金を借りては返さない広川に愛想を尽かし、次第に距離を置くようになった。党人の広川を切って官僚の佐藤、池田らに添うことは、「吉田学校」で学んだ角栄にとって必然だったのかもしれない。

侍大将と呼ばれた広川は、選挙前まで党内「最大派閥」の雄だった。広川邸は千客万来、取り巻き連が広間の大火鉢を囲み怪気炎をあげていた。だがこの人事を契機に広川は吉田への不満を爆発させ、完全に反吉田へと舵を切ることになった。

翌二月、吉田が予算委員会の質問中に「バカヤロー」と口走る。野党は懲罰動議を提出し、鳩山派に加え広川一派も欠席したため可決されてしまった。激怒した吉田は広川農相を罷免したが、野党は続けて三月十四日に内閣不信任案を突きつける。三木、河野ら鳩山派の強硬分子二十二名は脱党して「分党派自由党」を結成し、不信任案に賛成した。そのため不信任案も可決され、吉田は直ちに衆議院を解散する。解散後には鳩山本人と、広川派の十五名が脱党して「分党派自由党」に合流。いわゆる「鳩山自由党」として選挙を戦うことになった。

吉田首相の「バカヤロー」発言をきっかけに行われた衆議院総選挙は、前回からわずか半年後の昭和二十八年四月十九日に投票が行われた。投票率は七四・二二%だった。

自由党は百九十九議席で第一党を確保したが、過半数には大きく及ばなかった。一方鳩山自由党も三十五議席と振るわず、東京三区から出ていた広川は落選した。改進党も前回より減らし七十六議席にとどまった。保守政党が退潮したのに対し左右社会党は好調で、左派は七十二議席と十八名も伸ばし、右派も六十六議席と九議席増やした。前回ゼロの日本共産党は今回も一名しか当選できず、「暴力革命」に対する国民の嫌悪感をあらためて示す結果となった。

新潟三区の田中角栄は六万一千九百四十九票で四度目の当選を果たした。連続トップ当選である。

もはや地盤は固まってきたといってよかった。特に地元の刈羽郡、柏崎、そして魚沼郡、三島郡といった地域は完全に角栄の金城湯池となり、その後も安定した票を出し続けるようになった。

しかし課題も残されていた。都市部の票が伸びないのだ。わけても大票田である長岡の得票率は一〇%台前半にとどまり、三条市に至っては五%前後に低迷していた。「辺境の地」から支持を拡大していった角栄は、未だ都市部には食い込めずにいたのである。

さらにもうひとつ、不安の種が生まれていた。この頃から秘書の曳田照治が公然と代議士への野望を口にし始めたのである。曳田は周囲に「オヤジを大臣にしたら俺も出る」と再三にわたり語っていた。「わたしの主張」なる文書まで作成し、前年より秘書になっていた佐藤昭に清書させたこともあったという。

前回の「抜き打ち解散」の直前にも、田中陣営には分派の危機が訪れたことがあった。田中土建の顧問弁護士を務め、秘書的な仕事もしていた佐藤彦一《さとうひこいち》が、柏崎からの立候補を画策したのだ。背景には地元政界の内紛があった。佐藤の力が今一つということもあって、結局出馬には至らなかったが、曳田の力は佐藤を大きく上回る。仮に曳田が立候補すれば、魚沼郡などで角栄の票を奪う事態は確実と見られていた。

国会議員が何より恐れるのは身内の造反である。殊に支持者を共有する地方議員との関係には気を使う。地方議員は国会議員以上に地元を回り、支持者との結びつきもより深いからである。もしも反旗を翻されれば、支持者の相当数を地方議員に奪われる悪夢だって考えられなくはない。だから選挙に弱い国会議員は、新進気鋭の若手でなく、自分より年長で、向上心などかけらも無い、昼行灯《ひるあんどん》の如き地方議員を歓迎する。多少動きが鈍くても、自らの地位を脅かす危険性は無いからだ。

秘書の場合は概して地方議員ほどの力は無い。無類の実力秘書から衆議院議員となった鈴木宗男のような存在もいるが、通常、秘書が謀反を起こす場合は、まず地方議員となり力を蓄えてからであって、秘書からいきなり不軌を企てても当選は難しい。鈴木にしても、親分中川一郎の死後に出馬したのであって、存命していたらまた状況は違っていただろう。

曳田が鈴木ほどの実力者だったとしても、簡単に当選できたとは思えない。ただ、地元回りも陳情も一手に引き受けていた曳田が出れば、角栄の票を減らすことはできる。落選まではいかなくとも、順位が落ちる恐れはある。これは角栄にとってマイナスだ。

政治家は単なる当選では満足せず、より上位での当選を熱望する。実際、得票数と実力は比例するといっていい。地元での発言力は強まるし、選挙の不安が無くなることで国会での活動に軸足を置ける。のちの角栄、竹下登、小沢一郎が政界のドンになれた主因は、彼らが「選挙の神様」だったからだ。

自宅でボヤ騒ぎを起こしている人間が、外の仕事に集中できるわけがない。さっさと切り上げバケツ片手にサイレンの音を待つのみだ。つまりは曳田が反逆すれば、選挙の面はもちろんのこと、その他の面でも角栄を揺さぶる危険が出てくるのである。

角栄は曳田の野心を承知していたが、しかし首を切ることはしなかった。ようやく選挙地盤が固まってきた角栄にとって、下克上ほど怖いものは無かったはずだが、それでも曳田を使い続けた。知りすぎた曳田は切るに切れなかったのかもしれないが、黙過したのは角栄の性格に起因するところが大きかったのではないか。

角栄には人を切れない一面がある。例えば秘書の早坂茂三を、周囲との軋轢から一時期田中系企業に転出させたが、秘書に戻してくれと直訴されると断りきれずに了承している。その早坂が、政策担当秘書の麓邦明《ふもとくにあき》と連れだって、「小佐野賢治と佐藤昭を切ってくれ」と談判した際も、決して首を縦に振らなかった。少年時代は癇癪持ちで、仕事もすぐに投げ出していた角栄は、政治家になってからは秘書一人切ることすらしなかったのである。

こうした角栄の気質は人が集まる要因にもなろうが、時として弱点にもなるだろう。親分を見ること子分に如かず。曳田は角栄が自分を切れないと見透かしていたのではないか。野心を公言するあたり、曳田は角栄を侮っていた感さえある。

曳田は角栄が大臣になると秘書官に任命され、いよいよ出馬かと思われた。ところがその矢先に戦争中患ったマラリアが再発し、四十歳の若さで急逝してしまう。大物秘書の野心はあっけなく散ってしまったのである。

曳田の死去から約二十年経って、系列県議の桜井新《さくらいしん》が、曳田の出身地魚沼から角栄の地盤を割る形で出馬する。その頃角栄の集票力は圧倒的で、桜井が分派しても大量得票は変わらなかった。桜井は初回落選し、二回目からは当選を重ねるが、角栄は断トツ一位であり続けた。他方、曳田が立候補を画策していた時代の角栄は、地盤が固まってきたばかりである。そのため曳田が倒れなければ、その後の角栄は無かったのではと見る向きもある。確かに曳田が袂を分かてば、角栄は選挙態勢の立て直しを強いられ、永田町での出世も遅れることになった可能性はある。

しかし、角栄は秘書が入れぬ議場で立法作業に力を振るい、自ら資金も調達している。山の中まで歩いているし、吉田や池田や佐藤にも目をかけられた。曳田が実力秘書であったように、角栄もまた実力政治家であったのである。よしんば曳田が造反しても、一時足踏みするだけで、政界に重きをなす存在になることには変わりが無かったと思える。

曳田の死後、角栄は秘書の職務を分担させた。それまでは全て曳田が統括していたが、地元は本間幸一、金庫番は佐藤昭、陳情は田中土建出身の山田泰司といった具合に分割したのである。

政治家として大きくなっていくにつれ、仕事の範囲も拡大してくる。分業するのは当然だ。だが角栄の脳裡に曳田の影がチラついていなかったとすれば嘘になるだろう。忽然と逝った曳田を悼んで、角栄は岸信介首相に掛け合い故人に勲六等を贈らせた。何事も行き届いた角栄らしいが、本心で曳田をどう思っていたかはわからない。

第七章

花《はな》の雲《くも》

――追われざる者――

吉田内閣の終焉

昭和二十八年五月二十一日、「バカヤロー解散」の結果第一党となった自由党の吉田首相は第五次内閣を発足させた。与党が過半数に満たない少数与党内閣である。角栄は自由党新潟県支部長に任命されたが、この組閣に際しては苦い思いも味わっている。

初陣で煮え湯を飲まされた塚田十一郎が大臣となったのである。政界入りに続いて入閣も先を越された形になった。

塚田はこの頃大野伴睦に接近しており、その推しで雛壇に座ったと囁かれた。しかも組閣の集合写真を見ると、塚田は吉田首相の隣でポーズをとっている。首相の隣というのは通常副総理格の重鎮が立つもので、四十九歳と閣僚中三番目に若年で、郵政相とポストも比較的軽い塚田の立つべき位置とは思われない。塚田の図太さがよく現れている事例といえるが、おそらくは自分の資金を持ち出して出馬し、当選後は車で国会に送らされたこともある自社の元監査役の入閣を、角栄は憤懣やる方ない思いで眺めていたに違いない。

少数与党の吉田内閣は多数派工作を展開し、改進党からは事実上の閣外協力を取り付けた。改進党内は保守連携派と野党派に分かれていたが、前者の中心にいたのが大麻唯男である。追放後、以前のような力は失っていたものの、やはり並の政治家ではない。長年培った経験もあれば勘もある。吉田とのパイプもある。自改の連携を主導し「夢よもう一度」と高揚したのだ。先んじる塚田に返り咲きを狙う大麻と、「先輩」たちは「後輩」よりも派手な立ち回りを見せていた。

昭和二十年代後半は角栄にとって雌伏《しふく》の時代で、政府や党の要職には就任していない。しかし眠れる獅子たる角栄は、この間二十六もの立法を仕上げ、役所に大きな足掛かりを築いた。池田勇人や佐藤栄作とのつながりも深めた。昭和三十年代の角栄は幾多の要職を歴任するが、その布石はこの臥薪嘗胆時代に着々と打たれていたのである。一足先に大臣となった塚田はといえば、これ以後入閣することなく、党三役を一度経て新潟県知事に転じている。一見ウサギのように見える角栄は、カメのような地道な努力でゴールを目指していたということだ。

そしてこの時期地元でも、将来への拠点が築かれている。のちに角栄の大量得票の基盤となる、田中角栄後援会「越山会」の誕生である。

越山会は昭和二十八年六月二十八日、新潟三区北部の加茂市で産声をあげた。それまでも角栄を支持するグループはあったが、角栄の要望を受け「越山会」としてあらためて発足したのである。核となったのは角栄の戦友たちで、会員は八十名、初代会長は菊田治郎。角栄の軍隊時代の上官・片岡甚松の親類である。「越山会」なる名前も角栄から指定してきたという。この「越山」は角栄の雅号としても知られ、上杉謙信の漢詩にあやかったとの説がある。けれども角栄本人は、文字通り「越後の山々」という意味しかないと説明していた。秘書を務めた朝賀昭《あさかあきら》によれば、謙信説が正しいとのことだから、郷里の英雄の名を出すことを憚ったのだろうか。それとも信長好きの角栄は、本音では謙信にさほど惹かれていなかったのであろうか。

面白いのは加茂市において角栄は決して強くなかったという事実だ。会創立直前の「バカヤロー解散」の選挙では、角栄の得票は五%台にとどまっている。その以前も一〇%台前半程度で、都市部に弱い角栄は加茂市でもまた弱かったのである。弱い地域に拠点ができることは政治家にとって非常に大きい。得票が少なかろうと組織があれば、アウェーという意識は薄れるのだ。加茂市の角栄票はその後伸びるが、得票以前に会の存在自体が大きなものだったことは疑う余地が無い。

加茂市での越山会設立に感化され、各地にあった田中後援会も「越山会」を名乗り始めた。組織の拡大に伴い「本家争い」も起きている。魚沼郡はじめ各地で「加茂市より早い昭和二十六年頃に越山会をつくった」との声が続出したのだ。また「国家老」の本間幸一によると、田中後援会のそもそものルーツは柏崎市清水谷だという。

昭和二十一年の選挙後、角栄の二田小時代の教師の教え子を中心に、角栄を囲む集まりができたのが最初だとのことだ。政治家は支持者と公平に接しなければならないと何度も書いたが、支持者の側は「最初」「一番」といった栄誉を好む。越山会も御多分に漏れていなかったわけだが、こうした「本家争い」も角栄の得票の原動力となっていたのだろう。

加茂市の八十名でスタートした越山会は、最盛期九万五千人と謳われる大組織に成長する。内部は三百以上の支部に分けられ、各支部で得票率が競われた。各支部がしのぎを削り全体の得票を増やすというやり方は、東急の幹部から越後交通の社長となった田中勇の発想といわれる。田中勇は会員の肩書きも増やした。会長、幹事長、事務局長等々ありったけの肩書きを付け、しかもそれぞれに「副」がいる。角栄が記者に未使用の肩書きはないか訪ねたとの話まである。肩書きを付与して責任感を持たせると同時に、肩書きの無い人間に不公平感が生じぬよう配慮していたのだろう。「越山会幹部」の名刺を見せると、役所で邪険に扱われることは無かったそうである。

少数与党の吉田内閣は鳩山自由党にも触手を伸ばし、鳩山一郎の自由党復党を促した。吉田本人らから説得された鳩山は、昭和二十八年十一月に復党を決意。しかし三木武吉、河野一郎ら八名は復党せず、「八人の侍」として「日本自由党」を結成し、過半数に数議席足りない吉田内閣はなお不安定な状態に置かれていた。

この頃衆議院建設委員として行政の末端にいた角栄は、不透明な政局とは対照的に、雑誌で透徹した意見を表明している。「政治公論」における政策・政局の議員アンケートがそれで、曖昧に答える政治家が多い中、角栄は憲法から経済まで明確に回答。「ハト派」と見る向きもある角栄が、「新日本の憲法は日本人の手で再検討せねば」「人のつくつ〔ママ〕て呉《く》れた憲法をその侭《まま》引〔ママ〕ついで居ると云う気分的なマイナスだけでも早く取り除かなければならい」と「民族主義的改憲論」を開陳するなど興味深い内容だ。その他政策面では「再建日本のため必要なものに優先順位をつけて予算の執行を行わねば不可《いけ》ない」として「道路の一大整備」を最前に挙げ、政局面では保守合同に賛成している。

角栄の回答は三十一名の回答者のうち最も具体的かつ明快で、さながら「施政方針」だ。党人派は金と口先で出世を図るというのが相場だが、そこはさすがに今太閤。政策に弱ければポストも限定されかねないことを理解している。だてに総理を目指していたわけではない。

そして翌昭和二十九年一月、吉田内閣に大打撃を与える造船疑獄が発覚した。造船業者と政官界をめぐる贈収賄事件である。金融王と脱税王の二冠に輝く森脇将光が、業者と政治家の宴を記した「森脇メモ」をかざすなど、政官財を揺るがす一大疑獄事件となった。

自由党幹事長の佐藤にも司直の手が伸び、四月には造船業界からの収賄容疑で逮捕許諾請求された。だが犬養健法相は吉田首相、緒方副総理の意を受け指揮権を発動し、佐藤の逮捕を食い止めた。犬養は直後に辞任するが、捜査は頓挫することになった。

収賄での逮捕を免れた佐藤は、その後政治資金規正法違反で起訴されるが、問題の金は復党の際鳩山側に渡っていたと囁かれる。鳩山が中心となって自由民主党が結党されたとき、佐藤は吉田らと共に無所属を貫いた。その原因は金を受け取っていながら佐藤を責め立てた鳩山に対する怒りのためだといわれるが、当の鳩山は受け取った金が造船疑獄がらみのものとは知らず、首相就任後に官房長官の根本龍太郎から初めて教えられたという。

鳩山内閣の国連加盟恩赦の際、その根本に因果を含め佐藤を助けたのが田中角栄だったとの後日談まで存在している。係争中の事案を免訴とする大赦令を出すよう根本にねじ込み、政治資金規正法違反で審理中だった佐藤を救ったのだ。佐藤への「貸し」をつくる意図と並んで、疑獄事件経験者としての同情も感じられる逸聞である。

造船疑獄かまびすしい昭和二十九年四月十六日付の『佐藤栄作日記』には、「田中角栄君特に心配の様子につき」なる描写が見られるが、疑獄当時は開けなかった愁眉を恩赦によってどうにか開いたというところだろうか。

造船疑獄が直撃していた少数与党の吉田内閣は、一方で「保守合同」を画策した。緒方副総理は自由党、改進党、日本自由党による保守新党の絵を描くが、六月に総裁公選をめぐって決裂し、この構想は挫折してしまった。

すると今度は自由党鳩山派、改進党保守連携派、日本自由党らによって、反吉田勢力結集の新党構想が浮上した。

造船疑獄でワンマンの落日を見て取ったのか、吉田に通じていた大麻唯男も密かに鳩山と会談し、続いて鳩山・重光を周旋するなど蠢《うごめ》いた。打ち寄せる波に吉田執行部も抗したが、流れは止まらず鳩山らは脱党し、昭和二十九年十一月二十四日、「日本民主党」が結党された。

改進党のほぼ全員の七十名近く、自由党脱党組四十名以上、日本自由党の八名が参加した新党は衆議院で百二十名を超え、鳩山らの離党で百八十名強に減退した自由党に迫る大勢力となった。総裁には鳩山が就任し、副総裁に重光、幹事長は岸、総務会長には三木武吉が選出された。

日本民主党の結成は吉田政権の終焉を意味した。十二月六日、日本民主党は左右社会党と計らい内閣不信任案を提出する。三党だけで過半数を超え、可決は必至の情勢であった。吉田はまたしても解散を打とうとしたが、側近に押し止められついに断念。吉田は内閣も党総裁も投げ出して、通算で七年以上に及ぶ吉田時代は終わりを告げることになった。

このとき解散反対で吉田を説得したのは主として緒方といわれるが、角栄によると、解散断念の本当の理由は大達茂雄文相の反対にあったという。内務官僚出身の大達を吉田は最も信頼しており、その大達が「緒方の言う通り総辞職」と答えたのが決定的だったというものだ。

角栄は閣議にも説得の場にもいなかったので、吉田から直接意見を求められていた池田勇人、佐藤栄作あたりから聞いたのであろうか。あるいは後年大磯の屋敷にご機嫌伺いに行ったとき、吉田本人から昔話のように教えられたのだろうか。

当時農相だった保利茂は、吉田が閣議で解散を主張したとき、緒方らは沈黙したが大達は唯一反対したと述べている。角栄の説とは若干ニュアンスは異なるが、大達が解散に強く反対したのは間違いないようだ。角栄自身は池田、佐藤と共に解散論に与し、秘書の佐藤昭に解散文を清書させている。吉田の懐に飛び込もうと肺肝を砕いていた日々を思い起こしていたかもしれない。

一度だけ漏らした「辞めたい」の真相

昭和二十九年十二月十日、吉田内閣総辞職の後を受け鳩山一郎内閣が成立した。日本民主党は衆議院百二十名の第二党だったが、左右社会党が早期解散を条件に鳩山首班に協力し、首班指名で自由党新総裁の緒方竹虎を上回ったのである。

「悲運の政治家」鳩山には国民の同情が沸き上がり、長期に渡った吉田内閣への飽きも手伝い「鳩山ブーム」が巻き起こった。戦前政友会の嫡男と見られた鳩山は、戦後になると総理の椅子を目前にして公職追放の憂き目に会う。さらには脳溢血で倒れてしまい後遺症が足にきて、首相時代は杖と車椅子の生活だった。

鳩山内閣の官房長官には根本龍太郎が任命された。角栄にとって気心の知れた存在である。鳩山政権下で干され続けた吉田派だが、既述の国連恩赦のように、角栄は根本を通じてモノが言えた。

他方鳩山内閣には大麻唯男が国務大臣として入閣した。本宅は野党で別宅は吉田、ワンマンの雲行きが怪しくなると鳩山へ引っ越す。そして今度は入閣である。政界案内人であった男の変幻自在な遊泳術が、元「打出の小槌」の目にどう映ったか。やはり、毒気に当てられていたと見るのが正解ではないのか。

政治家に変節は付き物だ。何も大麻の専売特許ではない。有力者に日参して入った党が落ち目と見るや脱兎の如く逃げ出す「愛国議員」、親分が病気になるや退却の先駆けとなる「義理人情議員」、「俺は今どこの党かと秘書に聞き」の川柳通り、節操という文字の無い辞書を見せつける政治家はごまんといる。

けれど、その点角栄は、幾度か変転もしているが、根幹の部分では筋を通して行動している。

幣原、吉田と「大将」を見定めたら腰を据え、池田、佐藤を見込めば二人が不遇になっても離れない。五味原社長や大河内正敏に義を尽くした律儀さは、政治家になってからも変わらなかった。佐藤昭の回顧によると角栄は、大野伴睦、石井光次郎《いしいみつじろう》とボスを変え、佐藤栄作にもすり寄る塚田十一郎を暗に指し、

「俺は節を曲げてまで出世しようとは思わない」（『決定版私の田中角栄日記』）

と語ったという。一時とはいえ薫陶を受けた大麻に対しても、似た思いを抱いていたとしか思えないのだ。

鳩山は総理就任早々の昭和三十年一月、「解散すべしというのは天の声」と解散を打ち、二月二十七日衆議院総選挙が行われた。

投票率は七五・八四％、予想に違わず日本民主党が第一党となった。しかし百八十五議席と過半数には遠く及ばず、政局は不安定になることが予想された。自由党は百十二議席と約七十名も減少。左派社会党は八十九議席とさらに伸張し、右派社会党も六十七議席と一名ながら増加させた。日本共産党は今回も二議席にとどまった。

新潟三区の田中角栄は五万五千二百四十二票で五回目の当選を果たした。

だが左派社会党の稲村隆一《いなむらりゅういち》にトップの座を明け渡し、二位に甘んじた。

これは左派社会党の稲村順三が投票日寸前に急逝し、身代わり立候補した兄の隆一が弔い選挙となったためである。次の選挙では角栄が首位に返り咲き、逆に稲村は落選している。その事実からしても稲村の自力が角栄を上回ったわけではない。

むしろ角栄の威望は漸進し、革新勢力にも浸透していくのだ。着実に育んだ役所への影響力、それに伴う陳情力が奏功するのである。

象徴的な出来事がこの選挙の直前に起きており、ある社会党支持者が講演会の際「党の政策は実現するのか」と質問したところ、社会党議員は「我が党の政策は未来のものだ」と回答。将来より現在の生活と考えていた支持者は落胆し、越山会へと走った。農地改革も一段落し、土地を所有した日農系の農民らも徐々に現実に立脚する保守派への傾斜を深めていく。

労組依存体質も社会党から越山会への転向を助長した。直近の選挙で両社会党は得票を伸ばしたが、これは左派と一体になっていた総評と、右派を支援した全労会議との競争原理が働いた結果といわれる。しかし労組の利益と農民の利益が合致するとは限らない。とりわけ総評の中核である国労が伝家の宝刀としていた国鉄ストは、農作物の出荷を妨げ農民生活に打撃を与えた。

支持者の思いを汲み取りきれなかった社会党に対し、角栄は道路をつくり、トンネルを掘り、生活を改善するための施策を次々と遂行した。それのみか革新首長からの陳情も、「首長の下に住民がいるんだ」といってなおざりしなかった。理想よりも現実に目を向け始めた革新層は、こうした角栄の政治姿勢に着目し、越山会へと駆け込むのである。

新潟三区は元来社会党が強く、社会党候補は毎回計十五万票前後を獲得し、保守系候補の約十八万票に迫る勢いだった。次の昭和三十三年、その次の三十五年選挙でもその数字に変化は無い。ところが三十八年選挙では保守系候補の総得票約二十五万に対し、社会党候補は十二万票台にとどまり、大きな変化を見せ始める。昭和四十年代に入ると保守派は毎回二十万票を超え、社会党票は十一万から十四万で推移するようになる。

しかも保守系候補の中で角栄だけが票を伸ばし、三十八年以降は十一万、十二万、十三万と大量得票しているのだ。他の保守系候補の得票は変わっておらず、社会党の凋落はそのまま角栄票の伸張に結びついているのである。

昭和二十年代後半から昭和三十二年半ばまでの角栄は、常任委員長を除き目立つポストには就いていない。待ち、しかして希望していた角栄は、その間立法作業の過程で身に付けた陳情力を武器として、革新層にも楔を打っていた。その効果は昭和三十年代の後半になって現れてくるのである。後年角栄は若手議員に「議員立法することが何より選挙運動になる」と説いた。立法作業をすることで、保守票だけでなく革新票まで取り込んだ経験が言わせた言葉だろう。

選挙後角栄は衆議院商工委員長に就任した。池田勇人の推薦によるものとされる。池田は前年幹事長になったときも、角栄を副幹事長に指名している。角栄は池田に近づこうとしたが、池田の方も野人肌の角栄は使い勝手が良かったのかもしれない。

角栄は委員長として苦労した。特に自由党議員同士の確執には手を焼いた。党内の派閥争いを、審議の場にまで持ち込んでくるのである。

この頃角栄は様々なことで悩んでいたようで、自宅を訪ねてきた二田小時代の担任金井満男先生に、「代議士を辞めたい」と洩らしている。驚いた金井先生が理由を聞くと

「長い間代議士を見てきた。みんな口では国のためというがどこまで本気か疑問だ。日本のために働くなら他にいくらも道がある」

と角栄は答えた。金井先生は

「日本のために尽くす人間がいなくなったらどうなる。たとえ一人になっても踏みとどまって働かねば誰が日本を導くのか」

と悩む教え子を説得し、激励した。

すると翌日角栄は、

「委員長ぶりを見てください」

と心機一転。

はな夫人も来て

「これを着ていってください」

と白の麻服から靴下まで一式用意してくれた。

政治家の「辞めたい」は「もっと続けたい」とほぼ同義で、「辞めないでくれ」の一言が聞きたいだけの場合もあれば言質取り、探りを入れるのにも使われる。大仰に慰留しておけば済む話だ。角栄自身、「辞める、辞めるといって本当に辞めた奴はいない」とのたまっている。ただこのときは、金井先生だけでなく、草間道之輔先生にも辞めたいと相談している。両先生とは利害関係に無いし、馴れ合う相手とも思えないから、本気で辞めたいと考えていたのは事実なのだろう。

委員長の悩みの種は、派閥争いばかりの輩を持て余していたのに加え、塚田に対する感情もあった気がする。大麻の柔軟性にも首をひねっていたと思われるが、政界への道をつけてくれた恩はある。されど塚田には仇しかない。あまつさえ先行されている。

〈……俺は議員立法を仕上げ国のために尽くした。こんなに法律をつくっているのは俺だけではないか。国会は立法府なのに誰も法律なんか興味ないではないか。党内でも節を曲げず動いてきた。炭管疑獄は無罪になった。それなのに未だ入閣できず、小賢しく立ち回った塚田が大臣になっている。だいたい塚田は俺を騙して選挙に出た野郎だ。カネだって多分俺のカネだ。どうなっているんだ。政界なんて理不尽な世界だ〉

おそらく角栄はこう考え、やりきれない思いを秘めていたのではないか。

他の代議士を私欲ばかりと批判しながら、自分も大臣の椅子を求めるというのは矛盾のようだが、角栄は本来誇り高い。自身のそれまでの実績に矜持を持っていたはずである。自分こそは塚田などより適役だと自任していたと思うのだ。ロッキード事件への関与が囁かれた際、角栄は記者会見で疑惑を否定し、「私は自分自身に対し、密かに誇りを抱いております」と胸を張った。功成り名を遂げたロッキード疑惑の時期ほどではないにせよ、委員長当時も密かに誇りを抱いていたはずだ。そんな誇りが「辞めたい」という言葉につながったと考えられるのである。

金井先生の訪問後、角栄は強引に委員会を運営していく。理事会を開かず、質疑討論を省略して採決し、異論が出ると退場させるといった具合である。角栄はこの手法で二十以上の法案

を通し、

「いちいち説明していたら大仕事はできない」（『現代』）

と振り返っている。

しかしこれは議会における討論で名を馳せた角栄らしからぬやり方だ。討論を省略した審議など審議でなくなる。内心のわだかまりがふっ切れていなかったのだろうか。一方で角栄は委員を個別に口説き回っているから、「討論」は議場外で済ませたとの意識があったのかもしれない。そうだとしても、角栄の「決断力」が悪い方向に出た事例といえるだろう。

角栄はこれ以後「辞めたい」と洩らすようなことはしていない。二年後には念願の大臣となって表舞台へ躍り出るが、そこからは天下取りへの決意が漲るばかりだ。炭管疑獄、ロッキード事件の時期を除けば、この商工委員長時代が角栄にとって最も辛い時代だったのかもしれない。

自由民主党と「吉田十三人衆」

昭和三十年二月の「天の声解散」の結果、与党は過半数を得られなかった。そこで鳩山派の総参謀三木武吉が「保守合同」へ動き出す。緒方竹虎らもこの動きに策応し、合同への気運はいやがうえにも高まった。

三木らが合同に固執したのは、少数与党の閉塞感を打破するためと、左右社会党の統一が決定していたためである。保守分裂の間隙をぬって社会党が伸張することを危惧した財界の強い要望もあった。しかし保守合同には民主党内にも反対の声があり、自由党も吉田派が難色を示していた。

三木は犬猿の仲だった大野伴睦を籠絡するなど合同の網を押し広げ、六月には鳩山、緒方の共同談話が発表された。その後両党の主導権争いや、総裁を鳩山、緒方いずれにするかで揉めに揉めたが、結局総裁を空席とし、鳩山、緒方、三木、大野を総裁代行委員とすることで乗り切った。総裁選出は翌昭和三十一年春に公選を行うとして先送りされたのである。

昭和三十年十一月十五日、曲折を経て「自由民主党」が結党された。衆議院二百九十九名、参議院百十八名を数える憲政史上最大の単一保守政党の誕生である。総裁代行委員は上記の四人、幹事長に岸信介、総務会長に石井光次郎、政調会長に水田三喜男が選ばれた。

自由党吉田派は結党二日前の十一月十三日、林譲治邸に集まり新党に参加するか否か協議している。このときのメンバーは林の他益谷秀次、池田勇人、佐藤栄作、保利茂、そして田中角栄ら十三名で、「吉田十三人衆」と称された。

この席では参加やむなしとする意見が大勢だったが、佐藤は敢然と反対し、すでに不参加を決めていた吉田と共に入党しないことを決断した。池田も参加を拒否していたが、周囲の説得により入党に応じる。角栄は佐藤に従おうとしたが、「君は入ってくれ」という佐藤の勧めで入党することになった。この場には参加していないが、橋本登美三郎も佐藤に殉ずる形で入党しなかった。

この吉田派の会合に列席したことは、角栄の爾後の歩みに大きな影響を与えたと思える。

「吉田十三人衆」の一人にその名を連ねられたとは、吉田の側近であり忠臣であると「公式」にも認められたことを意味している。官僚でもなく高学歴でもない角栄に対しては、保守派の中にも危険視する向きが少なくなかった。何をするかわからない男とのイメージである。しかし「吉田嫡流」とみなされることで、角栄にはある種の「安心感」が付与されたと思うのだ。危険な印象が拭い去られたとはいわないが、少なくとも和らげることにはつながったはずだ。これは宰相を狙っていた角栄にとって重要な問題だったのではないだろうか。

角栄は

「吉田政権、池田政権、佐藤政権の人脈のみを『保守本流』と言うが、実際は『吉田十三人衆』が戦後の政治を動かしている」（『戦場の田中角栄』）

と語っている。「保守本流」より「吉田十三人衆」の方が上だと言わんばかりの勢いである。そういえば、といっていいのか、「三角大福中」の中で角栄だけが「吉田十三人衆」の一員であり、吉田時代から政権の中枢に位置している。

「保守本流」の定義は曖昧だが、自由党の吉田茂に連なる池田勇人、佐藤栄作の系統を指すことが一般的だ。「三角大福中」でいえば角栄と大平正芳が本流で、福田赳夫、三木武夫、中曽根康弘の系譜は傍流扱いされている。ただ、福田派も本流とみなす向きも存在するし、中曽根をも保守本流とする珍説もある。要は各人各様の解釈があるといっていい。

角栄は進歩党、民主党から同志クラブ、民主クラブを経て自由党に合流したから、生粋の自由党こそ「保守本流」とする見方への反発があったのかもしれない。

「吉田十三人衆」の一人保利茂も角栄と同じ進歩党、民主党出身で、吉田の元秘書官で根っからの自由党である松野頼三は「吉田十三人衆」に入っていない。「保守本流」「吉田十三人衆」といった名は体を表しているのかわからないが、「吉田嫡流」という錦の御旗が「正統派」の印象を醸しだし、角栄のプラスになったことは確かだろう。

自民党の結党に先立つこと一カ月前の十月十三日、左右社会党も合同し「日本社会党」が結成された。委員長は左派から鈴木茂三郎、書記長には右派の浅沼稲次郎《あさぬまいねじろう》を選出。こちらも衆議院約百六十名の大政党だった。自民党、社会党が出揃って、「五十五年体制」と呼ばれる政治体制がスタートしたのである。

暫定的に総裁代行制度をとった自民党内では、総裁の座をめぐり様々な思惑が錯綜していた。三木武吉は早期退陣を条件に鳩山一郎総裁の実現を図ったが、対抗馬の緒方竹虎は難色を示した。鳩山政権が長期化し、二代目総裁を岸信介に奪われる危険性を感じていたのだ。ところがその緒方が昭和三十一年一月に急逝し、四月に対立候補無しの公選で鳩山が初代総裁に選ばれる。

前出の「政治公論」で「保守合同は速〔ママ〕に為すべきである」と述べていた角栄は、党政策審議会委員に就任。議員立法の手も緩めず、この年二件の立法の提案者となり、六件の法案に関与している。春の訪れを鶴首しながら「種まく人」に徹していたということだ。

総理総裁となった鳩山は、小選挙区制の導入を目論んだ。大政党に有利といわれる小選挙区制には野党がこぞって反対したが、旧民主党系を優遇した区割り案が出されると、地盤を分断される議員もいた旧自由党系を中心に自民党内からも反対論が続出した。

このときの区割りは「ゲリマンダー」に倣って「ハトマンダー」と呼ばれた。「ゲリマンダー」とは、かつてアメリカで党利党略に満ちた区割り変更案が出された際、選挙区の形が伝説上の怪物サラマンダーに似ていたことから、提出者の名をもじって付けられた造語である。

与野党からの批判で小選挙区法案は廃案となるが、十七年後、今度は「カクマンダー」が現れる。首相となっていた田中角栄が小選挙区制導入を試みたのだ。しかも角栄は「ハトマンダー」の原典を所有し、それを元に区割りを決めようとしたという説もある。旧自由党系だった角栄の地盤は裂かれていなかったのか気になるが、田中内閣の小選挙区法案も実現することなく終わっている。

鳩山はソ連との国交回復にも取り組んだ。自民党の旧吉田派は反発し、鳩山と重光葵外相の間も意見の齟齬をきたすなど、交渉は終始難航した。昭和三十一年十月、鳩山は河野一郎農相を伴い自ら訪ソして交渉し、懸案の「北方領土」を未解決にしたまま共同宣言に調印する。「日ソ共同宣言」は十二月に発効し、その後の国際連合加盟を花道として、鳩山内閣は十二月二十日に総辞職の運びとなった。

キャスティングボードを握る

鳩山首相は日ソ共同宣言調印後に引退を表明していた。ついては十二月十四日、内閣総辞職に先立って実質的に初めての自民党総裁選が行われた。

岸信介、石橋湛山、石井光次郎の三人が立候補、各派入り乱れて熾烈な戦いを繰り広げた。岸が本命と見られたが、決選投票で石井と連合した石橋が勝利。二代目総裁に就任した。

この総裁選において、角栄は佐藤に従い岸陣営についた。『佐藤栄作日記』によれば、この時期佐藤は角栄と、何度も会って共に政局への対策を練っている。角栄は岸敗北の原因を、岸派の幹部が公選前日に支援議員の名簿を発表したためだと分析。名簿に掲載された政治家を石橋陣営が切り崩したということだ。

総裁選前の十一月には吉田派の分裂も起きている。吉田派は林譲治命名の「丙申会《へいしんかい》」としてまとまっており、林、池田、佐藤、益谷秀次のいずれかを総裁に推す話になっていた。ところが池田は石井光次郎をやると言い出し、佐藤は実兄の岸信介を担ぐことになった。こうした総裁選への思惑もからみ、吉田派は池田派と佐藤派に分かれる局面を迎えたのである。

池田とも佐藤とも近しい角栄は微妙な立場に置かれた。角栄はどちらにつくかギリギリまで明らかにしなかったが、池田も佐藤も自派に来ると思っていたようだ。特に池田はそう思い込んでいた。ちょうどその頃、角栄の連れ子と池田の甥が結婚することになったからだ。

結婚式は佐藤派結成のその日だった。挙式には当然角栄も池田も出席した。娘の晴れ姿を見届けた後、角栄は旗幟《きし》を鮮明にする。佐藤派への参加を表明したのだ。

「池田さん、俺、今から佐藤派の結成式に行くから」

「エッ！　君はこっちじゃないのか」

ほろ酔い加減だった池田は困惑の面持ちを浮かべた。

「いや、俺は佐藤派に行く。あんたとも近しいけど、やっぱり佐藤とは一歩先親しいんだ」

角栄は複雑な思いで結成式へ向かおうとした。二階の披露宴を出て、階段を降りた。

すると、池田が追いかけてきた。酔いが残っていたのかバタバタと階段を鳴らしながらやってきた。

「お前んときは俺が手伝ってやるから」

池田は頭を下げ、ガラガラ声で引き留めようとした。酔いは醒めていた。

しかし角栄は池田を振り切った。

「それは駄目だ。挙措進退は明らかにする」

早歩きで玄関へと向かう角栄の背中を眺めていた池田は、「きつい奴だ」と思ったという——。

角栄は佐藤派に入った所以を「池田が出てくる前から官房長官だった佐藤とは一歩先に親しい」と説明している。渡世の義理を重んじる角栄は、炭管疑獄で政務次官から去ったときのいきさつが、頭から離れなかったのだろうか。佐藤は長鉄の顧問であるから事業面も考慮したのかもしれない。

だが、角栄が佐藤派入りした真の理由は別のところにあったと思える。佐藤派には「ライバル」が少ないということだ。池田派には角栄も親しい大平正芳の他に前尾繁三郎、黒金泰美《くろがねやすみ》、宮沢喜一といった大蔵省出身の側近がいた。いくら精進したところで、池田と同じ「大蔵一家」の彼らを抜くことは難しいと考えたのではないか。

翻って佐藤派には、保利茂くらいしか有力政治家が見当たらない。のちに有力幹部となる橋本登美三郎らはいたが、角栄の「ライバル」となりうるような存在では無かった。佐藤派に加わった方がポストの面でも将来の面でも、自分にとって有利であると判断したのではないだろうか。

佐藤昭によると、角栄は国会便覧をめくりながら、

「あと二十年もたったら、これらの人たちはいなくなるな。俺は二十五年たてば永年勤続表彰で、黙ってたって少なくとも衆議院議長にはなれるよ」（『決定版私の田中角栄日記』）

と話したという。角栄は派の選択においても先を見据え、「ライバル」がいなくなりそうな佐藤派を選んだと考えられるのである。

現に池田派の大蔵官僚出身組は、派内で確たる地位を占め、ポストも優遇され続けた。池田の没後は前尾が派を継ぎ、その後は「クーデター」といわれる強引な形ながら大平が後を襲っている。角栄が池田派に入っていたら蔵相や幹事長に就く可能性は低かったと思えるし、派の後継者になれたかどうかも疑わしい。競争相手の少ない佐藤派にいたからこそ代貸しとして重要ポストを累進できたのではないか。角栄は総裁選出馬に際し佐藤派の大部分を掌握したが、それが可能だったのも派内に他の総裁候補がいなかったからである。

佐藤派に参加した角栄は、派の行動隊長的存在としてやがて、郵政大臣、政調会長、大蔵大臣と栄進していく。昭和三十八年には保利茂が落選し、翌年佐藤内閣が出来たときは完全に派

のナンバーツーとなっていた。やがて幹事長となり名実共に総裁候補となるのだが、もし角栄が「ライバル」の多い池田派に入会していたら、状況は違ったものになっていたのではないだろうか。

昭和三十一年十二月二十三日、総辞職した鳩山内閣の後を受け、石橋湛山内閣が成立した。僧侶の家に生まれた石橋は、戦前東洋経済新報社に席を置き、軍部批判の論陣を張るなど硬骨のジャーナリストとして知られていた。戦後は政界へと鞍替えし、吉田内閣で蔵相の座を射止めるが、藪から棒に公職追放されてしまう。不意を衝かれた真因は、GHQ経費の削減を図ったからだと囁かれた。石橋は強く抵抗したが、首相の吉田は対岸の火事を決め込んだ。日増しに高まる石橋人気を恐れたためだという見方もある。この一件で吉田へ不信感を抱くようになった石橋は、追放解除後は鳩山一郎と行動を共にする。鳩山内閣では通産相に任ぜられ、自民党が結成されると総裁公選を制し二代目総裁に就任。宰相の印綬を帯びるに至ったのである。

石橋内閣の組閣は難航した。総裁選での空手形乱発がたたって各派の要求がぶつかったのだ。公選二位の岸派との調整にも手間取った。一時は石橋が全閣僚を兼任したが、結局は岸信介外相、池田勇人蔵相といった布陣で組閣する。

岸は当初入閣を拒んだ。組閣の前に岸、佐藤と三人で会った角栄は、岸を説得したと述べている。

「石橋内閣へ入りなさい。あんた方は官僚じゃないか。長いこと官僚は敵みたいな奴の下で唯々諾々《いいだくだく》と使われてきたじゃないか。官僚というものは、第一線の実務から離れたら、一ぺんに枯れちゃうんだ。だから入りなさい」(『現代』)

これで翻意した岸は入閣することになったという。

この角栄の説得は、官僚に対する本音が表れているようで興味深い。「敵みたいな奴」の中には角栄のような非官僚政治家も入るであろう。党人派の自分に対し、官僚は決して心服しているわけではないと考えていた角栄の胸中が読みとれる。一方「第一線の実務から離れたら枯れる」という言葉には、地位に恋々《れんれん》としがちな官僚政治家に対する見くびりのような感情も窺える。角栄は官僚との関係を重視していたが、心の奥底では彼らに対し違和感めいたものを感じていたのかもしれない。

岸は外相として入閣したことで、早期退陣した石橋の後継となり位人臣を極めた。もし閣内に居なかったらすんなり総理になれたかどうかわからない。角栄は「岸内閣は僕がつくった」とも語っているが、岸が角栄の説得で入閣を決めたとすれば、その言葉はあながち我田引水とは言い切れない。

難産の末組閣を完了した石橋内閣は、「一千億減税・一千億施策」を掲げてスタートする。ところが発足一月後、母校早大の首相就任祝賀会の席上風邪をひき、さらに肺炎を併発させた。外相の岸を首相臨時代理に充てて療養に専念するものの、言語に障害が出始め退陣せざるを得なくなった。朝からすき焼きを食べ体力に自信を持っていた石橋は、健康を害し在位約二カ月、実質一カ月という短命政権に終わったのである。なお鳩山自民党への参加を拒否していた吉田茂、佐藤栄作が入党したのは、石橋総裁時の昭和三十二年二月であった。橋本登美三郎はすでに前年三月に入党している。

角栄吠える「敵は岸と佐藤だ」

昭和三十二年二月二十五日、病気退陣した石橋内閣の後継として岸信介内閣が成立した。岸は石井光次郎を国務大臣に加えたが、他は石橋内閣の閣僚をそのまま引き継いだ。外相も岸が兼任した。

「昭和の妖怪」と呼ばれた岸は、戦前大物官僚として四方に鳴らした存在だった。東条英機内閣では商工相として入閣し、戦後は「A級戦犯」に指定されるが不起訴となり釈放後政界復帰を決心。「日本再建連盟」を主宰したものの総選挙で惨敗し、実弟佐藤栄作のいた吉田茂の自由党で再起を図った。次第に反吉田色を鮮明にして新党運動を展開し、除名されるに至ったが、直ちに鳩山一郎らと日本民主党を結成する。保守合同が実現するや自民党の初代幹事長に就任し、石橋内閣の外相を経て総理の椅子に着席した。政界帰還後四年足らずの超特急で頂点に上りつめたのである。

昭和三十二年七月十日、岸首相は内閣改造を行った。石橋内閣以来引き継いでいた閣僚を入れ替え、自前の内閣を発足させたのである。岸が兼任していた外相には、民間から日商会頭の藤山愛一郎《ふじやまあいいちろう》が抜擢された。経済企画庁長官には河野一郎を起用、河野派からは他に四名が入閣した。

そして、郵政大臣には――。

田中角栄が就任した。

三十九歳。かつて憧れた尾崎行雄以来の三十代大臣である。

土木派遣所の雇員となり、一応は県の役人だと喜んでいた「角右衛門」の息子が、四半世紀に近い時を経て、中央省庁の大臣となったのである。

「おらが大臣」の誕生に地元は沸いた。支持者は越後の山々を越えて来て、目白の田中邸で角栄を祝った。

母のフメも上京してきて、「皆さんのお陰で大臣にしてもらって……」と挨拶した。

「将来は枯れ木に花が咲く。子供を大切に育てなさい」――山伏の言葉を胸にしまいこんでいたフメも、ゆめ思わなかったに違いない。よもや、これほど見事な花が咲こうとは――。

角栄の入閣に関しては様々な話がある。最初は自治庁長官に決まっていたという話から、佐藤栄作が推したという説、岸は大詰めで角栄の入閣に反対したという説まである。

角栄本人も大臣になった経緯について複数の媒体で触れている。

「歴代郵政大臣回顧録」では、自分は石橋内閣に入閣することがほぼ決まっていたが、大麻唯男が旧知の宮沢胤男《みやざわたねお》に譲ってくれと懇願したため、あっさり引き下がったと述べている。

一方『現代』におけるインタビューの中で、自分の運輸相が決まっていたのに、親分の佐藤が宮沢と取り替えたと語っている。佐藤に対して不満げな様子で、「あっさり引き下がった」感じではない。

「歴代郵政大臣回顧録」ではどのポストか明らかにしていないが、宮沢の名は『現代』でも出ているから、おそらく運輸大臣だったのだろう。実際、宮沢は石橋内閣、その引継ぎの第一次岸内閣において、運輸大臣で入閣している。

また娘の真紀子は、

「河野がねじ込んだんだ。『約束を反故にして田中を使い捨てにするのか』と岸にどなり込んだ。あれは親分だよ」(『再見戦後政治』)

と父が言ったのを覚えている。官僚の佐藤でなく党人派の河野が推してくれたと受け取れるニュアンスだったという。

金にからむ話もある。組閣の直前、越山会幹部に「岸にいくらゼニを持っていけばいいか」と相談し、三百万円と話が決まったというのである。しかも角栄は「俺は金で大臣になった」と地元で触れ回っている。さらに二田小時代の教師を招いた謝恩会の席でも、「私は金を使って大臣になりました。他の大臣とは違います」と発言し、一瞬場内が鼻白んだとの話まである。

角栄自身が再三語っていることからして、石橋内閣での入閣が決まりかけたのは事実と思われる。では、大麻の説得で自ら降りたのか。それとも佐藤によって交代を余儀無くされたのだろうか。

『歴代郵政大臣回顧録』の編纂《へんさん》は昭和四十年代で、大麻はすでに没していたが、佐藤はまだ健在の時期である。他方『現代』のインタビューは、佐藤も亡くなっていた昭和五十九年から六十年にかけて行われたものだ。

そこから察せられるのは、角栄は『歴代郵政大臣回顧録』の頃は佐藤に遠慮し、他界した大麻の名を出すだけにとどめたのではないかということだ。だが佐藤もいなくなり、遠慮する必要はなくなった。そこで『現代』において本音を吐いたと思えるのである。

そう考えると、大麻が角栄と宮沢の交代を要請し、それを佐藤が勝手に受け入れてしまったというのが真相に近いのではないだろうか。しかもその際、角栄を降ろす条件として、次は入閣させるとの密約が交わされていた可能性が高い。

河野が発したとされる「約束を反故にして田中を使い捨てにするのか」という異議からは、角栄に借りを返すとする内約が存在していたことが読み取れる。岸に現ナマを包んだ行為を「約束」と解することもできなくはないが、仮に金を貢いだとして河野がそれを知っていたとは考えにくい。やはり、「次期入閣」を意味していたと解釈するのが妥当だ。札束を献上したのが事実だとしたら、「約束」の履行のため念を押したということであろう。

次は大臣にするとの密約があったとすれば、角栄が入閣を当然視していたことは火を見るよりも明らかだ。それのみか、「岸内閣は僕がつくった」と洩らした如く、角栄は岸に貸しがあると考えていた様子だ。少なくとも、石橋後にとんとん拍子で岸政権ができたのは、自分が入閣を勧めたからだと思っていたはずである。

ところが――。

岸は角栄の入閣に乗り気でなかった。

親分の佐藤も動かなかった。

河野が一喝しなければ、入閣は潰されたかもしれないのだ。

――長州閥！

まな板の上の鯉だった角栄は、このとき本当の敵を見定めたのではないか。

佐藤内閣の時代、幹事長を更迭された角栄が、フンドシ一丁で「戦国時代なら俺は切腹」と叫んだという話がある。幹事長更迭の表向きの理由は、「黒い霧」といわれた閣僚級政治家の不祥事続出のためだった。

しかし角栄は岸の暗躍が真因だと考えていた。岸が愛弟子の福田赳夫を幹事長にするために、佐藤に角栄の更迭を働きかけたと見ていたのだ。

角栄を使う一方で、その台頭ぶりに警戒感を強めていた佐藤も岸に同調する。角栄は「俺を嵌めたのは誰かわかっている」とも吠えたという。

そして角福戦争前夜の昭和四十年代半ば、角栄は秘書の早坂茂三に吐露している。

「俺の敵は福田じゃない。彼は上州の平手造酒だ。ひともみで潰せる。本当の敵は岸と佐藤なんだよ。長州閥さ。彼らは強い。命がけの戦争になる」（『歴史劇画大宰相第四巻』）

岸、佐藤との戦いは、初入閣したときからすでに始まっていたのである。

三十九歳、最年少大臣

昭和三十二年七月十一日、郵政大臣田中角栄は初登庁した。

正面玄関に向かって歩いていると、「郵政省」という看板が目に留まった。大臣となった実感が湧いてくると共に、武者震いも感じた。

〈……これからはただの政治家じゃない。一国の大臣だ〉

三十九歳の大臣は、あらためて気を引き締めた。

ふと、もうひとつの看板と目が合った。「郵政省」の看板より大きい。「全逓信労働組合中央本部」とあった。

「どこの国に大家より大きい表札をかけている店子があるものか」

角栄は看板を外させた。最年少大臣の初仕事だった。

着任三カ月後の十月、新大臣はＮＨＫ七局、民間三十六局にテレビ局予備免許を与えた。テレビの予備免許は各地から出願が殺到しており、調整が困難な状態だった。角栄の決断によって、日本はテレビ時代を迎えることになる。

郵政大臣就任時、角栄は新潟日報のインタビューで人生観を語っている。

「十代では、〝大仕事を遂げて死なまし　熱情の若き日は又と来はせじ〟（中略）二十代は〝末ついに海となるべき山水も　しばし木の葉の下くぐるなり〟（中略）三十代になると〝岩もあり木の根もあれどさらさらと　ただざらさらと水の流るる〟さて四十代はどうなるかだ」

大仕事を遂げようとした十代、木の葉の下をくぐった二十代は遠い。三十代も水の流れるように過ぎ去ろうとしている。

田中角栄三十九歳、青春の日々に別れを告げようとしていた。

四十代の角栄は、政調会長、大蔵大臣、幹事長を歴任し、飛躍の時代となる。

――そして五十代。

長州閥に擁された福田赳夫を倒し、一国の総理大臣となるのである。命がけの戦争に勝ったのだ。

郵政相拝命はその序曲だった。

田中角栄が初入閣したときの写真がある。

浴衣姿の角栄が笑顔で正面を向いており、母のフメと娘の真紀子が隣にいる。角栄は大臣の辞令を持っていて、やや微笑んだ真紀子がそれを覗き込んでいる。三十七年後、父と同じく大臣となる女丈夫も、この頃はまだ中学生だ。フメも何やら手にしているが、その面差しも穏やかな笑顔である。

角栄の写真は無数にある。だがこの一枚ほど柔和な表情を浮かべた角栄を他に知らない。温和な顔つきそのもので、権力闘争に挑む政治家の面構えではない。首相になったときのギラついた顔より、このときのにこやかな顔の方が余程嬉しそうである。

〈大臣だ。ついに大臣だ。吃音に苦しみ大学も出ていない俺が大臣になったのだ。このまま一

直線に進んで総理大臣となるんだ！〉

〈妻とは共に二重橋を渡って「公約」を果たせた。父も健在だし、姉二人も俺を支えてくれている。早いもので妹二人はもう立派な大人だ……〉

大臣の辞令を見つめた角栄は、幸福の絶頂にあった。

入閣三日前の七夕には辻和子が次男を生み、翌八月九日には秘書の佐藤昭が角栄との間に娘を授かっている。

角栄の背中に虹が差していた。

夢見心地の角栄は、ふと、天国を見上げた。

ぽつり、ぽつりと何かが四つばかり浮かんできた。

小さな人影だった。

けれど、角栄には、はっきりと人に見えた。

嫡男、「もうひとつの所帯」の娘、そして妹たちだった。

角栄は、叫んだ。

〈――子供たちよ！　妹たちよ！　見てるか？　俺の雄姿を！　大臣になったんだぞ！　いいか、見てろよ！　必ず一国の宰相になるからな！　必ず！〉

おそらくは二田村の頃から「政治家」が頭の片隅にあった角栄。初当選の際「俺は一国の総理大臣になるんだ」と興奮した表情で語ったという角栄。待望の大臣となって輝く星に近づいた角栄。

しかし――最愛の家族に囲まれたひとときが、一番幸せだったのかもしれない。

追われざる者

田中角栄が郵政大臣として初入閣した昭和三十二年七月。

すでに二人の先生たちは人生の幕を閉じていた。

幣原喜重郎は昭和二十六年、大河内正敏は昭和二十七年に瞑目している。彼らは閣僚になった角栄を見ていない。

かろうじて、草間道之輔先生だけが、教え子の晴れ姿を見ている。

二人の先生と入れ替わるように、二人の教え子が頭をもたげていた。

島根県では。

三十代の大臣を羨望の眼差しで見る男がいた。

同じ三十代の県会議員だが、ほとんど代表質問はしていない。ポストも同僚に譲っていた。

連夜麻雀牌を並べるのに忙しかった。

人の顔と名前を覚えるのは得意だった。全県議の履歴や生年月日、家族構成まで頭に入れていた。まるで「ミニ角栄」だった。

腰も低かった。県議仲間にも役人にも愛想よく接していた。若輩のせいか童顔のせいか、軽く見る者もいたが。

しかし、この男の真意は別の所にあった。

国会議員、否、総理大臣となるために、全てを計算し尽くしていたのである。

麻雀も、人の顔と名前を覚えるのも、腰が低いのも、全ては赤絨毯を踏み、位人臣《くらいじんしん》を極《きわ》めるためだった。

この男の深慮遠謀《しんりょえんぼう》は的中した。

翌年、衆議院議員に当選し、角栄と同じ佐藤派に草鞋を脱いだ。羨望の男とあまりウマが合わなかった。それでもよかった。「学ぶ」より「まねぶ」だ。

昭和四十七年、角栄は五十代の宰相となった。より羨望した。しかし、心の距離は離れるばかりだった。

昭和四十九年、官房長官として角栄の懐に入った。その一挙手一投足を、今度は羨望の眼差しでなく、顕微鏡を覗くように見入った。

昭和六十年、「県議上がりで首相になった者はいない」と言い放った憧れの男に牙を剥いた。六十六歳となっていた角栄は、スレートを破壊した、あの十六の夏のように、鬼神と化した。だが直後に病に倒れた。

昭和六十二年、角栄の放言を打ち消すように、雛壇の真ん中へ座った。

——竹下登である。

東京は湯島。

中学三年生が受験勉強に勤しんでいた。のちに生涯で最も勉強した時期だと振り返るほど頑張っていた。

つい三カ月前までは、岩手県の水沢にいた。四月から東京の学校に転校してきた。

水沢では秀才で鳴らしていた。が、東京では通用しなかった。言葉も通用しなかった。

そこで猛勉強を始めた。同級生に伍するためにはまず学力で並ばねばならぬ。いや、並ぶだけでは駄目だ。抜き去らねば。

その生徒は内に角栄のようなエネルギーと権謀術数を秘めていた。しかし、その頃はまだ、角栄のことなど知らなかった。親が政治家ゆえ政治に関心を抱いてはいたが、チョビ髭の郵政大臣のことなど気にも留めなかった。まして、自分がその男の「秘蔵っ子」になろうとは。

翌年、見事、名門校に合格するその生徒は、角栄の夭折した長男と同い年だった。

昭和四十三年、政治家だった父親が急逝。司法試験に取り組んでいた生徒が後を継ぐことになった。

昭和四十四年、司法から立法へ目標を変えた生徒は、髭の大臣と邂逅する。角栄は生徒に長男を見た。生徒も角栄に父親を見た。父は長男に政治の真髄を教えた。森羅万象に渡っていた。しかし優秀な長男は、その半分くらいは身につけた。

昭和四十七年、父親は戦に勝って一国の頂上へと登った。長男は父の草鞋をつくった。戦というものを肌で感じた。

昭和六十年、長男は内心見下していた島根の男を担いで挙兵した。敵は父親だった。父はショックで病に倒れた。

昭和六十二年、長男は島根の男と共に官邸に入った。島根の男は、長男の中に、かつて憧憬した三十代の大臣の影を見ていた。だから警戒して使った。長男もその視線に気づいていた。

平成四年、長男は島根の男が持っていた宝を真っ二つに割った。その宝は、元々は父親が持っていたものだった。

——小沢一郎である。


郵政大臣となった昭和三十二年七月の田中角栄は、もちろんその後の運命など知らない。

しかしその後の政界は、この、初入閣したばかりの男と、その「遺伝子」を受け継いだ教え子たちによって、動かされていくのである。


平成二十七年十二月十六日。

田中角栄は二十三回忌を迎えた。

生誕からもうすぐ百年。初入閣から六十年近く。首相になってからも四十年以上の歳月が経っている。

それでも、「田中角栄」は人々の脳裡から消えていない。

角栄本が次々と現れ、各種メディアの「戦後七十年」特集でもその名は筆頭に挙げられた。

「今太閤」を懐かしむ声は後を絶たないのだ。


角栄が司った越後交通は、女婿の直紀が社長となっている。

角栄が創業した田中土建も、親族の手によって引き継がれている。


しかし――。

あの鉄の団結を誇った越山会は平成二年を境に各地で解散。もはや往年の面影は無い。

父を追い衆議院議員・大臣を歴任してきた娘の真紀子は、平成二十四年の総選挙で落選。その日は奇しくも父の命日だった。平成二十六年の衆院選には出馬していない。

「今太閤　郷里の跡は　夢の跡」である。


田中角栄の「遺伝子」は途絶えてしまうのか。あるいは「後継者」が現れるのか。現れるとしたらそれは田中家の者なのか草莽《そうもう》の者なのか。

その答えは未だ、出ていない。

主要参考文献

【田中角栄本人の著作・インタビュー関連】

『私の履歴書』　田中角栄（日本経済新聞社）
『わたくしの少年時代』　田中角栄（講談社）
『我ら大正っ子』　田中角栄他（徳間書店）
『続わが青春放浪記』　大宅壮一編（春陽堂書店）
『大宅壮一全集第十五巻』　大宅壮一（蒼洋社）
『問答有用Ⅲ』　徳川無声（深夜叢書社）
『人生この一番　日本を動かす人々』　学芸通信社編（文明社）
『歴代郵政大臣回顧録第三巻』（逓信研究会）

【新潟県関連】

『新潟県の歴史』　田中圭一他（山川出版社）
『田中角栄を生んだムラ』　江波戸哲夫（講談社文庫）

【データ関連】

『議会制度百年史全十二巻』　衆議院・参議院編（大蔵省印刷局）
『衆議院における議員立法の記録』　衆議院（衆議院法制局）
『数字でみる日本の100年』　矢野恒太記念会編（矢野恒太記念会）
『衆議院議員選挙の実績一～三十回』　公明選挙連盟編（公明選挙連盟）
『地籍台帳・地籍地図（東京）第三、六巻』（柏書房）

【政治史関連】

『議会制度七十年史　憲政史概観』　衆議院・参議院編（大蔵省印刷局）
『日本政治史全四巻』　升味準之輔（東京大学出版会）
『日本内閣史録全六巻』　林茂・辻清明（第一法規）
『戦後保守党史』　冨森叡児（現代教養文庫）
『昭和二万日の全記録』　講談社編（講談社）

【田中角栄関連】

『総理のおふくろ』　谷村幸彦（読売新聞社）
『ザ・越山会』　新潟日報社編（新潟日報事業社出版部）
『角栄の風土』　新潟日報社編（新潟日報事業社出版部）
『入門田中角栄』　新潟日報社編（新潟日報事業社）
『宰相田中角栄の真実』　新潟日報報道部（講談社）
『田中角栄ロンググッドバイ』　五十嵐暁郎・新潟日報報道部（潮出版社）
『私の中の田中角栄』　田中角栄記念館（海竜社）
『田中角栄全視点』　自由国民社編集部編（自由国民社）
『越山　田中角栄』　佐木隆三（徳間文庫）
『田中角栄の風景』　佐木隆三（徳間書店）
『田中角栄研究全記録上・下』　立花隆（講談社文庫）
『戦場の田中角栄』　馬弓良彦（毎日ワンズ）
『田中角栄伝』　戸川猪佐武（鶴書房）
『総理田中角栄この日本をどうする』　戸川猪佐武（講談社）
『田中角栄猛語録』　戸川猪佐武（昭文社出版部）
『田中角栄と「戦後」の精神』　早野透（朝日文庫）
『オヤジとわたし』　早坂茂三（集英社文庫）
『政治家田中角栄』　早坂茂三（集英社文庫）
『早坂茂三の「田中角栄」回想録』　早坂茂三（小学館）
『怨念の系譜』　早坂茂三（集英社文庫）
『決定版　私の田中角栄日記』　佐藤昭子（新潮文庫）
『角栄のお庭番　朝賀昭』　中澤雄大（講談社）
『熱情　田中角栄をとりこにした芸者』　辻和子（講談社）
『絆　父・田中角栄の熱い手』　田中京（扶桑社）
『師が語る田中角栄の素顔』　金井満男（土屋書店）
『実録越山会』　小林吉弥（徳間文庫）
『田中角栄とっておきの話』　小林吉弥（徳間文庫）

『指導者の条件』小林吉弥（光文社文庫）
『角栄一代』小林吉弥（ネスコ）
『小説田中軍団上・下』大下英治（角川文庫）
『宰相・田中角栄と歩んだ女』大下英治（講談社）
『田中角栄　その巨善と巨悪』水木楊（日本経済新聞社）
『田中角栄の昭和』保坂正康（朝日新書）
『人間田中角栄の秘密』室伏哲郎（潮文社）
『田中角栄とその弟子たち』久保紘之（文芸春秋）

【その他】

『「科学者の楽園」をつくった男』宮田親平（日経ビジネス人文庫）
『人間大麻唯男』坂田大（坂田情報社）
『大麻唯男』大麻唯男伝記研究会（財団法人櫻田會）
『ルポ権力者　その素顔』鎌田慧（講談社文庫）
『日本政経人評伝第一集』夕刊都新聞社編集部同人編（夕刊都新聞社）
『回想十年全四巻』吉田茂（中公文庫）
『池田勇人とその時代』伊藤昌哉（朝日文庫）
『佐藤栄作日記全六巻』伊藤隆監修（朝日新聞社）
『戦後政治の覚書』保利茂（毎日新聞社）
『回顧九十年』福田赳夫（岩波書店）
『政治と人生』中曽根康弘（講談社）
『二階堂進聞書　蘭は幽山にあり』馬場周一郎（西日本新聞社）
『細川小沢政権陰陽のバランスが崩れるとき』松野頼三（日本テレビ）
『政治とは何か　竹下登回顧録』竹下登（講談社）
『一を以って貫く　人間小沢一郎』大下英治（講談社文庫）
『梟商　小佐野賢治の昭和戦国史』大下英治（講談社）
『小説政界陰の仕掛人』大下英治（角川文庫）
『小説吉田学校全八巻』戸川猪佐武（角川文庫）
『歴史劇画大宰相全十巻』戸川猪佐武・さいとうたかを（講談社）
『寡黙の巨星』阪口昭（日本経済新聞社）
『大いなる影法師』塩田潮（文春文庫）
『再見　戦後政治』岩見隆夫（毎日新聞社）
『自民党世紀末の大乱』森田実（東洋経済新報社）
『永田町の愛すべき悪党たち』高橋利行（ＰＨＰ研究所）
『別冊宝島一八九号　おいしい政治』（宝島社）
『大いなる完2』本宮ひろ志（講談社漫画文庫）
『努力論』幸田露伴（岩波文庫）

【雑誌】

『政治公論　昭和二十九年一月』（政治公論社）
『若人　昭和三十二年十二月』（学燈社）
『文芸朝日　昭和三十八年六月』（朝日新聞社）
『文芸春秋　昭和四十七年九月／平成二十四年二月』（文芸春秋）
『緊急増刊中央公論　昭和五十八年十一月』（中央公論社）
『現代　平成六年二月』（講談社）
『週刊朝日　昭和四十年二月十二日』（朝日新聞社）
『平凡パンチ　昭和四十一年十一月十四日』（平凡出版）
『微笑　昭和四十七年八月二十六日』（祥伝社）
『週刊現代　昭和四十七年十月二十六日』（講談社）
『週刊文春　昭和四十八年一月一日』（文芸春秋）
『週刊新潮　昭和四十八年五月十日』（新潮社）
『週刊ポスト　昭和四十九年十月十八日』（小学館）
『週刊読売　昭和五十六年十月十八・二十五日』（読売新聞社）

栗原直樹　くりはらなおき

昭和五十年東京都生まれ。中央大学経済学部国際経済学科卒業後、いくつかの職を経て衆議院議員公設第一秘書。秘書時代は主として地元選挙区を担当し、会合出席、集会の動員、旅行の見送りなどに奔走。知事選等の地方選にも従事した。退職後、従来より関心のあった政治分野を中心とした執筆活動に専念することを決意。本書が初の著作である。

田中角栄の青春

発行日　2016年1月29日　第1刷発行
　　　　2016年2月12日　第2刷発行

著　者　**栗原直樹**
編集人
発行人　**阿蘇品蔵**
発行所　**株式会社青志社**
〒107-0052 東京都港区赤坂6-2-14 レオ赤坂ビル4F
（編集・営業）Tel : 03-5574-8511　Fax : 03-5574-8512
http://www.seishisha.co.jp/

印　刷
製　本　**株式会社ダイトー**

ISBN 978-4-86590-021-7 C0095